Harald Rösler

Katechismus der Schadensbearbeitung im Eisenbahn-Güterverkehr

Harald Rösler

Katechismus der Schadensbearbeitung im Eisenbahn=Güterverkehr

Duisburg

2023

Re=di=Roma=Verlag

Bibliographische Information der Deutschen Bibliothek
Die Deutsche Bibliothek verzeichnet diese Publikation
in der Deutschen Nationalbibliographie;
detaillierte bibliographische Daten sind im Internet über
http://dnb.ddb.de abrufbar.

Auf der Internetseite zum Buch
www.bureokunde.de
— betreut von Georg Allmacher —
finden sich auch zu diesem Buch
ergänzende Informationen

Gesetzt in der Kühne-Antiqua, der Scotch Text und der Futura
Schemata gesetzt in Schreibmaschinenschrift (Typewriter Pro)
und in der Rhode-Mediaeval

Preis: 11,95 €

ISBN 978-3-86870-351-1

Inhaltsübersicht

Erstes Buch: Arbeitsgegenstände

1. Beschwerde und Reklamation

2. Der Anspruch

3. Die Schadensanzeige

4. Die Haftbarhaltung

5. Der Entschädigungsantrag

6. Exkurs: Das Wagenrecht nach den CUV und dem AVV

9. Rückgriff; Regreßketten

10. Frachterstattung

Zweites Buch: Rechtsgrundlagen

1. Allgemeines

2. pacta sunt servanda - Verträge sind einzuhalten

3. Der Anspruch im rechtlichen Sinne

3. Geordnetes Denken bei der Eisenbahn

Volltextabdrucke ausgewählter Rechtsnormen

Vom gleichen Verfasser sind erschienen:

Bürokunde und ein Blick ins Archiv (gebundene Ausgabe)
Duisburg, 2015 - ISBN 978=3=86870=856=1
272 Seiten, Preis: 34,90 EUR
Bürokunde und ein Blick ins Archiv (Paperback=Ausgabe)
Duisburg, 2019 - ISBN 978=3=96103=525=0
272 Seiten, Preis: 11,95 EUR

Dokumente zur Eisenbahn=Aktenkunde
Alphabetischer Aktenplan der Deutschen Reichsbahn=Gesellschaft und ihrer Nachfolger sowie einschlägige Dienstvorschriften über die Behandlung der Geschäftssachen und der Verschlußsachen.
Ein Beitrag zur Eisenbahngeschichte.
Duisburg, 2019 - ISBN 978=3=96103=522=9
975 Seiten, Preis: 34,95 EUR

Einzelheiten (Inhaltsverzeichnisse, Leseproben) siehe

www.buerokunde.de

Vorwort

Dieses Buch ist geschrieben aus der Perspektive der Eisenbahn. Genau gesagt, aus dem Blickwinkel eines Schadenssachbearbeiters in einem mit dem Güterverkehr befaßten Eisenbahnverkehrsunternehmen.

Das Buch handelt vom Schaden. Das müssen wir nicht ständig im Druckbild wiederholen, also machen wir aus dem Schadenssachbearbeiter erst einmal einen Sachbearbeiter. Das ist kürzer und besser lesbar, und doch weiß jeder, wer gemeint ist. Das ist der erste Schritt.

Nun könnte man wähnen, ein Sachbearbeiter würde sich mit untergeordneten „Sachen" befassen, und deshalb wäre sein Job auch nur eine untergeordnete Tätigkeit - weit gefehlt. Sehr weit! Die Bezeichnung sagt nämlich nichts weiter aus, als daß sich der Sachbearbeiter nicht mit Führungsaufgaben belasten muß, sondern daß er sich auf seine Sachen konzentrieren darf. Das ist alles andere als „nebenher ...". Am Gericht kann ein Justizoberrat Sachbearbeiter sein, ohne daß dies ehrenrührig oder gar abwertend wäre.

Aber wir sind immer noch zu lang bei der Bezeichnung. „Bearbeiter" tut es auch - praktisch sowieso - und ebenso dabei, wie wir ihn hier im Buch nennen: rein funktionsbezogen.

Jetzt betrachten wir es aus einem anderen Blickwinkel: Das Buch handelt vom Schaden. Ein Schaden ist aus Richtung dessen, der haben will: „Du hast etwas falsch gemacht, dadurch fehlt mir Geld, und das will ich von dir zurückhaben." Dabei *gilt* es dem, der haben will, dem Geschädigten, dem Anspruchsteller, erst einmal gleich, wodurch er geschädigt wurde. Es ist ihm gleich*gültig*. Ob Transportgut ganz weggekommen ist (Totalverlust), ob ein Teil der Ware fehlt (Teilverlust), ob vom Transportgut etwas kaputt gegangen ist (Substanzschaden), ob durch Transportverzögerungen mehr Aufwand an Material oder Personal nötig geworden ist - gleich*gültig!*

Ebenso gleichgültig ist es am Anfang des Geschehens, ob es wirklich einen Schaden gab - oder, wenn es einen gab, wer Ansprüche daraus ableiten kann. Das alles ist Inhalt der folgenden Prüfschritte.

Darum werden wir *zunächst* oft unkonkret vom „Schaden" sprechen müssen: so lange, bis wir wissen, worum es genau geht.

Dann aber heißt es, in die Tiefe zu gehen, *dann* haben wir zu fragen: wer hat wann wie durch wen was mit welchen Folgen verursacht, und wer kann von wem wieviel auf welcher Rechtsgrundlage fordern?

Dieses Buch handelt also von Schäden im Eisenbahn=Güterverkehr. Das beschränkt seinen Umfang: der Personenverkehr wird gar nicht behandelt, der Straßengüterverkehr und das Speditionsrecht sind weit=gehend ausgespart, auch wenn es in der Transportkette Straßenvorlauf oder =nachlauf zur Eisenbahnbeförderung geben mag.

Deshalb, wegen der Blickrichtung, steht oft „die Eisenbahn", wo es auch heißen könnte „der Beförderer" oder „der Frachtführer".

Dennoch richtet sich das Buch auch an Spediteure und an das Personal der Absender oder Empfänger von Eisenbahn=Gütersendungen. Denn es bezweckt in erster Linie die Verbesserung des Verständnisses: warum denken und handeln die Leute der Eisenbahn so, wie sie es tun - und nicht so, wie ich es aus *meiner* Perspektive heraus eigentlich erwarte.

An vielen Stellen wird der Mitarbeiter einer Spedition die Worte „die Eisenbahn" also durch „der Beförderer", „der Frachtführer" oder auch „der Spediteur" ersetzen können - besonders dort, wo es darum geht, daß ein Spediteur „wie ein Beförderer haftet". Nur mit Besonder=heiten des Straßengüterverkehrs (Beladung, Ladungssicherung, Lenk= und Pausenzeiten usw.) befaßt sich das vorliegende Buch eben nicht.

Eine weitere Zielgruppe sind Eisenbahner, die nur gelegentlich mit dem Entschädigungsdienst oder der Haftpflichtgruppe zu tun haben; dabei denken wir an Vertriebs= und Betriebsmitarbeiter, Disponenten, Personal der Abrechnung usw., die in ihrem Tagesgeschäft nicht ständig in die Tiefen des Rechts vorstoßen müssen. Wenn es aber nötig wird, sollen auch sie die Zusammenhänge hier nachlesen können.

Schließlich möchte der Verfasser es Juristen an die Hand geben, die ihrerseits das Recht eingehend kennen, aber mit detaillierten Aspekten der Eisenbahn, des Betriebes und des Verkehrs, weniger vertraut sind.

Das Buch soll eine praktische Hilfestellung bieten: von der konkreten Frage aus den Pfad zur rechtlichen Basis zu finden und zu zeigen, welche Folgen sich ergeben können - und wo vielleicht Fußangeln und Fall=stricke lauern. Deshalb ist das Buch anders aufgebaut als ein klassisches Lehrbuch, und deshalb hat der Verfasser auch die beinahe vergessene Katechismus=Form gewählt.

Das Buch kann und will die Kenntnis des Regelwerkes nicht ersetzen, sondern lediglich ergänzen. Es soll Anstöße geben, einen Überblick schaffen und so gewissermaßen als Wegweiser dienen zu den Quellen, zum ausführlichen Schrifttum.

Dazu gehören die geschichtlichen und sprachlichen „Ausflüge“ und die gelegentlich erwähnten „Eselsbrücken“, denn sobald man das „Wie“ herleiten kann, versteht man besser das „Warum“ und kann sich das Ganze einfacher merken.

Wenn also das Werk dem Leser links und rechts des Kernthemas Aha=Erlebnisse verschafft, wenn es ihn ihn anregt, sich *damit* näher zu befassen und den Horizont zu erweitern; wenn es ihm dadurch Merkhilfen vermittelt und künftige Denkabkürzungen schafft, erfüllt es einen doppelten Zweck.

PARTA TUERI

Erworbenes bewahren

Erstes Buch.

Arbeitsgegenstände.

1. Beschwerde und Reklamation

Worin unterscheidet sich die Beschwerde von der Reklamation?

Die **Beschwerde** ist, eine *rechtsfolgenlose* Meinungsäußerung[1] über 1
einen unbefriedigenden Zustand, etwa unfreundliches Personal, unverständliche Ausdrucksweise, schleppenden Informationsfluß oder dergleichen. Daß es dennoch zweckmäßig ist, einer Beschwerde nachzugehen, müssen wir nicht näher besprechen; es würde aber vom Thema „Recht" wegführen.

Reklamation ist als Begriff nicht gesetzlich festgeschrieben, also nicht 2
legaldefiniert[2]. Umgangssprachlich ist sie der **Oberbegriff** für eine *mit dem Verlangen auf Abhilfe* oder *Ersatz verbundene* Beschwerde[3] über einen Mangel im Geschäftsleben.

1 Das heißt, der Beschwerdeführer erhebt *keinen* Ersatzanspruch.

2 abgeleitet von lat. lex [weibl., also *die* lex]= das Gesetz, Mehrzahl: leges = die Gesetze, Adverb: legal = vom Gesetze her, gesetzmäßig.

3 Das heißt, im Zuge der Reklamation *erhebt* der Reklamant einen Ersatzanspruch.

Eigene Anmerkungen: ....

....

....

3 Reklamationsgegenstand kann z. B. sein die Beanstandung:
- der Güte einer Ware (Sachmängelrüge im engeren Sinne)[4]
- daß Transportgut beschädigt geliefert wurde (Substanzschaden)
- daß Transportgut gar nicht angekommen ist (Verlust)
- daß Transportgut unvollständig abgeliefert wurde (Teilverlust)
- einer falschen Abrechnung (Erstattungsersuchen)
- überlanger Lieferzeiten (ggf. Zeitschaden)
- überlanger Verwendung eines fremden Wagens (Nutzungsausfall)
- daß ein Vertrag verletzt wurde (Schlechterfüllung; pVv/pFv)[5]

4 Darüber hinaus können Ansprüche auftreten z. B. als:
- Schadenersatzforderung aus unerlaubter Handlung (§ 823 BGB)
- Ersatzforderungen nach dem Haftpflichtgesetz.

5 Die Reklamation ist einer Klage bei Gericht vorgelagert und soll diese möglichst vermeiden; denn ein Gerichtsprozeß ist aufwendig, und es ist für alle Beteiligten von Vorteil, wenn sie die Probleme ohne die Hilfe teurer Anwälte und langer Gerichtsverfahren aus der Welt schaffen. Wo kein Rechtsstreit nötig wird, weil sich beide Seiten einigen, haben alle gewonnen.

6 Ohne daß die Ausführungen einer Legaldefinition gleichkämen, gibt ein Fachbuch zum Eisenbahngüterverkehr schlüssige Erläuterungen:

---

4 Nur beispielhaft erwähnt; Sachmängelrügen sind keine Angelegenheit des Transportrechts, sondern zwischen dem Hersteller oder Lieferanten und dem Abnehmer der Ware.

5 Die pVv (positive Vertragsverletzung) oder pFv (positive Forderungsverletzung) war eine Rechtsfigur im bürgerlichen Recht, die eine Gesetzeslücke im BGB schließen mußte, bis mit der „Schuldrechtsmodernisierung" 2002 die Regelungen im Leistungsstörungsrecht in den §§ 275 ff. BGB festgeschrieben wurden.

Eigene Anmerkungen: ....

....

....

[damals Art. 40 I. Ü. G.] **„Außergerichtliche Ansprüche aus dem Frachtvertrag sind schriftlich bei der ... Eisenbahn anzubringen. –**

1. Nach dem eindeutigen Wortlaut ... ist unter „Reklamation" die außergerichtiche Geltendmachung von Ansprüchen aus dem Frachtvertrag zu verstehen. ... Sowohl die Bahn als auch der Anspruchsberechtigte haben Interesse daran, daß die Ansprüche aus dem Frachtvertrag womöglich außergerichtlich ausgeglichen werden können, sei es nur, um damit Prozeßkosten zu sparen. So hat sich von Anfang an ein außergerichtliches Verfahren herausgebildet. ...

3. Art. 40 gilt für alle Ansprüche aus dem Frachtvertrag, nicht nur für Frachterstattungsforderungen und Ersatzforderungen wegen Transportschäden und Lieferfristüberschreitung. Als Reklamationen ... gelten jedoch nur solche Forderungen, die auch zum Gegenstand eines gerichtlichen Verfahrens gemacht werden können. Bloße Beanstandungen des Verfahrens des Bahnpersonals, Beschwerden wegen Nichterfüllung oder nicht richtiger Erfüllung des Frachtvertrags sowie Ersuchen um Nachforschungen nach einem fehlenden Gut ohne Erhebung eines Anspruchs gelten nicht als Reklamationen ...

4. Die Reklamation ist fakultativ. Auch ohne vorherige Reklamation kann also der Berechtigte sofort einen Prozeß anhängig machen. Er hat unter diesen beiden Möglichkeiten die freie Wahl. Auch wenn das Reklamationsverfahren bereits im Gang ist, kann der Berechtigte, ohne die Erledigung der Reklamation abzuwarten, das gerichtliche Verfahren einleiten. Auch wenn die Reklamation bereits erledigt ist und die Eisenbahn die Reklamation abgewiesen oder etwas gezahlt hat, wodurch der Berechtigte sich nicht befriedigt fühlt, kann er seinen Anspruch oder den nicht gedeckten Teil seines Anspruchs im Prozeßwege geltend machen. ... Wenn aber der Berechtigte sofort den gerichtlichen Weg wählt, ohne die außergerichtliche Geltendmachung seines Anspruchs zu versuchen, so setzt er sich der Gefahr aus, daß die Eisenbahn sich sofort bereit erklärt, die verlangte Zahlung zu leisten; in diesem Falle hat der Kläger die bis dahin erwachsenen Prozeßkosten selbst zu tragen, weil nicht die Eisenbahn es war, die durch ihr Verhalten zur Erhebung der Klage Veranlassung gegeben hat."[6]

Der Reklamationsbegriff ist bis heute nicht legaldefiniert, sondern nur durch die Kommentarliteratur zu erschließen. Das CIT in Bern verweist in seinen Veröffentlichungen regelmäßig auf Nánássy 1956. 7

6 Nánássy, Béla von: Das Internationale Eisenbahnfrachtrecht. Ausgabe 1943, S. 466 ff. und (bis auf die Artikelnumerierung) gleichlautend Ausgabe 1956, S. 668 ff.

Eigene Anmerkungen: ....

....

....

8 Erfahrungsgemäß bevorzugen Anspruchsteller die außergerichtliche Einigung. Deshalb ist es zweckmäßig[7], die streng auf *einzelne, internationale* Eisenbahn-Beförderungsverträge bezogene Definition von Nánássy sinngemäß auch auf andere Sachverhalte anzuwenden.

9 Die Post und Paketdienste haben, neben Unternehmen, vor allem Einzelpersonen (natürliche Personen, Verbraucher) als Vertragspartner. Das ist im Eisenbahn-Güterverkehr anders: Vertragspartner sind durchgängig Unternehmen (juristische Personen). Unternehmen gelten als ordentliche Kaufleute.

10 Das Gesetz geht davon aus, daß ordentliche Kaufleute auf Augenhöhe tätig sind und daß sie und wissen, was sie tun - und was sie unterlassen.[8] Eigene Unterlassungen der anderen Seite anlasten zu wollen, führt darum in die Irre und zum Streit.

11 Das deutsche Rechtssystem beruht auf den Grundsätzen von Treu und Glauben. Die Erfahrung zeigt, daß im „Schadensgeschäft" mit Geschäftskunden Irrtümer oder zu hohe Erwartungen häufiger anzutreffen sind als Betrugsabsicht. Vorsicht ist nötig; permanentes Mißtrauen zersetzt.

12 Darum ist es sinnvoll (und auch nervenschonend), Reklamationen mit Distanz und Gelassenheit zu handhaben und vor allem: *nicht persönlich aufzufassen*. Der Reklamant meint nämlich, auch bei der Anrede „Sie", in der Regel nicht den Bearbeiter als Person, sondern das Unternehmen, für das dieser arbeitet. Außerdem gibt es Formvorschriften oder -üblichkeiten, die Schriftsätze oft hart klingen lassen, wo man im direkten Gespräch ganz anders wirkt als im schriftlichen Ausdruck.

---

7 Der Zweck ist die Einigung ohne Gerichtsverfahren.

8 Ein Machtgefälle durch Wissensvorsprung muß also zwischen ordentlichen Kaufleuten nicht ausgeglichen werden (das ist Ziel des Verbraucherschutzes für Einzelpersonen).

Eigene Anmerkungen: ....

....

....

Hier liegt auch eine Chance, durch professionelle und höfliche *(nicht: unterwürfige!)* Reklamationsbearbeitung das getrübte Verhältnis wieder zu verbessern - und das nicht einmal zwingend durch die Zahlung eines verlangten Betrages. Wenn nämlich die Gründe für die Ablehnung einer Reklamation logisch aufgebaut und nachvollziehbar dargelegt werden, ist der überwiegende Teil der Reklamanten durchaus bereit, den Argumenten zu folgen. Dabei gilt sehr stark: „Der Ton macht die Musik". 13

Ist die Reklamation berechtigt, gehört es zum guten Stil, die Zahlung *rasch* und ohne müßige Einwände zu leisten. 14

Beides, die Zahlung wie auch die begründete Ablehnung, schafft zwar den ursprünglichen Anlaß nicht aus der Welt, hinterläßt aber dadurch, daß der Reklamant ernst genommen wird *und das auch merkt*, eine gewisse Zufriedenheit: wenn schon nicht mit der Leistung an sich, so doch wenigstens mit der späteren Behandlung seiner Angelegenheit. 15

Aus diesen Gründen ist der *gekonnte* Umgang mit Reklamationen ein nicht zu unterschätzender Einflußfaktor zur Hebung des Ansehens eines Unternehmens, selbst wenn nicht immer alles glatt läuft.

2. Der Anspruch

Wie erfährt man vom Anspruch?

Der Bearbeiter wird zuerst von einem Anspruch durch eine Schadensanzeige oder Haftbarhaltung erfahren - sei es direkt vom vermeintlich oder wirklich Geschädigten, sei es indirekt durch einen Kundenbetreuer oder durch die Weiterleitung von einer operativ tätigen Organisationseinheit. Auch eine Reklamation der Abrechnung kann in der Schadensabteilung eingehen und vieles mehr, das der Absender aus seinem 16

Eigene Anmerkungen: ....

....

....

Blickwinkel als „Schaden“ ansieht, auf dessen Ersatz er Anspruch erhebt.

17 Schon an dieser Stelle, zu dieser Zeit, ist es nötig, rechtliche Zusammenhänge und interne Zuständigkeiten zu kennen und **Begriffe klar und trennscharf zu verwenden, denn Unklarheit im Denken führt leicht auf Irrwege.** Diese Irrwege wieder zu verlassen, kostet später Zeit und Kraft.

18 Besonders der *leider sehr unscharfe Begriff „Kunde“* ist geeignet, von den wirklichen Rechtsverhältnissen abzulenken und Irrtümer zu erzeugen, wenn *die rechtliche Rolle*, die der „Kunde“ jeweils spielt, nicht genügend beachtet wird. Ein „Kunde“ kann etwa Absender sein, Empfänger oder Frachtzahler, bevollmächtigter Dritter[9], Geschädigter oder Zessionar[10] oder gar „interner Kunde“ (!), *und aus jeder dieser Rollen ergeben sich andere rechtliche und praktische Folgen.*

19 Es ist auch ein Unterschied, ob ein innerstaatlicher Transport betroffen ist oder ein grenzüberschreitender, denn dafür gelten jeweils andere Rechtsgrundlagen.

20 Als erstes ist es deshalb zweckmäßig, das **Rechtsgebiet** zu bestimmen, in dem man sich mit dem Fall bewegt. **Daraus kann sich nämlich die eigene Unzuständigkeit ergeben.** Die Abgabe an die zuständige Stelle beugt Kompetenzwirrwarr vor und schont die eigenen Ressourcen.

Warum ist hier vom Anspruch die Rede und nicht vom Schaden?

21 Das liegt daran, daß *der Anspruch* als abstrakter Begriff sich auf viel mehr beziehen kann als auf einen Schaden im engeren Sinne.

---

9 Im AVV: soweit nämlich nicht der Wagenhalter einen Leerwagenauftrag erteilt, ist der *vermeintliche* Absender lediglich bevollmächtigter Dritter des Halters. Näheres zum AVV siehe unten.

10 Zessionar = jemand, dem ein anderer Rechte abgetreten hat. Näheres zur Anspruchsübertragung (Zession; Zedent, Zessionar, Zessus) siehe Zweites Buch.

Eigene Anmerkungen: ....

....

....

Schon zur „Vorsortierung" nach Rechtsgebiet und Zuständigkeit muß der Bearbeiter deshalb bereits bei Sichtung der Eingangsinformation „in Ansprüchen denken":[11]

- Ist erkennbar ein Anspruch entstanden? 22
  - Falls ja: betrifft er mein Sachgebiet?
    - Ja: Ich bin zuständig. Für die weitere Detailarbeit.
    - Nein: Jemand anderes ist zuständig.
- Ist erkennbar **kein** Anspruch entstanden? 23
  - Falls das zutrifft: betrifft es mein Sachgebiet?
    - Ja: Ich bin zuständig. Für eine rasche, begründete Ablehnung.
    - Nein: Jemand anderes ist zuständig.
- Ist noch nicht erkennbar, ob ein Anspruch überhaupt entstanden ist oder nicht? 24
  - Betrifft die Eingangsinformation mein Sachgebiet?
  - Wie tief muß ich selbst ermitteln?
  - Ist eine Ablehnung („unprüfbar") hier und jetzt zweckmäßig?
  - Oder die Abgabe an die mutmaßlich zuständige Stelle?

Die tiefergehende Unterscheidung nach „Schaden" oder „kein Schaden" geschieht also im Zuge der Anspruchsprüfung und *erst dann detailliert*, z. B. nach Schadensarten, in den nächsten Prüfschritten. 25

Ergibt diese Vorprüfung die eigene Unzuständigkeit, ist auch zu entscheiden, 26

- wie der Vorgang an den Zuständigen zu leiten ist sowie
- ob und ggf. in welcher Form der Einreicher eine Abgabenachricht erhalten soll.

---

11 Zum juristischen „Denken in Ansprüchen" siehe Zweites Buch.

Eigene Anmerkungen: ....

....

....

Welche Rechtsgebiete können betroffen sein?

27 Bei der Schadensbearbeitung eines mit Güterverkehr befaßten Eisenbahnverkehrsunternehmens bewegt man sich im Transport-, Wagen- oder allgemeinen Schadenersatzrecht oder im Rechtsgebiet des Haftpflichtgesetzes.[12] In der Regel ist Speditionsrecht **nicht** einschlägig, weil es ja um Eisenbahntransporte geht.

Worin unterscheiden sich diese Rechtsgebiete?

28 1. nach der Anspruchsgundlage:
- Eisenbahntransportrecht, Gütertransport: Gewahrsamshaftung
  - nationaler Gütertransport (HGB)
  - internationaler Gütertransport (CIM)
- Wagenrecht: Gewahrsamshaftung
  - Beförderungsfristüberschreitung (AVV/CUV)[13]
  - Wagenschäden (AVV/CUV)[14]
- allgemeines Schadenersatzrecht: Verschuldenshaftung (Haftung aus Vertrag[15] oder Haftung aus Delikt[16]) (BGB)
- Gefährdungshaftung nach dem Haftpflichtgesetz

wobei am Einzelfall mehrere Ansprüche greifen können;

29 2. nach Beweisgesichtspunkten:
- Gewahrsamshaftung: Beweislast beim Beförderer (Entlastung)
- allgemeines Schadenersatzrecht: **wer fordert, muß beweisen.**

12 Ansprüche aus dem Speditionsrecht, dem Straßenverkehrsrecht oder anderen, nicht eisenbahn-affinen haftungsbegründenden Rechtsgebieten wie Produkthaftung oder Tierhalterhaftung sind **nicht** Gegenstand des vorliegenden Buches.

13 reine Nutzungsausfallentschädigung nach Art. 13 AVV

14 Schäden an oder durch Wagen fremder Halter

15 § 249 ff. BGB iVm § 275 ff. BGB - Leistungsstörungsrecht, Schlechterfüllung etc.

16 § 249 ff. BGB iVm § 823 BGB - unerlaubte Handlung

Eigene Anmerkungen: ....

....

....

3. nach den Fristen für die Schadensanzeige: 30
   - Eisenbahntransportrecht: Schaden muß fristgerecht *angezeigt* werden, sonst gilt die gesetzliche Vermutung zugunsten des Beförderers (die widerlegt werden kann - dann Beweislastumkehr)
   - allgemeines Schadenersatzrecht: formal keine Anzeigefrist
4. nach Höchsthaftungsbelangen: 31
   - Eisenbahntransportrecht: es *gibt* Höchsthaftungsgrenzen:
     - bei Substanzschäden abhängig von der Masse des Gutes,
     - bei Zeitschäden abhängig von der Fracht für die Sendung,
   - allgemeines Schadenersatzrecht nach dem BGB: grundsätzlich[17] gibt es *keine* Haftungsgrenze
   - Recht des Haftpflichtgesetzes[18] : es *gibt* Haftungsgrenzen[19]
5. nach Verjährungsfragen[20]: 32
   - Eisenbahntransportrecht: kurze Verjährungsfrist (1 Jahr)[21], hemmbar durch „Haftbarhaltung" (Reklamation)
   - allgemeines Schadenersatzrecht und Recht des Haftpflichtgesetzes: grundsätzlich[17] Verjährung nach 3 Jahren.

Daraus ergibt sich, daß **schon beim Eingang von Schadensinformationen eine erste Prüfung auf das betroffene Rechtsgebiet erfolgen muß**, denn daraus resultieren höchst unterschiedliche praktische Folgen. 33

---

17 „Grundsätzlich" bedeutet im Rechtswesen: es gibt haufenweise Ausnahmen.
18 Der Begriff der „Haftpflicht" ist weiter gefaßt als „Ansprüche nach dem Haftpflichtgesetz". Ansprüche für eine „Haftpflicht" können sich z. B. auch aus der Produkt- oder der Tierhalterhaftung ergeben, auf dem Straßenverkehrsgesetz basieren usw.
19 Bei Personenschäden 600.000 € oder 36.000 € Jahresrente; bei Sachschäden 300.000 € pro Schadensereignis.
20 Die Verjährung kann gehemmt oder unterbrochen werden und tritt dann später ein, das wird im Detail weiter unten besprochen.
21 Beispiele zur Verjährung und Verjährungshemmung siehe Rz. 187 ff. und 471 ff.

Eigene Anmerkungen: ....

....

....

3. Die Schadensanzeige

Was ist das Wesen einer Schadensanzeige?

34 Die Schadensanzeige ist eine reine Information, aus der sich zwar Rechtsfolgen ableiten *können* (das Nicht-Erlöschen von Ansprüchen), *die aber nicht zwingend zu emsiger Tätigkeit führen muß*. Was zu tun ist, läßt sich nicht allgemeingültig festlegen, sondern beruht stark auf Erfahrungswerten.

35 **Die bloße Schadensanzeige läßt die Verjährung noch unberührt**; eine Verjährungshemmung tritt erst durch die „Haftbarhaltung" ein.

Was ist beim Eingang einer Schadensanzeige zu tun?

36 Es *kann* reichen, die Schadensanzeigen geordnet abzulegen: das heißt, sie müssen *leicht* wieder auffindbar sein, etwa mittels Ereignistag und -ort. Das bietet sich z. B. an bei massenhaften Anzeigen von Reklamanten, die sie nur zur Wahrung ihrer Rechte übermitteln (vor allem zur Einhaltung der Fristen), aus denen aber erfahrungsgemäß später keine oder wenige bezifferte Ansprüche resultieren.

37 **Falls** zu erwarten ist, daß so eine Schadensanzeige später nach verschiedenen Suchkriterien gefunden werden muß, so empfiehlt sich die *schlanke* Erfassung in einer Datenbank. Darin kann gezielt gesucht werden, etwa nach dem Aktenzeichen des Kunden, Tag des Kundenschreibens, Wagennummern, Sendungsdaten, Ereignistag, Ereignisort u. dgl.

38 *Der Erfolg späterer Suchen hängt dabei stark von der Güte der Erfassung ab, es ist daher sinnvoll, lieber ein Suchkriterium mehr einzugeben (wenn es* **leicht** *ermittelbar ist) als aus Bequemlichkeit an der falschen Stelle zu sparen.* Diese Bequemlichkeit kann sich durch nervigen Suchaufwand später rächen.

Eigene Anmerkungen: ....

....

....

Erfassung um der Erfassung willen ist dagegen ein schädlicher Zeitfresser. Daten, die erfahrungsgemäß später *gewiß* nicht zur Suche (oder für die Statsitik) gebraucht werden, können deshalb wegbleiben. 39

Hier lohnt sich auch die Überlegung, *aus welcher Richtung* ein Fall später gesucht werden könnte: etwa, daß eine andere Stelle (Abteilung, Eisenbahn) fragt „Liegt zu dieser Sendung [zu diesem Wagen etc.] etwas vor?" Dann findet man den Fall auch *nur* anhand der Wagennummer oder der Sendungsdaten, und dann ist deren Erfassung von Anfang an zweckmäßig. 40

Was in einer Datenbank technisch erfaßt ist, ist automatisch auch schriftgutorganisatorisch *registriert.*[22] Ob man das durch die Erfassung generierte Fundmerkmal nun Reklamationsnummer, Aktenzeichen oder Schadensnummer, Referenz, Fall oder Vorgang *nennt,* ist nachrangig. Der Zweck ist wichtig: es dient dem *eigenen* leichten und schnellen Wiederfinden des Geschäftsvorfalls und gehört auf **jedes** ein- oder ausgehende Schriftstück und in **jeden** Dateinamen innerhalb der „Fallakte", ganz gleich, ob sie auf Papier oder elektronisch geführt wird. 41

Zum Wiederfinden wichtig kann noch werden, wo der Fall zuerst eingegangen ist und registriert wurde. Das kann unter Umständen die Verwendung eines „klammernden Fundmerkmals" nötig machen. 42

Soll man den Eingang einer Schadensanzeige bestätigen oder nicht?

Im Gesetz vorgeschrieben ist dazu nichts; hier kommt es stark auf Erfahrungswerte an. Eine Eingangsbestätigung beweist jedenfalls Stil und ist höflich, und Höflichkeit schadet selten. 43

Es gibt Geschäftspartner, die ihrerseits auf solche Feinheiten achten; 44

22 Zu Grundzügen der Schriftgutorganisation, Registrierung, Schriftstück / Vorgang / Akte, Sachakte, Fallakte usw. ausführlich siehe Drittes Buch, Rz. 801 ff. und Rösler: *Bürokunde*

Eigene Anmerkungen: ....

....

....

bei ihnen ist sogar damit zu rechnen, daß sie selbst mit Fundmerkmalen wie Schadensnummern, Aktenzeichen u. dgl. arbeiten, weil sie deren Wert erkannt haben.[23] **Dieses ist dann im Schriftverkehr unbedingt zu nennen,** alles andere wäre grob unhöflich. Das fremde und das eigene Fundmerkmal bilden ein Pärchen.

45 Hat der Reklamant *kein* eigenes Fundmerkmal genannt, ist es eben so. Dann sollte man in der Eingangsbestätigung aber zumindest das *eigene* Aktenzeichen mitsenden - bei E=Mails in der Hoffnung, daß er die „Antwort"=Funktion nutzt und es dadurch zurückübermittelt.

Warum ist aus Sicht des Geschädigten eine Schadensanzeige nötig?

46 Er hält damit Fristen ein. Wenn er es nicht täte, würden seine Ansprüche lange vor Ablauf der Verjährungsfrist ganz erlöschen - im Transport=recht ist sie ohnehin schon mit einem Jahr verkürzt - oder er würde sich selbst durch Beweislastumkehr das Leben erschweren.

Die Fristen für die Schadensanzeigen sind gesetzlich[24] geregelt:

46 **Handelsgesetzbuch – § 438 – Schadensanzeige –**

(1) Ist ein Verlust oder eine Beschädigung des Gutes äußerlich erkennbar und zeigt der Empfänger oder der Absender dem Frachtführer Verlust oder Beschädigung nicht spätestens bei Ablieferung des Gutes an, so wird vermutet, dass das Gut in vertragsgemäßem Zustand abgeliefert worden ist.

---

23 Kleinster Suchaufwand und sofortiges Finden von Fällen. Die Volltextsuche nach eineindeutigen Fundmerkmalen wie Aktenzeichen etc. ist **extrem effizient**; wieviel Personalzeit (ergo Geld) so gespart wird - und durch Nichtanwendung verbrannt! -, ist leider nicht ansatzweise bezifferbar. Könnte man das in Euro ausdrücken, wäre diese Arbeitstechnik sehr schnell wiederentdeckt. *But: „Quality is a myth"* ...

24 Die internationalen Bestimmungen sind Völkerrecht und haben in Deutschland Gesetzesrang.

Eigene Anmerkungen: ....

....

....

Die Anzeige muss den Schaden hinreichend deutlich kennzeichnen.

(2) Die Vermutung nach Absatz 1 gilt auch, wenn der Verlust oder die Beschädigung äußerlich nicht erkennbar war und nicht innerhalb von sieben Tagen nach Ablieferung angezeigt worden ist.

(3) Ansprüche wegen Überschreitung der Lieferfrist erlöschen, wenn der Empfänger dem Frachtführer die Überschreitung der Lieferfrist nicht innerhalb von einundzwanzig Tagen nach Ablieferung anzeigt.

(4) Eine Schadensanzeige nach Ablieferung ist in Textform zu erstatten. Zur Wahrung der Frist genügt die rechtzeitige Absendung.

(5) Werden Verlust, Beschädigung oder Überschreitung der Lieferfrist bei Ablieferung angezeigt, so genügt die Anzeigegegenüber demjenigen, der das Gut abliefert.

CIM – Artikel 42 – Tatbestandsaufnahme – 47

§ 1 Wird ein teilweiser Verlust oder eine Beschädigung vom Beförderer entdeckt oder vermutet oder vom Verfügungsberechtigten behauptet, so hat der Beförderer je nach Art des Schadens den Zustand des Gutes, seine Masse und, soweit möglich, das Ausmaß und die Ursache des Schadens sowie den Zeitpunkt seines Entstehens unverzüglich und, wenn wenn möglich, in Gegenwart des Berechtigten in einer Tatbestandsaufnahme festzuhalten.

§ 2 Dem Berechtigten ist eine Abschrift der Tatbestandsaufnahme unentgeltlich auszuhändigen.

§ 3 Erkennt der Berechtigte die Feststellungen in der Tatbestandsaufnahme nicht an, so kann er verlangen, dass der Zustand und die Masse des Gutes sowie die Ursache und der Betrag des Schadens von einem durch die Parteien des Beförderungsvertrages oder ein Gericht bestellten Sachverständigen festgestellt werden. Das Verfahren richtet sich nach den Gesetzen und Vorschriften des Staates, in dem die Feststellung erfolgt.

CIM – Article 42 – Procès-verbal de constatation

§ 1 Lorsqu'une perte partielle ou une avarie est découverte ou présumée par le transporteur

Eigene Anmerkungen: ....

....

....

ou que l'ayant droit en allègue l'existence, le transporteur doit dresser sans délai et, si possible, en présence de l'ayant droit un procès-verbal constatant, suivant la nature du dommage, l'état de la marchandise, sa masse et, autant que possible, l'importance du dommage, sa cause et le moment où il s'est produit.

§ 2 Une copie du procès-verbal de constatation doit être remise gratuitement à l'ayant droit.

§ 3 Lorsque l'ayant droit n'accepte pas les constatations du procès-verbal, il peut demander que l'état et la masse de la marchandise ainsi que la cause et le montant du dommage soient constatés par un expert nommé par les parties au contrat de transport ou par voie judiciaire. La procédure est soumise aux lois et prescriptions de l'État où la constatation a lieu.

48 **CIM – Artikel 47 – Erlöschen der Ansprüche –**

§ 1 Mit der Annahme des Gutes durch den Berechtigten sind alle Ansprüche gegen den Beförderer aus dem Beförderungsvertrag bei teilweisem Verlust, Beschädigung oder Überschreitung der Lieferfrist erloschen.

§ 2 Die Ansprüche erlöschen jedoch nicht

a) bei teilweisem Verlust oder bei Beschädigung, wenn
   1. der Verlust oder die Beschädigung vor der Annahme des Gutes durch den Berechtigten gemäß Artikel 42 festgestellt worden ist;
   2. die Feststellung, die gemäß Artikel 42 hätte erfolgen müssen, nur durch Verschulden des Beförderers unterblieben ist;

b) bei äußerlich nicht erkennbarem Schaden, der erst nach der Annahme des Gutes durch den Berechtigten festgestellt worden ist, wenn er
   1. die Feststellung gemäß Artikel 42 sofort nach der Entdeckung des Schadens und spätestens sieben Tage nach der Annahme des Gutes verlangt und
   2. außerdem beweist, dass der Schaden in der Zeit zwischen der Übernahme des Gutes und der Ablieferung entstanden ist;

c) bei Überschreitung der Lieferfrist, wenn der Berechtigte binnen 60 Tagen seine Ansprüche gegen einen der in Artikel 45 § 1 genannten Beförderer geltend gemacht hat;

Eigene Anmerkungen: ....

....

....

d) wenn der Berechtigte nachweist, dass der Schaden auf eine Handlung oder Unterlassung zurückzuführen ist, die entweder in der Absicht, einen solchen Schaden herbeizuführen, oder leichtfertig und in dem Bewusstsein begangen wurde, dass ein solcher Schaden mit Wahrscheinlichkeit eintreten werde.

§ 3 Ist das Gut gemäß Artikel 28 neu aufgegeben worden, so erlöschen die Ansprüche bei teilweisem Verlust oder bei Beschädigung aus einem der vorangehenden Beförderungsverträge, als handelte es sich um einen einzigen Vertrag.

Article 47 - Extinction de l'action

§ 1 L'acceptation de la marchandise par l'ayant droit éteint toute action contre le transporteur, née du contrat de transport, en cas de perte partielle, d'avarie ou de dépassement du délai de livraison.

§ 2 Toutefois, l'action n'est pas eteinte :

a) en cas de perte partielle ou d'avarie, si

1. la perte ou l'avarie a été constatée conformément à l'article 42 avant l'acceptation de la marchandise par l'ayant droit;

2. la constatation qui aurait dû être faite conformément à l'article 42 n'a été omise que par la faute du transporteur;

b) en cas de dommage non apparent dont l'existence est constatée après l'acceptation de la mar- chandise par l'ayant droit, si celui-ci

1. demande la constatation conformément à l'article 42 immédiatement après la découverte du dommage et au plus tard dans les sept jours qui suivent l'acceptation de la marchandise, et

2. prouve, en outre, que le dommage s'est produit entre la prise en charge de la marchandise et la livraison;

c) en cas de dépassement du délai de livraison, si l'ayant droit a, dans les soixante jours, fait valoir ses droits auprès de l'un des transporteurs visés à l'article 45, § 1 ;

d) si l'ayant droit prouve que le dommage résulte d'un acte ou d'une omission commis soit avec l'intention de provoquer un tel dommage, soit témérairement et avec conscience

Eigene Anmerkungen: ....

....

....

qu'un tel dommage en résultera probablement.

§ 3 Si la marchandise a été réexpediée conformément à l'article 28, les actions en cas de perte partielle ou d'avarie nées de l'un des contrats de transport antérieurs s'éteignent comme s'il s'agissait d'un contrat unique.

49 Schon hier lauern einige Tücken, und es wird deutlich, wie wichtig es ist, die einzelnen Gesetzesformulierungen zu kennen, sie auseinanderzuhalten und richtig anzuwenden.

Es ist zum Beispiel ein Unterschied,

50 - ob gem. § 438 I Satz 1 HGB bei der Ablieferung ohne Schadensanzeige lediglich die *gesetzliche Vermutung* auf ordnungsgemäße Ablieferung *entsteht*

51 - oder ob gem. Art. 47 § 1 CIM mit der Ablieferung (ohne Feststellung eines Schadens gem. Art. 42 CIM) *alle Ansprüche erlöschen.*

52 Im ersten Falle, im Binnenverkehr, wird „nur" die Beweislast umgekehrt. Zur gesetzlichen Vermutung kann stets der Gegenbeweis angetreten werden - jetzt muß sich aber nicht mehr die Eisenbahn entlasten, sondern der Geschädigte muß nun seinerseits *beweisen*, daß der Schaden während des Gewahrsams der Sendung bei der Eisenbahn eingetreten ist.

53 Anders im internationalen Verkehr: mit der *unbeanstandeten Ablieferung* erlöschen alle Ansprüche - das Erlöschen wirkt *rechtsvernichtend*, und erloschene Ansprüche leben nicht wieder auf. Artikel 47 § 2 CIM nennt die Fälle, in denen das *ausnahmsweise nicht der Fall* ist.

54 Die unscheinbare Bestimmung aus § 438 I Satz 2 HGB: „Die Anzeige muss den Schaden hinreichend deutlich kennzeichnen" sollte nicht unterschätzt werden.

Eigene Anmerkungen: ....

....

....

In der Begründung zum Regierungsentwurf zur Novellierung des TRG (BT-Drucksache 368/97) wird dazu nämlich ausgeführt, es solle klargestellt werden, daß allgemeine Angaben ohne jede Umschreibung des Mangels **nicht** ausreichen. ... Der Frachtführer muß erkennen können, wofür er konkret haften soll, um sich ohne großen Aufwand von der Richtigkeit der Rüge überzeugen und Beweise sichern zu können.[25] 55

Zu allgemeine Angaben (verschränkt mit einer „Haftbarhaltung', 56
siehe unten) wie „... halten wir Sie vorsorglich für alle *aus dem Ereignis entstehenden* Kosten haftbar" oder „sämtliche Kosten *aus dem Ereignis* werden wir an Sie weiterreichen" reichen also gerade **nicht**. Sie bergen dagegen das Risiko für jenen, der einen Schaden aus dem Frachtvertrag ungenügend konkret anzeigt, daß er ebenso lapidar die Mitteilung erhält: „Wir widersprechen Ihrer Haftbarhaltung dem Grunde nach gemäß § 438 I Satz 2 HGB".

Es zieht auch verschiedene Auswirkungen nach sich, ob es genügt, 57
daß eine Lieferfristüberschreitung gem. § 438 III HGB nur *angezeigt* werden muß oder ob nach Art. 47 § 2 lit. c CIM im internationalen Verkehr die *Ansprüche geltend gemacht werden* müssen.

In beiden Fällen erlöschen die Ansprüche rechtsvernichtend, wenn 58
die Anzeigefrist versäumt wird. Das nennt man Präklusion.

Im Binnenverkehr läßt die fristgerechte Anzeige die Verjährung un- 60
berührt; *nur eine mit der Anzeige verbundene Haftbarhaltung hemmt die Verjährung.* Im CIM-Verkehr aber würde eine fristgerechte Anzeige (innerhalb von 60 Tagen) die Rechte *direkt* erlöschen lassen, wenn sie *nicht* mit einer „Reklamation" (unbezifferte Haftbarhaltung oder bezifferte Forderung) zum „Geltendmachen der Ansprüche" verbunden wäre.

---

25 Koller: *Transportrecht*, 7. Aufl., Rz. 12 zu § 438 HGB

Eigene Anmerkungen: ....

....

....

Was ist, wenn ein Schaden nicht angezeigt wird?

61 Wie erwähnt,[26] agieren im „Schadensgeschäft" ordentliche Kaufleute, die wissen, was sie tun. Ein Absender/Empfänger ist frei in seiner Entscheidung, ob er einen Schaden anzeigt, eine Haftbarhaltung ausspricht, einen bezifferten Ersatzanspruch einbringt - oder ob er das unterläßt.

62 Falls also ein (vermeintlich) Geschädigter vom Tätigwerden absieht, dann darf die Eisenbahn davon ausgehen, daß das so gewollt ist. Die Gründe können vielfältig sein, etwa:

- Was für einen Außenstehenden wie ein „Schaden" aussieht, ist für den Absender/Empfänger der Sendung gar keiner, sondern gehört für ihn zum gewöhnlichen, einkalkulierten Schwund, Verschleiß, Abgang.
- Dem Geschädigten ist *sein* Aufwand für die Verfolgung zu hoch.
- Die Information verläuft in *seiner* Organisation im Sande.
- Er müßte, um Geld zu bekommen, andere zu tief in seine Interna hineinsehen lassen, der Schutz seiner Geschäftsgeheimnisse ist ihm das Untätigbleiben wert.
- Im internationalen Verkehr muß der Beförderer, falls er selbst einen Schaden entdeckt oder vermutet, eine Tatbestandsaufnahme fertigen und diese dem Berechtigten unentgeltlich zur Verfügung stellen - aber ob *dieser* später davon Gebrauch macht, um einen Anspruch einzubringen, ist *seine* Sache.

63 **Das alles geht die Eisenbahn nichts an.**

Sie muß - und darf (!) - akzeptieren, daß der andere untätig bleibt.

---

26 Rz. 9 f.

Eigene Anmerkungen: ....

....

....

4. Die Haftbarhaltung

Was ist überhaupt eine Haftbarhaltung?

„Haftbarhaltung" ist ein **nicht legaldefinierter**[27], *umgangssprachlicher* Begriff. Umgangssprachlich könnte man sie auch zusammenfassen mit: *„Es ist etwas passiert, das melde ich schon einmal; aber ich weiß noch nicht, wie teuer es am Ende wird. Wenn ich es weiß, hole ich mir das Geld von Dir. Bis dahin berufe Dich [die nächsten drei Jahre] nicht auf Verjährung."* 64

Anders ausgedrückt, ist eine Haftbarhaltung die **Zusammenfassung einer fristwahrenden Schadensanzeige mit der durch einseitige Willenserklärung bewirkten**[28], **verjährungshemmenden Ankündigung späterer Ansprüche.** 65

Es gibt aber auch Anspruchsteller, die ihre *konkrete Forderung*[29] als „Haftbarhaltung" bezeichnen, obwohl es sich schon um das *Geltendmachen des bezifferten Anspruchs* handelt.[30] Umgangssprache eben. Theoretisch wäre es möglich, daß eine „Haftbarhaltung" zum Zwecke der Verjährunghemmung erst *nach* der fristwahrenden Schadensanzeige erklärt wird. Das ist etwa denkbar, wenn ein Geschädigter zwar fristgerecht den Schaden angezeigt hat, aber erst später bemerkt, daß er die 66

---

27 Zum Begriff der Legaldefinition siehe Rz. 2, Fn. 2 und Zweites Buch Rz. 698 ff.

28 Der sehr wichtige Aspekt, daß die Verjährungshemmung durch einseitige Willenserklärung *nur bei der gesetzlich verkürzten Verjährung im Transportrecht* eintritt, wird oft übersehen - mit der praktischen Auswirkung, daß der gleiche Effekt (irrig!) auch für andere Rechtsgebiete angenommen wird. Dabei sind aber „Haftbarhaltungen" zum Zwecke der Verjährungshemmung sinnlos, wenn die Verjährung durch *einseitige* Willenserklärung eben *nicht* gehemmt werden kann.

29 Im internen Sprachgebrauch der Schadensabteilung ist das schon der Entschädigungsantrag, der dann eben ohne vorherige „Haftbarhaltung" einlangt.

30 Rechtlich ist diese sprachliche Unschärfe bedeutungslos: „falsa demonstratio non nocet" = eine falsche Bezeichnung schadet nicht.

Eigene Anmerkungen: ....

....

....

genaue Schadenshöhe nicht innerhalb eines Jahres nachweisen kann. In der Praxis ist dies dem Verfasser nie begegnet, vielmehr wurde mit der Schadensanzeige stets auch der Vorbehalt der Schadenersatzforderung erklärt, und damit ist im Transportrecht die Verjährung von Gesetzes wegen gehemmt.

67 Zunächst ist deshalb zu unterscheiden, *was die Eingangsnachricht genau meint* und auf welche Rechtsgrundlage sich die „Haftbarhaltung" bezieht. Denn nicht jedes Schreiben, das so bezeichnet wird, ist für den konkreten Zweck nötig. Nützlich ist es fast immer, aber für die eigene Reaktion darauf ist das Wissen um die Unterschiede von Vorteil.

Wann ist eine Haftbarhaltung nötig?

68 Eine Haftbarhaltung ist dann nötig, wenn ein Anspruchsteller im **Transportrecht** bei einem Schaden die **Verjährung hemmen** will.

Systematisch ist das nur dann möglich, wenn eine *verkürzte Verjährungsfrist* greift, die bis zur allgemeinen gesetzlichen Verjährungsfrist ausgedehnt werden soll - wenn also die einjährige Verjährungsfrist **aus dem Transportrecht** gehemmt werden soll, bis die allgemeine, dreijährige Frist nach dem BGB greift.[31]

69 Der Eintitt *dieser* Verjährung ist dagegen *nicht mehr durch* einseitige *Erklärung* des Anspruchstellers hemmbar; dazu bedarf es entweder der Gerichtshängigkeit (vulgo: der Anspruchsteller muß klagen)[32] oder zur Vermeidung des Rechtsstreits einer *beidseitig vereinbarten* „Verjährungsverzichtserklärung" im Rahmen von „Verhandlungen über den

31 zum „specialia generalibus derogant" = „Spezialregelungen heben generelle Regelungen auf" oder: „lex specialis derogat legi generali" = „Das speziellere Gesetz hebt die allgemeinen Gesetze auf" ausführlicher siehe Zweites Buch. Das Spezielle ist hier das Transportrecht, das Allgemeine das [bürgerliche] Zivilrecht.

32 § 204 BGB - Hemmung der Verjährung durch Rechtsverfolgung

Eigene Anmerkungen: ....

....

....

Anspruch".[33]

Die gesetzlichen Grundlagen der Verjährungshemmung im Transportrecht finden sich im HGB und der CIM:

Handelsgesetzbuch – § 439 – Verjährung – 70

(3) Die Verjährung eines Anspruchs gegen den Frachtführer wird auch durch eine Erklärung des Absenders oder Empfängers, mit der dieser Ersatzansprüche erhebt,[34] bis zu dem Zeitpunkt gehemmt, in dem der Frachtführer die Erfüllung des Anspruchs ablehnt. Die Erhebung der Ansprüche sowie die Ablehnung bedürfen der Textform. Eine weitere Erklärung, die denselben Ersatzanspruch zum Gegenstand hat, hemmt die Verjährung nicht erneut.

CIM – Artikel 48 – Verjährung – 71

§ 3 Die Verjährung wird durch eine schriftliche Reklamation gemäss Artikel 43 bis zu dem Tag gehemmt, an dem der Beförderer die Reklamation schriftlich zurückweist und die beigefügten Belege zurücksendet. Wird der Reklamation teilweise stattgegeben, so beginnt die Verjährung für den noch streitigen Teil der Reklamation wieder zu laufen. Wer sich auf die Einreichung einer Reklamation oder auf die Erteilung einer Antwort und die Rückgabe der Belege beruft, hat dies zu beweisen. Weitere Reklamationen, die denselben Anspruch betreffen, hemmen die Verjährung nicht.

Article 48 - Prescription

§ 3 La prescription est suspendue par une réclamation écrite conformément à l'article 43, jusqu'au jour où le transporteur rejette la réclamation par écrit et restitue les pièces qui y sont jointes. En cas d'acceptation partielle de la réclamation, la prescription reprend son cours pour la partie

33 § 203 BGB - Hemmung der Verjährung bei Verhandlungen - kann ggf. (abhängig von den Umständen des Einzelfalles) neben § 439 III HGB anwendbar sein

34 Das HGB nennt es nicht „Reklamation" wie die CIM, praktisch ist beides deckungsgleich. Zum Reklamationsbegriff siehe auch oben Rz. 5 ff.

Eigene Anmerkungen: ....

....

....

de la réclamation qui reste litigieuse. La preuve de la réception de la réclamation ou de la réponse et celle de la restitution des pièces sont à la charge de la partie qui invoque ce fait. Les réclamations ultérieures ayant le même objet ne suspendent pas la prescription.

72 Der *Arbeitsbegriff* „Haftbarhaltung" (im engeren Sinne) beim Entschädigungsdienst der Eisenbahn meint also: **die auf einen Beförderungsvertrag bezogene, mit einer Schadensanzeige verbundene, noch unbezifferte Ankündigung des Forderungsberechtigten, später ggf. konkrete Schadenersatzansprüche geltend zu machen.**

73 Denn so eine Haftbarhaltung enthält vier Elemente:

74 1. **den Sendungsbezug**: Schäden (auch solche aus Lieferfristüberschreitung) sind in den gesetzlichen Vorgaben zum Transportrecht **immer auf einen konkreten Beförderungsvertrag bezogen** – und dieser ist bei der Eisenbahn durch die Sendungsdaten (früher: das Frachtbriefetikett) eindeutig identifizierbar; dem Frachtbrief oder den Sendungsdaten läßt sich auch entnehmen, wer welche Rechte an der Sendung hat

75 2. **daß sie von einem Berechtigten** stammt

76 3. **die Schadensanzeige**: fristgemäß erstattet, bewirkt sie lediglich, daß allfällige Ansprüche nicht mit Fristablauf erlöschen; die kurze Verjährungsfrist des Transportrechts von einem Jahr bleibt noch unberührt

77 4. **die Hemmung der Verjährung**: erst durch die Ankündigung, (noch unbekannt hohe, später genauer zu beziffernde) Ansprüche geltend zu machen, also erst durch die „Reklamation", tritt die Verjährungshemmung ein. Wie das genau formuliert wird, ist dabei nachrangig. Gängig ist: „halten wir Sie ... haftbar", aber auch: „... behalten wir uns vor", „werden wir Sie in Regreß nehmen", „werden

Eigene Anmerkungen: ....

....

....

wir Ihnen fakturieren" oder ähnliches ist zulässig.

An dieser Stelle sei nochmals auf die Wichtigkeit der genügend deutlichen Schadensanzeige hingewiesen. Zu unscharfe Angaben (nun verschränkt mit der Ankündigung, später Ansprüche geltend machen zu wollen) reichen also gerade **nicht**. 78

Das alles zusammen ist die „Erklärung des Absenders oder Empfängers, mit der dieser Ersatzansprüche erhebt" (§ 439 III HGB) bzw. die „Reklamation gemäß Artikel 43" (Art. 48 § 3 CIM). 79

Daß in **einem** Eingangs**schreiben**[35] sachlich **mehrere** Haftbarhaltungen zusammengefaßt sein können, die ggf. organisatorisch wieder getrennt werden müssen[36], versteht sich von selbst. Form und sachlichen Inhalt von Eingangsschreiben kann der Schadensbearbeiter schließlich nicht steuern. 80

Eine Haftbarhaltung ist aus Kundensicht (also aus Sicht des Anspruchstellers) **nötig**, wenn noch nicht sicher ist, ob die Ansprüche *innerhalb eines Jahres* ausreichend beziffert und nachgewiesen werden können. 81

Oft werden aber auch „Haftbarhaltungen" übermittelt, die entweder 82

- gar nicht erforderlich wären (anderes Rechtsgebiet) oder
- die von einem Nichtberechtigten stammen oder
- die durch ihren zu unkonkret gehaltenen Inhaltsteil „Schadensanzeige" den Anforderungen nicht genügen (siehe oben).

Das gibt der Eisenbahn Raum für Überlegungen, **ob** sie diese förmlich abweist oder nur ganz neutral eine Eingangsbestätigung gibt - oder sogar ob sie aus rechtlichen Erwägungen *nicht* auf sie reagiert.

35 Als „Schreiben" ist hier auch elektronischer Text (E-Mail) anzusehen.
36 siehe Rösler: „Bürokunde ...", S. 41 ff.

Eigene Anmerkungen: ....

....

....

83 Im Transportgeschäft mit der Eisenbahn sind ausschließlich Unternehmen tätig[37], und diese sind *ordentliche Kaufleute* im Sinne des Gesetzes.

84 **Ein ordentlicher Kaufmann weiß, was er tut** (und unterläßt!).[38] Falls er die genaue Schadensbeschreibung unterläßt, geht das zu seinen Lasten, *weil er es gewußt und gewollt hat.*[39] Das Risiko des Anspruchsverlustes trägt der, der den Anspruch ungenügend substantiiert.

85 Es wäre daher verfehlt, einer Argumentation zu folgen: „Warum haben Sie uns denn *damals* nicht gesagt, was noch fehlt, warum haben Sie der Haftbarhaltung nicht widersprochen?"

86 **Rechtsberatung des Anspruchsgegners gehört nicht zu den Aufgaben des Schadensbearbeiters.**

87 Es bleibt stets möglich, zum Schadenszeitpunkt *nachweisbar* vorhanden gewesene und *nur später übermittelte* Informationen zu akzeptieren.

88 Eine offensichtlich „falsche" Haftbarhaltung (unbegründet, aussichtslos) abzuweisen, *kann* im Interesse der Eisenbahn liegen, weil sie mit der Abweisung eine eventuelle Verjährungshemmung aufhebt, das heißt, die Verjährung wieder in Gang setzt. Denn ein Einspruch gegen die Abweisung einer Reklamation hemmt die Verjährung nicht erneut.

89 Ebensogut *kann* es den Interessen der Eisenbahn dienen, zwar *intern* den Sachverhalt aufzuklären (!)[40], nach außen aber nur eine karge Eingangsbestätigung zu geben und ansonsten abzuwarten.

90 Es *kann* für sie sogar zweckmäßig sein, *nicht* auf die Haftbarhaltung zu reagieren, besonders, wenn sie von einem Unberechtigten stammt.

---

37 Anders im Reiseverkehr, in dem in der Regel Privatpersonen befördert werden.

38 Das unterscheidet ihn vom „Verbraucher", von der einzelnen Privatperson.

39 Oder weil er es hätte wissen müssen und die Folgen des Nichtwissens billigend in Kauf genommen hat. Schuldhaftes Nichtwissen ist nicht schutzbedürftig.

40 Um zu bewerten und über das weitere Vorgehen zu entscheiden, ist die Kenntnis des Sachverhalts unbedingt erforderlich. Dies in einem „Pingpongspiel" mit dem Haftbarhaltenden zu erörtern, ist es dagegen nicht; vielmehr bindet es Personalzeit.

Eigene Anmerkungen: ....

....

....

Die Eisenbahn muß sich nicht zumuten, eigene Ressourcen zu binden, etwa durch zeitaufwendigen Schriftverkehr, um einem Unberechtigen schon jetzt dessen Unberechtigtsein darzulegen. Es genügt, das zu tun, falls später eine bezifferte Forderung eingeht. Falls keine eingeht, hat sich das Nicht-Reagieren durch Ressourcenschonung schon ausgezahlt. 91

Wer fordert, hat zu beweisen; gegebenenfalls, daß er überhaupt forderungsberechtigt ist. Das darf die Eisenbahn abwarten.

Zu 1.[41]: Was ist der „Sendungsbezug"?

Die Eisenbahn kannte ursprünglich bei Wagenladungen einen Gleich- 92
lauf von „Wagen", „Frachtvertrag", „Sendung" und „Frachtbrief", denn über die Sendung in *einem* Wagen wurde *ein* Frachtvertrag geschlossen, der in *einem* Frachtbrief dokumentiert wurde. Allerdings durfte schon früh eine Wagengruppe aus bis zu drei Wagen auf einen Frachtbrief aufgeliefert werden, dann bestand die Sendung aus drei Wagen, und der Frachtbetrag galt für diese Sendung aus drei Wagen.

Die *Sendungsidentifikation* geschah über das Frachtbriefetikett. Es 93
enthielt - im Binnenverkehr auf gelbem Papier, im internationalen Verkehr auf blauem Papier - die Nummern des Versandlandes, des Versandbahnhofs und die eigentliche (laufende) Versandnummer, ergänzt durch den Versandmonat, der aus dem Abfertigungsstempel hervorging. Die Versandnummern waren (und sind bis heute) fünfstellig plus Selbstkontrollziffer, ebenso wie die Bahnhofsnummern.[42]

41 Rz. 74

42 Die Kombination aus Versandland, Versandbahnhof und Versandnummer ist **eindeutig**; sind die 99 999 Versandnummern „verbraucht', beginnt die Zählung neu. Da aber selbst der leistungsstärkste Versandbahnhof nicht innerhalb eines Monats diese Anzahl an Sendungen bewältigt, muß die Neuzählung viel später beginnen, und dadurch (also durch Hinzukommen des Versandmonats) wird die Identifikation im mathematischen Sinne **eineindeutig** - wichtig z. B. für Datenbanken.

Eigene Anmerkungen: ....

....

....

94 Heute sind die Angaben der Papierfrachtbriefe mit ihren Frachtbrief=etiketten auch als Daten abgebildet („papierloser Transport").

95 Der Begriff „Sendungsetikett" oder „Frachtbriefetikett", teils auch in der weiblichen Form „=etikette" findet sich auch heutzutage noch im Sprachgebrauch, insbesondere dem des früheren Österreich=Ungarn.

96 Obwohl das Recht (das HGB ebenso wie die CIM) weiter von dieser Systematik der *Einzelsendungen* ausgeht, sind aus praktischen Gründen Erweiterungen gewachsen, etwa bei Ganz= oder Flügelzügen[43].

97 In diesem Zusammenhang ist es geradezu gefährlich, sich unkritisch auf *Daten* und *Datenabbilder* zu verlassen, ohne genau zu prüfen, *ob sie die Vertragsverhältnisse zutreffend darstellen*. Denn die Daten=verarbeitung ist, technisch bedingt, nicht immer in der Lage, rechtliche Sachverhalte 1:1 abzubilden. Gelegentlich muß sie „gegen den Strich gebürstet" werden, um am Ende im Außenverhältnis vertragsgerechtes *Verhalten*, zum Beispiel eine korrekte Abrechnung, zu bewerkstelligen.

Deshalb gehört es zum unverzichtbaren Werkzeug der Fall=prüfung, Vertragsverhältnisse von Daten sauber zu scheiden und nicht zu wähnen, die Daten würden die Verträge schon sauber und „einfach" abbilden. Das tun sie nämlich sehr, sehr oft nicht.

98 Selbst die **Zugnummer** kann zum Problem werden, denn sie **ist eines der unzuverlässigsten Suchkriterien überhaupt.**

Einschub: Was sind Flügelzüge? Was sind Kurswagen?

99 Die folgenden Ausführungen beziehen sich öfter auf Flügelzüge, daher sei hier eine Erläuterung vorangestellt.

Flügelung oder Flügeln nennt man in der Eisenbahn=Fachsprache

43 Nähere Erklärungen zum Flügelzug siehe Einschub

Eigene Anmerkungen: ……………………………………………………

……………………………………………………………………

……………………………………………………………………

das fahrplanmäßige Trennen eines kombinierten Zuges zum Erreichen verschiedener Endbahnhöfe und die Wiedervereinigung bei der Rückfahrt. Dafür gibt es auch die Begriffe Zugteilung und Zugvereinigung.

Flügelzüge werden im Reiseverkehr in der Regel aus zwei oder mehr Trieb- oder Wendezügen gebildet, die auf einem Teil der Laufstrecke vereint verkehren. Im Güterverkehr werden dagegen lokomotivbespannte Wagenzüge geflügelt.

Beginnen wir mit einem Beispiel aus dem Reiseverkehr, mit ICE- 100
Zügen von Berlin nach Düsseldorf oder Köln. Ab Berlin fahren sie westwärts mit zwei Einheiten (Zugteilen) über Wolfsburg, Hannover und Bielefeld bis Hamm (Westfalen), in Ost-West-Richtung mit gerader Zugnummer[44], und zwar zunächst mit einer Doppel-Zugnummer, etwa 644/654[45]. Nach der Ankunft in Hamm werden die beiden Zugteile getrennt, „geflügelt", und zwar in den Flügel Zug 644 weiter durch das Ruhrgebiet (über Dortmund, Bochum, Essen und Duisburg) nach Düsseldorf einerseits und andererseits in den Flügel Zug 654 weiter über Hagen, Wuppertal und Solingen nach Köln.

In Gegenrichtung, West-Ost, deshalb mit ungerader Zugnummer, fahren bei diesem Zugpaar die beiden Flügelzüge 645 und 655 zunächst getrennt: Zug 645 von Düsseldorf über Duisburg, Essen, Bochum und Dortmund nach Hamm und Zug 655 (bereits ab Bonn) über Köln, Solingen, Wuppertal und Hagen ebenfalls nach Hamm. Dort wird erneut „geflügelt", und zwar jetzt durch Vereinigung der beiden Zugteile

44 Ungeachtet aller Ausnahmen und „Neuerungen", greift die bewährte Systematik für Deutschland (!) bei Reisezügen und bei Regelgüterzügen noch heute (2023): Ost-West-Richtung oder Süd-Nord-Richtung = gerade Zugnummer und demzufolge West-Ost-Richtung oder Nord-Süd-Richtung = ungerade Zugnummer. Bei Zugpaaren ist die niedrigere Nummer die erste (344/345, 644/645), Zugnummer 1 ist nicht vergeben.

45 Eine Mischung aus gerade ./. ungerade würde hier, auch und gerade bei den Doppelzugnummern, dem geübten Eisenbahner sofort als „unstimmig" ins Auge springen.

Eigene Anmerkungen: ....

....

....

zum Zug 645/655, der dann über Bielefeld und Hannover (ohne Halt in Wolfsburg) nach Berlin fährt.

Rein praktisch bedeutet das für Reisende von Berlin Richtung Westen, daß sie darauf achten müssen, in welchen Zugteil („Flügel") sie einsteigen: wer nach Wuppertal will, ist im Flügelzug durchs Ruhrgebiet im falschen Zugteil - kann aber spätestens in Hamm noch den Platz wechseln (wenn auch eilig, denn das Trennen und die Weiterfahrt in Hamm gehen schnell vonstatten).

101 Ähnlich strukturiert ist das ältere Prinzip der Kurs*wagen*, nur daß dabei nicht ganze Zugteile „geflügelt" werden, sondern Wagengruppen aus einem Zug auf einen anderen übergehen. Dies sei an einem Beispiel aus der Berufserfahrung des Verfassers erläutert, am Zug 344 des Zugpaares D 344/D 345 von 1990[46] - geradezu einem Paradestück sinnreich ausgeklügelter Fahr- und Wagenübergangsplanung.

Im Internationalen Schnellzug D 344 von Berlin nach Hoek van Holland liefen als „Stammzug" gerade einmal drei Wagen: ein Speisewagen (WR = Waggon Restaurant) ohne Nummer, als Wagen 182 ein AB-Wagen (Wagen mit erster und zweiter Wagenklasse) und als Wagen 181 ein B-Wagen (zweite Wagenklasse) von Berlin nach Hoek van Holland.[47] Ein weiterer Wagen (Wagen 266) lief auf diesem Laufweg bis zum Grenzbahnhof Bad Bentheim.

In Braunschweig Hbf wurden zwei Kurswagengruppen vom Schluß des Zuges abgehängt und gingen auf andere Züge über: drei Wagen

---

46 1990 existierten noch die Deutsche Reichsbahn (DDR) und die Deutsche Bundesbahn (BRD), also getrennte Eisenbahnverwaltungen.
Auch Jahre vorher hatte es im internationalen Eisenbahnverkehr eine fachorientierte, pragmatische Zusammenarbeit der Eisenbahnen über ideologische und politische Grenzen hinweg gegeben. Das aber ist Thema anderer Publikationen.

47 Im Niederländischen wird „oe" wie ein kurzes „u" gesprochen - sprich also „Huck van Holland" und *nicht*, wie bei Umlautung im Deutschen, „Höök van Holland".

Eigene Anmerkungen: ....

....

....

D 344 nach Hoek van Holland

1.2.	2.	WR	1.2.	2.	2.*	2.	1.2.	2.	2.	1.2.	2.
268	267		182	181	266	265	264	263	262	261	260
Emden		Hoek van Holland			Benth	Köln			Frankfurt (M.)		

22:14 Nordeich Mole
21:07 Norddeich
19:55 Emden ---> 20:38 – E 3156 – 21:01 Norden

19:30 Leer
19:16 Augustfehn
19:08 Ocholt
18:57 Bad Zwischenahn
18:37 Oldenburg
18:23 Hude
18:13 Delmenhorst
17:57 Bremen
17:44 Achim
17:25 Verden
17:15 Eystrup
17:06 Nienburg
16:52 Neustadt a. R.
16:42 Wunstorf
- E 3150 16:24 <-
- IC 577 - 16:15 <-
18:31 Fulda
19:34 Frankfurt
20:27 Mannheim
20:32
IC 517
21:52 Stuttgart

21:02 Amsterdam
--- 20:28 <-----

9:00 London Liverpool Str.
7:45 (So 7:25)
6:45 Harwich Park
--- 22:30 <---- -----

[Berlin Rummelsburg Rga = Lrz 344]
(11:35 Berlin Hbf)
11:49 BERLIN FRIEDRICHSTRASSE
12:05 BERLIN ZOOLOG. GARTEN
12:18 BERLIN-WANNSEE
(12:28 Potsdam Stadt)
(13:47 Mgdeburg Hbf)
14:30 MARIENBORN
14:44 HELMSTEDT --> 15:38 - D 2740 -
15:18 BRAUNSCHWEIG HBF -------> - E 3029 -
--- 15:54 HANNOVER HBF
16:44 MINDEN (WESTF)
16:55 BAD OEYNHAUSEN
17:02 LÖHNE (WESTF)
17:11 BÜNDE (WESTF)
17:31 OSNABRÜCK HBF
18:01 RHEINE
18:15 BAD BENTHEIM
18:48 HENGELO
--- 20:03 AMERSFOORT
20:28 UTRECHT CS
21:14 SCHIEDAM-ROTTERDAM WEST
21:42 HOEK VAN HOLLAND

20:04 Köln
19:40 Solingen-O.
19:28 Wuppertal-E.
19:01 Hagen
18:50 Schwerte
18:39 Unna
18:21 Soest
18:08 Lippstadt
17:51 Paderborn
17:38 Altenbeken
17:07 Bad Pyrmont
16:45 Hameln
16:21 Elze
16:04 Hildesheim

15:43 Wolfenbüttel
15:54 Börßum
15:59 Schladen
16:10 Bad Harzburg
16:39 Goslar
16:50 Langelsheim
17:03 Seesen
17:14 Bad Gandersheim
17:21 Kreiensen
17:37 Einbeck
17:44 Northeim (Han)
17:58 Göttingen
18:09 Friedland
18:14 Eichenberg
18:19 Witzenhausen N
18:34 Hann. Münden
18:53 Kassel
19:23 Wabern
19:40 Treysa
19:47 Neustadt (Kr Marb)
19:54 Stadtallendorf
20:00 Kirchheim (Bz Ksl)
20:08 Marburg
20:27 Gießen
20:40 Butzbach
20:46 Bad Nauheim
20:51 Friedberg
21:14 Frankfurt (M)

in den Eilzug E 3029 nach Frankfurt am Main [48] und drei weitere Wagen in den Schnellzug D 2740 nach Köln [49].

Die nächste Kurswagengruppe wurde in Hannover Hbf von der Spitze des Zuges abgesetzt und in den Eilzug E 3150 nach Emden einrangiert (in Emden bestand Anschluß an den Eilzug E 3156 nach Norddeich Mole).

Nach dem Absetzen des Wagens 266 in Bad Bentheim lief der Stammzug weiter, hatte in Amersfoort Umsteige-Anschluß nach Amsterdam und an seinem Zielbahnhof Hoek van Holland Schiffsanschluß nach Harwich Park und von dort aus wiederum Zuganschluß nach London Liverpool Street.

Dort, wo Kurswagen abgingen, wurden auch Kurswagen aus Zubringerzügen in den Zug einrangiert (die sind in der graphischen Darstellung auf Seite 45 nicht enthalten).

102 Im Güterverkehr ist das „Flügeln" durch Übergänge der Einzelwagen oder Wagengruppen ähnlich strukturiert.

Wie ist das mit der Zugnummer als „unzuverlässig" gemeint?

103 Die Eisenbahn **betreibt** („produziert") die vollständige, unbeschädigte und pünktliche Beförderung von Gütern [oder Personen] von A nach B. Das ist ihr Kerngeschäft, das ist der Zweck des Unternehmens, damit

48 Im Kurswagen konnte man bis Frankfurt am Main sitzen bleiben und kam dort um 21:14 Uhr an. Das sparte z. B. Reisenden mit Gepäck, die es nicht eilig hatten, den lästigen oder anstrengenden Umstieg. Die schnellere Möglichkeit zur Fahrt nach Frankfurt (Ankunft bereits 19:34 Uhr) war der IC 577 ab Hannover Hbf, allerdings mit Umsteigen verbunden.

49 D 2740 fuhr den kürzeren Weg Braunschweig - Hildesheim - Hameln - Paderborn - Unna - Hagen - Wuppertal-Elberfeld - Solingen-Ohligs, war aber relativ lange unterwegs, auch durch viele Unterwegshalte. Dafür konnten die Reisenden im Kurswagen sitzen bleiben. Wer schneller nach Köln wollte, konnte auch im D 344 bis Hannover weiterfahren und dort in einen Intercity über Bielefeld - Hamm (Westf) - Dortmund - Hagen - Wuppertal-Elberfeld - Solingen-Ohligs umsteigen. Allerdings fuhr dieser eine etwas weitere Strecke, so daß der Reisende zusätzlich zum Intercity-Zuschlag noch eine Umwegkarte bezahlen mußte.

Eigene Anmerkungen: ....

....

....

verdient sie ihr Geld: indem sie ihre Betriebsleistung (das, was sie „produziert") als **Verkehrs[dienst]leistung** absetzt, verkauft.

Die Betriebsaspekte wirken nach innen, die Vekehrsaspekte nach außen. Je effizienter der Betrieb, desto mehr bleibt beim Verkauf hängen und kommt dem Unternehmen insgesamt zugute. 104

Die Eisenbahn ist schon wegen ihrer Größe eine stark arbeitsteilige Organisation. Das hat zur Folge, daß die Mitarbeiter unterschiedliche Sichtwinkel auf Sachverhalte haben *müssen* - je nachdem, ob *ihr* Tagesgeschäft betrieblich oder verkehrlich oder auch buchhalterisch ausgerichtet ist.[50] Spiegelbildlich ist das bei großen, ebenfalls arbeitsteilig strukturierten Geschäftspartnern der Eisenbahn nicht anders. 104

Solange alles weitgehend normal läuft, reden die Disponenten mit den Disponenten (Betrieb), Abrechner mit Abrechnern (Verkehr), die Buchhalter kaum miteinander (weil alles automatisch abläuft) ... nur bei Unregelmäßigkeiten kommen Leute ins Spiel, die mit *allen* Aspekten umgehen müssen - und das auch können sollten!

„Züge fahren nach einem Fahrplan, jeder Zug hat eine Nummer und ist damit identifizierbar." Das *klingt gut* und so klar, so einleuchtend, so einfach - *und ist so falsch*, wenn man an der Oberfläche bleibt. 105

Der Eisenbahner aber **muß** tiefer in die Materie eindringen, denn bei der Zugnummer finden sich diese verschiedenen Betrachtungswinkel: 106

a) **verkehrlicher Rahmenvertrag vs. betriebliche Planung:** 107
Der Rahmenvertrag oder das Kundenabkommen (seit ca. Mitte 2021 „Transportvertrag" genannt) umreißen den kommerziellen Rahmen.

---

50 Von den Stellen bei der Eisenbahn, die mit unseren Sachverhalten wenig bis nichts zu tun haben, reden wir hier nicht: Planung, Gleisbau und -unterhaltung, Forschung und Entwicklung, Maschinen- und Fahrzeugtechnik usw. usf.

Eigene Anmerkungen: ....

....

....

Als Anlage (und damit Vertragsbestandteil) findet sich mitunter ein Betriebskonzept, in dem dann Zugnummern genannt sind, auch solche von Flügelzügen[51]. Die Tücke liegt hier zum einen im Zeitablauf, besonders bei fortgeschriebenen Verträgen, zum anderen im systematischen Unterschied von Betrieb und Verkehr.

108 Über Jahrzehnte gewachsen und international abgestimmt, gibt es jedes Jahr am zweiten Dezemberwochenende den „großen Fahrplanwechsel" (Jahresfahrplanwechsel) und am zweiten Juniwochenende den „kleinen Fahrplanwechsel" (Wechsel vom Winter- auf den Sommerfahrplan). Dabei können sich, neben den Fahrzeiten, ohne weiteres auch die *betrieblichen* Zugnummern ändern - siehe b).

109 Das (verkehrliche) Geschäftsjahr beginnt aber am 1. Januar und wird mitten im Jahr nicht durch den Fahrplanwechsel unterbrochen.

110 Die Praxiserfahrung zeigt, daß Verkäufer und auch die Kunden, die in verkehrlichen Kategorien denken, diese betrieblichen Feinheiten oft gar nicht im Blick haben und daß deshalb eine Fortschreibung der Anlage „Betriebskonzept" unterbleibt oder sehr viel später geschieht.

111 Praktisch folgt daraus auch, daß Schreiben, die Zugnummern aus dem Rahmenvertrag oder dem Kundenabkommen nennen, für die Suche nach tatsächlichen (betrieblichen) Daten den Bearbeiter leicht in die Irre führen können, weil die planerischen Verkehrsdaten nicht mehr mit den unterjährig geänderten, tagesaktuellen Betriebsdaten übereinstimmen, und weil deshalb die Suche in den betrieblichen EDV-Systemen ergebnislos bleibt.

112 Der Irrtum: „[Diesen Zug] kennen wir nicht." Der Grund für den Irrtum: Suche *nur* nach der Zugnummer. Der Weg zur Auflösung

51 Nähere Erklärungen zum Flügelzug siehe oben, Rz. 99 ff.

Eigene Anmerkungen: ....

....

....

des Irrtums: Suche mit einer Wagennummer aus dem betroffenen Zug (betrieblich) bzw. aus der betroffenen Sendung (verkehrlich). So eine Rückwärtssuche ist in aller Regel erfolgreich.

b) **betriebliche Änderungen (z. B. bei Umleitungen):** 113

Während die für eine ganze Fahrplanperiode *betrieblich* geplanten Züge und die dafür beim Eisenbahninfrastrukturbetreiber gemieteten Trassen oft mit den verkehrlich verkauften Zügen gleichlaufen [siehe a) mit den dort genannten Einschränkungen], kann es jederzeit zu (geplanten) Bauarbeiten kommen. Dann stehen die Trassen *eben nicht* zur Verfügung, und die Züge fahren *betrieblich* unter einer anderen Nummer als ursprünglich geplant über eine andere Strecke. Auf die Frachten wirkt sich das nicht aus, weil die umgeleiteten Züge über den Regelweg *abgerechnet* werden. Falls es wegen unerheblich anderer Fahrzeiten auch beim „Kunden" keine Tätigkeit erfordert (z. B. in dessen Disposition), bemerkt es diese vielleicht nicht einmal, denn es sind inner*betriebliche* Vorgänge bei der Eisenbahn *ohne verkehrliche Auswirkungen.*

c) **Erzwingung besonderer verkehrlicher Abrechnung:** 114

In Kundenabkommen, insbesondere in solchen des Kombinierten Verkehrs (KV), sind oft Regelzüge mit ihren geplanten Zugnummern und den zugehörigen Frachten vereinbart - siehe a) -, und zusätzlich optional kurzfristig einzulegende Bedarfs- oder Sonderzüge mit feststehenden Frachtaufschlägen zu den Regelzügen, etwa 15 % bei Zugbestellung zwischen dem Donnerstag (10:00 Uhr) der Vorwoche zum Regelzug und dem Dienstag (10:00 Uhr) der Woche zum Regelzug oder 50 % zwischen dem Dienstag (10:01 Uhr) der

Eigene Anmerkungen: ....

....

....

Woche zum Regelzug und 48 Stunden vor Regelzugabfahrt oder auch 100 % (d. h. doppelte Zugfracht) bei ganz kurzfristiger Sonderzugbestellung unter 24 Stunden vor geplanter Abfahrt des Regelzuges. Im letzteren Beispiel fahren *praktisch* der Regelzug zur Regelfracht im eigenen, langfristig vorhandenen Fahrplan auf der Regeltrasse und der kurzfristig eingelegte Sonderzug zur doppelten Zugfracht wenig vor oder nach dem Regelzug auf einer kurzfristig bestellten Sonderzugtrasse mit *betrieblicher* Sonderzugnummer.

115 Um nun die korrekte Abrechnung, also die Einnahmesicherung, unter Berücksichtigung dieser Frachtaufschläge mit vertretbarem Personalzeitaufwand sicherzustellen, das heißt, um nicht Arbeitszeit von Personal für Sonderarbeiten zu vergeuden, gibt es im verkehrlichen Abrechnungssystem nur *eine* technische Möglichkeit: ein „Spiel" mit der *verkehrlichen*, nur für die Abrechnung relevanten Zugnummer. Man muß die EDV-Anwendung „gegen den Strich bürsten", um am Ende die erwünschte *verkehrliche* Preisberechnung, Fakturierung und den Geldeinzug zu erreichen.

116 Eine „Echt-Zugnummer" 99915 wird es voraussichtlich nicht geben; die Suche in den *betrieblichen* EDV-Systemen wird daher kein Ergebnis bringen. Falls doch, ist das für die Kundenabrechnung irrelevant.[52]

---

52 Selbst die teilweise Geheimhaltung der Zugnummernkreise durch die DB Netz AG und die damit verbundene partielle „betriebliche Blindheit" der EVU hat allem Anschein nach nichts an der jahrzehntelang gewachsenen Tradition geändert, daß der Nummernkreis 99901 bis 99999 für dringliche Hilfszüge reserviert ist.
Dringliche Hilfszüge wiederum entziehen sich der Abrechnung gegenüber „Kunden", sie werden nur intern verrechnet (allfällige Rückgriffe auf Verursacher sind hier nicht tiefergehend behandelt).
Somit ist die *technische* Verwendung von Zugnummern dieses speziellen (betrieblichen) Nummernkreises zum Erzwingen der erwünschten *verkehrlichen* Abrechnung unter Abwägung der Vor- und Nachteile vertretbar.

Eigene Anmerkungen: ....

....

....

Dem *Abrechnungs*personal dagegen wird die Zeichenfolge „99915" sofort signalisieren: wir haben es mit einem Sonderzug mit 15 % Frachtaufschlag zu tun. Ähnlich ist es bei anderen „bewußt auffälligen" Zugnummern wie 88815 oder 88850 z. B. für die *verkehrliche* Gegen=richtung. 117

Zu Zeiten von Deutscher Bundesbahn und Deutscher Reichsbahn (DDR) 118
war die Zugnummernsystematik praktisch allen Eisenbahnern zugänglich. Ob sie damals nach außen geheimgehalten wurde („Nicht für Dritte"), konnte der Verfasser nicht mehr rekonstruieren.

Seit der Trennung von EVU und EIU bekommen die EVU nicht 119
mehr alle Zugnummern zur Kenntnis. Erklärt wird dies mit dem „dis=kriminierungsfreien Zugang" aller EVU zum Netz des EIU und dem Schutz fremder Betriebs= oder Geschäftsgeheimnisse. So erfährt jedes EVU nur noch „seine" Zugnummern. Die Gesamtsicht ist dahin. Ob man das nun gut findet oder für übertrieben hält, ändert nichts an der Tatsache, daß es so ist.

Diese Praxis kann zu dem Kuriosum führen, daß ein externer Kunde 120
eines EVU (Absender, Empfänger, Frachtzahler, Wageneinsteller) *mehr* Zugnummern und die Details dazu kennt als dieses EVU selbst, nämlich aus Kundenperspektive für alle relevanten Züge aller EVU, mit denen dieser Kunde Geschäfte betreibt.

Im Extremfall ist es daher denkbar, daß die oben skizzierten, dem EVU unbekannten Zugnummern tatsächlich auf dem Netz existieren, nur eben für *andere* EVU. Damit können sie auch - technisch gesehen als Zeichenfolge - in der Datenverarbeitung des Kunden auftauchen, aber nicht in der des EVU. Das birgt ein letztes Potential für Irrtümer,

Eigene Anmerkungen: ....

....

....

wenn in einem Massengeschäft wie dem Transportwesen Algorithmen - berechtigterweise - ihr Wesen treiben.

Ob diese denkbare, ergo mögliche Erscheinung jemals praktisch zum Vorschein kommt, kann der Verfasser nicht einmal ansatzweise einschätzen. Ebensowenig, ob es wirtschaftlich darstellbar ist, so extrem tiefreichende Eventualitäten in die teure Programmierung von EDV=Systemen einfließen zu lassen. Die Erfahrung sagt, daß das ein kalkulierbares Risiko ist, und zwar ein kleines. Falls dergleichen (erstmals) auftreten sollte, sind ohnehin die Fachspezialisten gefragt, um solche „Exoten" zu zergliedern. Alles weitere würde dann folgen.

121 Diese Gedankenspiele beträfen indes nur indirekt den Schadens=bearbeiter (oder Mitarbeiter der Abrechnung/Frachterstattung) beim EVU, denn das hier fingierte Auftreten doppelter Zugnummern, der *geborenen* (der echten des einen EVU) und der *gekorenen*[53] (der für die Sonderzugabrechnung gewählten des anderen EVU) könnte *nur beim Kunden* geschehen und müßte von diesem erst wieder zurück=kommuniziert werden. Daher seien sie hier lediglich für Spezialisten auf der Kundenseite erwähnt.

122 **d) verkehrliche Abrechnung bei Flügelzügen[54]:**

Das Abrechnungssystem, das die Fakturierung zum Frachtkunden hin erzeugt, kann systemtechnisch an *einer* Rechnungsposition, *einer* abgerechneten verkehrlichen Sendung, nur *eine* Zugnummer darstellen. Falls aber die in der Rechnung erscheinende verkehrliche

53 von „Kür", „küren" = „Wahl", „wählen". Das Partizip ist „gekoren". Sprachlich gehören auch (ohne Umlautung) die Kurfürsten hierher: die zur Wahl des Kaisers berechtigten Fürsten.

54 siehe Einschub oben „Was sind Flügelzüge?", Rz. 99 ff.

Eigene Anmerkungen: ....

....

....

Abrechnungsposition (die für die Abrechnung „führende Sendung") sich aus *n* logischen und technischen Teilen zusammensetzt, so steht dennoch nur diese *eine* Zugnummer zur Verfügung, während die anderen *(n -1)* Zugnummern für eine Suche in den verkehrlichen Datensystemen eben *nicht* verfügbar sind.
Beispiel: die Flügelzüge 47111[55] *und 47113 laufen, von Bremerhaven und Hamburg kommend, nach Maschen, werden dort zum Zug 48225 vereinigt und laufen weiter nach Hannover, wo ein dritter Flügelzug von Osnabrück, Zug 48525, aufgenommen wird. Von Hannover bis Nürnberg läuft der aus den drei Flügeln gebildete Stammzug 49339. Die für die verkehrliche Abrechnung „führende Sendung" befindet sich im Flügelzug von Osnabrück, und* **nur ihre Zugnummer** *erscheint später in der Abrechnung. Im Abrechnungs=system wird daher eine Suche nach den Zugnummern 47111, 47113, 48225 und 49339 erfolglos bleiben, nur 48525 erzielt einen Treffer.*

Damit ist der oben unter a) angerissene Irrtum: *„Kennen wir nicht"* 123
auch hier zu erwarten; das Gegenmittel ist dasselbe: Rückwärts=suche mit einer Wagennummer oder einer LE=Nummer.

e) **Tagesdifferenzen:** 124

Selbst wenn die verkehrlich geplante Zugnummer mit der betrieblich geplanten und der tatsächlich im Betrieb genutzten übereinstimmt, bleibt sie doch irrtumsträchtig bei der Ermittlung der verkehrlichen Sendung, und zwar wegen „Tagesdifferenzen". Hier einige Beispiele:

---

55 Die im Beispiel verwendeten Zugnummern sind fiktiv. In Unterrichtsveranstaltungen bei der Eisenbahn wird gern die fiktive Zugnummer 4711 benutzt, wohl als Assoziation zu einem wohlriechenden Duftwasser aus Köln. Diese Zugnummer ist aber vierstellig, *kann* demnach nur für den Reiseverkehr als Beispiel dienen: denn Zugnummern des Güterverkehrs sind stets fünfstellig.

Eigene Anmerkungen: ....

....

....

- Züge über den Tageswechsel: ist die Zugnummer des Abfahrts=tages gemeint oder die des Empfangstages?
- Wurde bei der Abfertigung ein späterer Versandtag definiert?
- bei Importzügen: Ist der Versandtag im Ausland gemeint oder der Tag des Grenzübertritts (oder doch der Empfangstag)?
-

125 f) **betrieblich bei Unregelmäßigkeiten:**
Die Gründe für eine Änderung der *betrieblichen* Zugnummer sind vielfältig. Schon eine größere Verspätung kann durch „Erlöschen" der Trasse beim Eisenbahninfrastrukturunternehmen (EIU, idR ist das die DB Netz AG) dazu führen, daß die ursprüngliche *(betrieblich geplante)* Zugnummer geändert wird: die knappe *betriebliche* An=ordnung des EIU *„58474 ab AM weiter als 60988 im Plan des 57622, ab HSR als 72144, ab EHGV als 69221"* muß kein Dritter (*verkehr=licher* Kunde) verstehen, auch nicht seine Disponenten, und mögen sie noch so stark ins operative Geschehen eingebunden sein.

126 **Ein Eisenbahner muß fähig sein, das inhaltlich aufzulösen!**

127 Im Langtext bedeutet es: [betrieblich geplanter] Zug 58474 [fällt aus den Planungskriterien = ist stark verspätet oder hat eine andere als die geplante Bespannung (Lok) oder enthält Fahrzeuge mit nied=rigerer zugelassener Geschwindigkeit als geplant oder ... oder ... oder] und erhält deshalb vom EIU *andere* Zugnummern zugeteilt, und zwar: ab Bahnhof Maschen[56] die *betriebliche* Zugnummer 60988 und fährt im [bereits vorhandenen] Fahrplan des Zuges 57622 [und zwar bis Seelze Rbf[57]]. Von dort fährt der gleiche Zug unter der Zugnummer 72144 weiter [bis Hagen=Vorhalle [58]], wechselt erneut

---

56 AM = ehemalige Direktion Altona, ab 1937 Hamburg, Bf Maschen Rangierbahnhof
57 HSR = ehem. Direktion Hannover, Bf Seelze Rangierbahnhof

Eigene Anmerkungen: ....
....
....

die Zugnummer, hier auf 69221, und fährt unter dieser Zugnummer bis zum Ziel."

Nun dürfen und können diese *betrieblichen* Zugnummern aber jeden Tag neu verwendet werden, und das auch noch auf ganz unterschiedlichen Strecken der Eisenbahninfrastruktur [vulgo: des Netzes]. Besonders bei den *nicht* fest anhand von Trassen vorgeplanten, sondern aus einem „operativen Nummernkreis" stammenden Zugnummern kommt das zum Tragen: der *[betriebliche]* Zug 72144 kann etwa am 1. Juli von Seelze Rbf bis Hagen=Vorhalle laufen (siehe oben), dann am 2. Juli von Mainz[59] nach Mannheim [60]und schließlich am 3. Juli von Magdeburg=Rothensee[61] nach Seddin[62].[63] 128

Bedauerlicherweise wird bei *diesen* Zugnummern das oben erwähnte Schema „West-Ost und Süd-Nord = ungerade Zugnummer, Ost-West und Nord-Süd = gerade Zugnummer" sehr oft durchbrochen. Möglicherweise werden sie aus einem Bestand von „Zugnummernkreisen" täglich neu in laufender Folge entnommen. 129

Die - aus Blickwinkel des Entschädigungsdienstes - Geschädigten, die Frachtkunden, Anspruchsteller, Dritten, müssen *diese* Eisenbahninterna nicht kennen[64] oder gar berücksichtigen. 130

---

58 EHGV = ehem. Direktion Essen, Bf Hagen=Vorhalle (d. i. ein Güterbahnhof mit Rangiertätigkeit)

59 FMB = ehem. Direktion Frankfurt am Main, Bf Mainz=Bischofsheim (Mainz Hbf wäre FMZ)

60 RMR = ehem. Direktion Karlsruhe, Bf Mannheim Rangierbahnhof

61 LMR = ehem. Direktion Halle (aus DDR=Rbd Magdeburg), Bf Magdeburg=Rothensee

62 BSE = ehem. Direktion Berlin, Bf Seddin Rangierbahnhof

63 Zur Systematik der betrieblichen Abkürzungen nach der „DS 100" siehe Drittes Buch und auch Rösler: *Eisenbahn=Aktenkunde*, S. 927 ff. - Der erste Buchstabe nennt die ehemalige Direktion und zeigt damit grob die geographische Lage.

64 Erfahrungsgemäß ist es aber so, daß bei den Kunden - sehr stark von der Einzelperson abhängig - entweder totales Desinteresse an der „fremden" Materie herrscht oder aber, pragmatisch und im positiven Sinne neugierig, im Gegenteil ein starkes Streben nach Erwerb von Überblicks= und Gesamtheitswissen besteht.

Eigene Anmerkungen: ....

....

....

131 In der praktischen Konsequenz führt das aber auch dazu, daß von der Seite des Anspruchstellers mangels Wissens um die Feinheiten Zugnummern übermittelt werden, die für die Ermittlung der betroffenen Sendung bestenfalls wertlos sind, im ungünstigen Falle aber in die Irre führen und dadurch Kosten durch vermeidbaren Personalzeitaufwand generieren.

132 Das Gegenmittel ist wiederum die frühzeitige Ermittlung einer *Wagennummer* der betroffenen Sendung für die Rückwärtssuche.

133 g) **eigene Zugbezeichnungen beim Frachtkunden:**

Es kommt vor, daß es auf beim Kunden ein eigenes Schema für *seine* Planung und Disposition gibt. Manchmal setzen sich diese Zugbezeichnungen aus Buchstaben und Ziffern zusammen oder sind nicht fünfstellig - dann kann man sie leicht von Eisenbahnzugnummern unterscheiden. Zumindest auf den zweiten Blick bei drei- oder vierstelligen Zugnummern ohne Buchstaben, denn diese würde ein „Eisenbahner der alten Schule" zunächst als Zugnummer eines Reisezuges ansehen, um erst dann das fremde System wahrzunehmen. Bei fünfstelligen reinen Nummern sind dagegen Irrtümer nahezu unausweichlich: ist in der Reklamation nun die Zugnummer des Kunden oder die der Eisenbahn gemeint?

134 Aus all dem ergeben sich rein praktisch für die Ermittlungsarbeit des Schadensbearbeiters die unterschiedlichsten Suchtechniken in diversen Systemen.

135 Der Reklamant kann seinerseits einen guten Teil davon abfangen,

---

Das Wissen um *diese* Zusammenhänge ist nicht vertraulich, vielmehr können beide Seiten davon profitieren, es zu transferieren und auszutauschen.

Eigene Anmerkungen: ....

....

....

indem er *nicht nur* mit Zugnummern operiert, sondern mit Sendungs=daten oder wenigstens mit einer Wagen= oder LE=Nummer aus dem betroffenen Zug. Das ist auch für ihn von Vorteil, weil es weniger Rück=fragen und dadurch weniger Zeitverzug bis zum Ergebnis gibt.

Die „Komplexitätsreduzierung" in den Abläufen ist ein vernünftiges 136
Ziel **und zwar für alle Beteiligten**! Rückfragen wegen Unklarheiten kosten nämlich auf *beiden* Seiten Personalzeit und damit Geld.

Was sind stabile Suchkriterien? 137

- die verkehrlichen Sendungsdaten (Frachtbriefetikett)
- mindestens eine Wagennummer plus Zeitraum plus Relation
- im KV: mindestens eine LE=Nummer plus Zeitraum plus Relation
- die Position der Sendung in der Frachtrechnung[65]
- soweit verwendet: die 17stellige ZAB=Auftragsnummer[66].

Was sind instabile Suchkriterien? 138

- die Zugnummer, siehe oben
- die Relation allein als Text
- fremde Referenzen: das sind Zeichenfolgen in Textfeldern und als solche nicht formstabil (und deshalb tastfehlerträchtig).

Was ist ein untaugliches Suchkriterium?

Die Zugnummer eines geplanten, aber nicht durchgeführten Zuges.

1. Wo nichts ist (kein Auftrag angenommen, kein Auftragsdatensatz 139

65 Das führt in der Rückwärtssuche direkt zu den Sendungsdaten.

66 Bei DB Cargo: ZAB = Zentrale Auftragsbearbeitung. Die ZAB=Auftragsnummer besteht derzeit aus vier Ziffernblöcken (2-8-3-4): 80 = Land Deutschland; der Tag der Erzeugung des Datensatzes im Format JJJJMMTT; dreistellig eine Art „Gattungsnummer" des Auf=trags; vierstellig eine laufende Nummer. Das System ist für Erweiterungen vorgerichtet.

Eigene Anmerkungen: ....

....

....

erzeugt, keine Sendungsdaten vergeben, keine Fracht fakturiert und abgerechnet), kann auch nichts in den Systemen gefunden werden.

140 2. *Hier greift nicht das Transportrecht mit verschuldensunabhängiger Gewahrsamshaftung*, sondern das allgemeine Schadenersatzrecht. Dort gelten auch andere Regeln bei der Darlegungs- und Beweislast: nicht die Eisenbahn muß sich entlasten, sondern **wer fordert, hat zu beweisen.**

141 3. *Achtung, Verwechslungsgefahr*: bei einem angenommenen Auftrag für einen später ausgelegten (abgesagten, „stornierten") Zug wurde sehr wohl ein Frachtvertrag geschlossen (dokumentiert in den Auftragsdaten), so daß dabei durchaus Transportrecht greifen *kann*. In solchen Fällen kommt es auf die Umstände der Zugauslegung an; die *praktischen* Suchkriterien sind dieselben wie oben.

Einschub: Was ist eine Relation? [67]

142 Als Relation bezeichnet ein Güterverkehrs-EVU die Strecke „von - bis", genau gesagt: „von der Güterverkehrsstelle [GVSt] X bis zur GVSt Y" - und schon wieder gibt es Unschärfen, die zu Irrtümern führen können.

143 **Hier zeigt sich auch, wie hilfreich allgemeine geographische Kenntnisse und spezielles verkehrsgeographisches Wissen sind.**

144 1. In einem Ort (einer politischen Gemeinde) kann es mehrere „Eisenbahnstationen" geben, die auch noch anders heißen als der Ort. So liegen zum Beispiel auf dem Gebiet der „Stadt mit den zwei Hauptbahnhöfen", Mönchengladbach [MG], die Bahnhöfe (oder Haltepunkte) Mönchengladbach Hbf, Rheydt Hbf, Rheydt Gbf,

67 Da das Buch hoffentlich auch von Juristen gelesen wird, für diese folgender Hinweis: die Relation als juristische Arbeitsmethode zur Erfassung, Ordnung und Beurteilung eines komplexeren zivilrechtlichen Streitstoffs hat hiermit nichts zu tun.

Eigene Anmerkungen: ....

....

....

Rheydt=Odenkirchen[68], MG=Rheindahlen, MG=Lürrip, Wickrath und Herrath.

Der Bahnhof Einsiedlerhof liegt auf dem Stadtgebiet von Kaiserslautern, der Bahnhof Gremberg in Köln (er heißt aber *nicht „Köln=Gremberg"*!), und Europas größter Rangierbahnhof, Maschen Rbf, liegt auf dem Territorium der niedersächsischen Gemeinde Seevetal.

2. Bahnhof ist nicht gleich Güterverkehrsstelle [GVSt] 145

Der „Bahnhof" (früher als „Station" bezeichnet) ist ein vorwiegend *betrieblicher* Begriff. Dennoch wird heute noch vom „Versandbahnhof" [VBf] und „Empfangsbahnhof" [EBf] gesprochen, aus Tradition und auch aus Sprachökonomie: Versand=Güterverkehrsstelle mit acht Silben ist unbequemer auszusprechen als Versandbahnhof (vier Silben). Die *betriebliche* Definition für „Bahnhof" ist einer gesetzlichen Vor= 146
schrift zu entnehmen, § 4 Abs. 2 der Eisenbahn=Bau=und=Betriebsordnung (EBO) und gleichlautend in der Fahrdienstvorschrift[69] [FV] enthalten:

„Bahnhöfe sind Bahnanlagen mit mindestens einer Weiche, auf der Züge beginnen, enden, halten, überholen, kreuzen oder mit Gleiswechsel (Spitzehre) wenden dürfen."

---

68 Odenkirchen wurde 1929 zusammen mit Rheydt, München-Gladbach, Giesenkirchen und Schelsen zur neuen kreisfreien Stadt Gladbach-Rheydt vereinigt. Diese Stadt wurde 1933 auf Betreiben des in Rheydt geborenen Dr. Joseph Goebbels wieder aufgelöst, jedoch verblieben Odenkirchen, Giesenkirchen und Schelsen bei Rheydt, und der Bahnhof wurde in Rheydt-Odenkirchen umbenannt. Dieser Name wurde mit der erneuten Eingemeindung von Rheydt nach Mönchengladbach (seit 1960 nicht mehr München-Gladbach) zum 1. Januar 1975 aber nicht wieder geändert.

69 Bei der DR noch „Fahrdienstvorschriften", stets als „DV 408" oder „DS 408" bekannt. Das „DV" bezeichnete die Nummer im Druckschriftenverzeichnis, wurde aber oft irrtümlich als „Dienstvorschrift" gedeutet. Deshalb benannte die DB im Jahre 1979 die „DV" in „DS" um. Ausführlich dazu siehe Drittes Buch und auch Rösler: *Eisenbahn=Aktenkunde*, S. 941 f.

Eigene Anmerkungen: ....

....

....

147 In der Zeit *einer* Eisenbahn[70] mit Betriebs= und Verkehrsdienst waren die Benennungen VBf und EBf stringent: der *Betrieb* fand stets auf einer *Bahnanlage mit mindestens einer Weiche* ... statt. Selbst Privatgleisanschlüsse, ob Anschlußstelle (Anschl/Anst)[71] oder Ausweichanschlußstelle (Awanschl/Awanst)[72] waren einem Bahnhof zugeordnet, stets führte das Ganze zurück auf einen Bahnhof.

148 Ein weiterer Schritt zurück, noch mehr Distanz, mag hilfreich sein: In der Frühzeit der Eisenbahn, wurden „Stationen" *gerade für den Güterverkehr* errichtet: im Abstand dessen, was ein Pferdefuhrwerk an einem Tag erreichen konnte (Einzugsgebiet). Dafür wäre eine *„Bahnanlage ohne Weichen ..." (ein Haltepunkt)* Unfug gewesen. Haltepunkte waren nur für den Reiseverkehr geeignet (kurz zum Ein= oder Aussteigen halten, dann rasch weiter), nicht aber für Güterverkehr mit Lade= und Rangiertätigkeiten. Für Gütertransporte *mußte* es weitere Gleise und Anlagen (Rampen etc.) geben - und somit liefen Betrieb und (Güter=) Verkehr deckungsgleich.

149 3. Ein (betrieblicher) Bahnhof oder gar ein Gleisanschluß muß nicht mit dem (verkehrlichen) „Verrechnungsbahnhof" als Versand= oder Empfangsbahnhof (Versand=GVSt, Empfangs=GVSt) identisch sein.

150 4. GVSt sind stets Tarifpunkte; es gibt aber auch Tarifpunkte, die *keine* GVSt sind und auch keine Bahnhöfe oder sonstige *Betriebs*stellen: zum Beispiel Grenzübergangspunkte wie Aachen West Grenze oder Warnemünde Mitte See oder Rostock Seehafen Grenze. Diese

---

70 Hier ist die *Struktur* gemeint, unabhängig von der Rechtsform. Ob es die große Reichs= und spätere Bundesbahn betrifft oder nichtreichseigene, dann nichtbundeseigene Eisenbahnen („Privatbahnen" oder landeseigene Eisenbahnen) - Infrastruktur und Verkehr gehörten zusammen und waren nicht zerstückelt in Fern= und Nahverkehr, Güterverkehr, Netz im engeren Sinne, Personenbahnhöfe (zum Netz gehörig) usw.

71 DR=Abkürzung „Anschl", DB=Abkürzung „Anst" - siehe jeweilige FV (DV/DS 408).

72 DR=Abkürzung „Awanschl", DB=Abkürzung „Awanst" - s. jeweilige FV (DV/DS 408).

Eigene Anmerkungen: ....

....

....

Tarifpunkte dienen nur der Entfernungsberechnung. Sie haben deshalb auch nur verkehrliche Bedeutung.

zu 2.[73]: Wer ist zur Haftbarhaltung berechtigt?

Dies muß man „von hinten nach vorn" betrachten und außerdem dabei **im Transportrecht** zwischen Binnenverkehr und internationalem Verkehr unterscheiden. 151

Besonderheiten des Wagenrechts werden an anderer Stelle behandelt.[74] 152

Auch Frachtreklamationen bleiben hier unberücksichtigt und werden gesondert besprochen.[75] 153

Im internationalen Verkehr gehen mit der Ablieferung einer Sendung alle Rechte auf den Empfänger über, Rechte des Absenders erlöschen. Damit ist nach der Ablieferung nur noch der Empfänger zur gerichtlichen Geltendmachung von Ansprüchen gegen den Beförderer berechtigt. Falls der Absender *selbst* Ansprüche geltend machen will, muß er sie sich vom Empfänger abtreten lassen.[76] 154

Im Binnenverkehr dagegen *behält auch der Absender Rechte* an der Sendung, das heißt, hier können Absender oder Empfänger Forderungen einbringen. Die Vermeidung von Doppelzahlungen ist dabei 155
eine Sache des Beförderers. 156

Wird die Fracht durch einen Dritten bezahlt, der weder Absender noch Empfänger ist, so **erwirbt dieser Dritte durch die reine Fracht zahlung keine eigenen Rechte an der Sendung.** Damit läuft eine Haftbarhaltung durch den Frachtzahler ins Leere. 157

---

73 Rz. 75
74 zum Wagenrecht nach dem AVV siehe Rz. 326 ff.
75 siehe Rz. 558 ff.
76 zur Zession (Anspruchsübertragung) siehe Zweites Buch

Eigene Anmerkungen: ....

....

....

158 Man beachte aber, daß dies nur für den Teilaspekt „künftige konkrete
Anspruchstellung“ gilt, nicht aber für die bloße, ebenfalls rechtssichernde
159 Schadensanzeige. Denn diese darf von jedem stammen: vom Absender,
vom Empfänger, vom Frachtzahler, von Entlader, von einer Agentur;
sie alle sind bei der reinen Schadensanzeige jedenfalls als Erfüllungs-
gehilfen des Berechtigten anzusehen (hilfsweise als tätig in Geschäfts-
führung ohne Auftrag gem. § 677 BGB).

160 Auch logisch drängt sich auf, daß man *einer Schadensanzeige nicht
widersprechen kann* (höchstens ihrem Inhalt). Widersprechen kann
man nur dem Anspruch an sich, der aus praktischen Gründen noch
nicht konkret beziffert wird – nämlich indem man die rechtliche Be-
gründung des Anspruchs selbst widerlegt, etwa bei Fristversäumnis,
wo man seine Nicht-[mehr-]Durchsetzbarkeit beweist.

161 Das ist zumindest höflich gegenüber einem Anspruchsteller, der so-
mit die Gelegenheit erhält, bei sich zu prüfen, ob er der Abweisung
seines Anspruchs begründet widerspricht oder ob er sie akzeptiert
und in seiner Sphäre keinen eigenen Aufwand mehr betreibt.

162 Ob man einem Nichtberechtigten, also jemandem der gar keinen
Anspruch haben *kann*, das näher erläutert, ist wiederum eine eigene
Entscheidung des Haftbargehaltenen.[77]

Wie verhält es sich mit den Fristen?

163 Die Fristen für die reine Schadensanzeige einzuhalten, bewirkt lediglich,
daß die Ansprüche mit Fristablauf nicht sofort erlöschen [78] oder daß
164 sich eine Beweislast umkehrt.[79]

77 Siehe Rz. 86: Rechtsberatung ... gehört nicht zu den Aufgaben ...

78 International bei Schäden nach spätestens 7 Tagen und bei LFÜ nach 60 Tagen, im Binnenverkehr bei LFÜ nach 21 Tagen.

79 Im Binnenverkehr nach spätestens 7 Tagen.

Eigene Anmerkungen: ....

....

....

Die kurze Verjährungsfrist von einem Jahr im Transportrecht bleibt dabei noch unberührt. Eine Hemmung der Verjährung tritt erst ein, wenn durch die „Haftbarhaltung" **der Berechtigte** zum Ausdruck bringt, daß er sich vorbehält, später konkrete Forderungen zu stellen. 165

Die gesetzlichen Regeln sind oben im Wortlaut abgedruckt.[80] 166

Es wäre theoretisch möglich, daß - fristgerechte Schadensanzeige (HGB) bzw. Ersuchen um Tatbestandsaufnahme (CIM) vorausgesetzt - der Berechtigte kurz vor Ablauf des Jahres, also kurz vor Eintritt der Regelverjährung noch eine Haftbarhaltung ausspricht, weil sich die Ermittlung der Schadenshöhe verzögert hat. Praktisch ist das indes bedeutungslos; dem Verfasser ist nicht ein einziger Fall in dieser Konstellation untergekommen. In aller Regel wird mit der Schadensanzeige nämlich auch die Haftbarhaltung übermittelt. 167

zu 3.[81]: Was ist zum Aspekt „Schadensanzeige" zu beachten?

Hier ist nur die Schadensanzeige im engeren Sinne besprochen, also die Anzeige einer Beschädigung (eines Substanzschadens) oder eines Teilverlustes (z. B. eine Gewichtsdifferenz zwischen Versand und Empfang). Aspekte des Geltendmachens von Ansprüchen bei gänzlichem Verlust oder bei Schäden aus Lieferfristüberschreitung (Zeitschäden = Vermögensschäden) werden an anderer Stelle behandelt. 168

Wieder sind nationaler und internationaler Verkehr getrennt zu betrachten. Die stärkeren Obliegenheiten lasten auf dem Berechtigten im Binnenverkehr. 169

Die unscheinbare Bestimmung aus HGB § 438 I Satz 2: „Die Anzeige muss den Schaden hinreichend deutlich kennzeichnen" sieht auf den ersten Blick 170

80 Rz. 70 f.
81 Rz. 76

Eigene Anmerkungen: ....

....

....

harmlos aus, ist aber in ihrer Wirkung nicht zu unterschätzen.[82]

171 Wenn nämlich ein Berechtigter den Beförderer „haftbar hält" und dabei den Schaden zu ungenau beschreibt, riskiert er, daß der Beförderer jene „Haftbarhaltung" aus eben diesem Grunde zurückweist - und so *in einem Arbeitsgang* eine gehemmte Verjährung wieder in Gang setzt. Ein Einspruch gegen die Zurückweisung hemmt die Verjährung nicht erneut.

172 Innerhalb der Verjährungsfrist kann der Berechtigte durch Nachschieben von präzisierenden Informationen selbstverständlich den anfänglichen Mangel heilen.

173 Im internationalen Verkehr obliegt die Schadensaufnahme dem Beförderer.

174 Gemäß Artikel 42 CIM reicht es, wenn der Berechtigte lediglich einen Schaden behauptet. **Allerdings muß er das auch wirklich tun und sollte es im eigenen Interesse nicht unterlassen.** Wenn er nämlich den Schaden *nicht* behauptet (durch die Behauptung ersucht er konkludent[83] um die Ausstellung einer Tatbestandsaufnahme [„TA", Vordruck CIT 20]), **dann hat er die Sendung unbeanstandet angenommen, und alle Ansprüche sind erloschen.**

175 Die gemäß Artikel 42 CIM durch den Beförderer[84] zu erstellende

82 Koller: *Transportrecht*, 7. Aufl., Rz. 12 zu HGB § 438: „In der Begründung zum Regierungsentwurf TRG (BT-Drucksache 368/97) wird dazu ausgeführt, es solle damit klargestellt werden, daß allgemeine Angaben ohne jede Umschreibung des Mangels **nicht** ausreichen. ... Der Frachtführer muß erkennen können, wofür er **konkret** haften soll, um sich ohne großen Aufwand von der Richtigkeit der Rüge überzeugen und Beweise sichern zu können." - Zu allgemeine Angaben reichen gerade **nicht**.

83 konkludentes Verhalten = schlüssiges Verhalten; Näheres siehe Zweites Buch.

84 Der [vertragliche] Beförderer wird sich im Ausland idR eines ausführenden Beförderers bedienen müssen. Da er für diesen Erfüllungsgehilfen im Außenverhältnis haftet wie für sich selbst, ist er gut beraten, solche Aspekte im Vertrag für das Innenverhältnis von vornherein zu berücksichtigen. Das aber ist Sache des Beförderers, die den Anspruchsteller kalt lassen kann, mit der er sich nicht befassen muß.

Eigene Anmerkungen: ....

....

....

TA korrekt, also wahrheitsgetreu und vollständig auszufertigen, ist Sache des Beförderers. Er wird sich deshalb später nicht auf fehlende 176
Informationen in der TA berufen können.

Die Pflicht des Beförderers, dem Berechtigten eine Abschrift der TA 177
unentgeltlich auszuhändigen, gibt *diesem* wiederum eine Kontrollmöglichkeit. Erkennt er die Inhalte der TA nicht an, kann er sie durch einen unabhängigen Sachverständigen oder gerichtlich feststellen lassen.

Auch eine nachträgliche Schadensanzeige ist möglich, und zwar bei 178
„verdeckten Schäden", die der Berechtigte nicht bei der Ablieferung der Sendung erkennen und deshalb nicht anzeigen konnte.[85]

Allerdings greift dann im internationalen Verkehr nicht mehr unein- 179
geschränkt die gesetzliche Vermutung aus der Gewahrsamshaftung, sondern den Berechtigten (idR den Empfänger) treffen erhöhte Obliegenheiten, seinen Anspruch rechtlich zu begründen. Er muß nämlich nicht nur innerhalb von sieben Tagen nach der Ablieferung des Gutes den Schaden anzeigen (also im CIM-Verkehr den Beförderer um Ausstellung einer TA ersuchen), sondern **außerdem beweisen**, daß der Schaden schon während der Eisenbahnbeförderung entstanden ist

---

85 Beispiele: die Eingangsverwiegung von Schrott im Stahlwerk kann naturgemäß erst *nach* Zustellung der Sendung in den Gleisanschluß des Empfängers geschehen; wenn es *zeitlich unmittelbar* nach dem Eingang folgt, ist das ein starkes Indiz, daß ein durch Verwiegung ermittelter Teilverlust während des Eisenbahntransportes eingetreten ist (Differenz aus Gewicht des Gutes laut Frachtbrief und Wiegekarte der Eingangsverwiegung). - Geschieht die Eingangsverwiegung im Empfänger-Stahlwerk aber erst Tage nach der Ablieferung der Sendung, ist der Empfänger *mit dem Vollbeweis belastet*, daß nicht etwa während *seines* Gewahrsams am Wagen eine Teilentladung oder ein Diebstahl stattgefunden haben.

Werden im Gleisanschluß einer Druckerei Papierrollen abgeliefert, und sofort nach dem Öffnen des Wagens (aber eben nach der zunächst unbeanstandeten Ablieferung) Verformungen („Ovalisierungen") angezeigt, indiziert das die Beschädigung durch Rangierstöße oder dgl. während des Eisenbahntransportes. - Zeigt der Empfänger diesen Schaden aber erst Tage nach der Ablieferung an, muß *er beweisen*, daß der Schaden *nicht durch seine Leute bei seinem Rangiergeschäft* entstanden ist.

Eigene Anmerkungen: ....

....

....

(und nicht erst nach der Ablieferung).

180 In diesen Fällen fertigt der Beförderer eine sogenannte „TAnA" aus, eine „Tatbestandsaufnahme nach Ablieferung" - im CIM-Verkehr ebenfalls auf Vordruck CIT 20; der Sachverhalt „TAnA" ergibt sich aus dem Text der Eintragungen.

181 Im Binnenverkehr genügt bei „verdeckten Schäden" gemäß § 438 III HGB die Schadensanzeige innerhalb von sieben Tagen nach Ablieferung; die Beweislast, daß die Beschädigung (oder der [Teil-]Verlust
182 nicht während des Transports entstanden ist, verbleibt beim Beförderer.

Schließlich seien hier noch die Aspekte bei Totalverlust des Gutes und bei Schäden aus Lieferfristüberschreitung angerissen.

183 Es ist möglich, daß das Gut unauffindbar ist. Dann kann der Anspruchsberechtigte 20 Tage (im Binnenverkehr) bzw. 30 Tage (im CIM-Verkehr) nach Ablauf der Lieferfrist das Gut als verloren betrachten und Schadenersatz fordern. (Eine Haftbarhaltung würde hier keinen
184 Sinn ergeben.) Wird allerdings das Gut später aufgefunden, und der Empfänger nimmt es dann nachträglich an, muß er den Schadenersatz zurückzahlen.

185 Eine Überschreitung der Lieferfrist muß im Binnenverkehr gemäß § 438 III HGB *der Empfänger* der Eisenbahn innerhalb von 21 Tagen nach Ablieferung anzeigen, sonst erlöschen die Ansprüche.

186 Im internationalen Verkehr ist die Frist 60 Tage; hier reicht aber die bloße Anzeige nicht zur Wahrung der Rechte aus, sondern der Berechtigte muß schon „Ansprüche geltend machen", und sei es hilfsweise durch eine noch unbezifferte Haftbarhaltung (Reklamation). [86]

---

86 vgl. Rz. 227

Eigene Anmerkungen: ....

....

....

zu 4.[87]: Wie lange bleibt die Verjährung gehemmt?

Das unterscheidet sich zwischen Binnenverkehr auf der Rechtsgrundlage des HGB und internationalem Verkehr nach der CIM. 187

Wie lange bleibt also die Verjährung im Binnenverkehr gehemmt?

Die Formulierung im HGB „bis zu dem Zeitpunkt gehemmt, in dem der Frachtführer die Erfüllung des Anspruchs ablehnt" sollte nicht zu dem Trugschluß verführen, die Verjährung wäre „auf ewig" gehemmt, falls der Beförderer nicht widerspricht. Nur die *verkürzte* Verjährung des *spezielleren* Transportrechts wird gehemmt, dadurch kommt nun das *allgemeinere* bürgerliche Recht[88] mit *seinen* Verjährungsfristen ins Spiel, und das sind „drei Jahre + x". 188

Während im Transportrecht die Verjährung auch mitten im Jahr eintritt, nämlich ein Jahr nach Ablieferung der Sendung[89], hebt die Verjährung nach dem BGB auf das Jahresende des dritten Jahres nach dem Ereignis ab. 189

Ein Beispiel:

- Eine Sendung wurde am 7. März 2023 beschädigt abgeliefert. Mit Ablauf des 7. März 2024 verjähren die Rechte aus dieser Sendung.
  - Der Schaden wird fristgerecht durch den Entlader angezeigt, aber es wird *keine* Haftbarhaltung (z. B. namens des Empfängers) ausgesprochen. Die Verjährung bleibt unberührt, das heißt, mit Ablauf des 7. März 2024 verjähren die Rechte aus dieser Sendung.
  - Der Empfänger hält am 10. März 2023 die Eisenbahn haftbar,

87 Rz. 77
88 Siehe „Das Spezielle hat Vorrang vor dem Allgemeinen" im Zweiten Buch.
89 Oder im seltenen Verlustfalle ein Jahr, nachdem die Sendung hätte abgeliefert werden müssen.

Eigene Anmerkungen: ....

....

....

diese widerspricht der Haftbarhaltung am 16. März 2023. Die Verjährung ist ab dem 10. März 2021 gehemmt und beginnt mit dem 16. März 2023 wieder zu laufen; sie tritt ein mit Ablauf des 16. März 2024 – also wiederum mitten im Jahr.

- Der Empfänger hält am 10. März 2021 die Eisenbahn haftbar, diese widerspricht der Haftbarhaltung **nicht.**
  Die Verjährung ist gehemmt, aber es ist kein Ende der Verjährungshemmung durch Widerspruch definiert.
  Somit tritt die *gesetzliche* Verjährung von drei Jahren gemäß BGB § 195 ein, allerdings nicht unterjährig:
  Die Verjährungsfrist beginnt gemäß BGB § 199 I S. 1 mit dem Schluß des Jahres, in dem der Anspruch entstanden ist. Deshalb ist zu rechnen:
  Anspruchsentstehung (Schadenstag 7. März 2023) bis Jahresschluß 2023, *dann* Beginn der Verjährungsfrist von drei Jahren (also am 1. Januar 2024) und damit Eintritt der Verjährung drei Jahre später mit Ablauf des 31. Dezember 2026.
  Bei einem Schaden im Dezember 2023 wäre die Berechnung die gleiche, auch hier träte die endgültige Verjährung mit Ablauf des 31. Dezember 2026 ein.

Wie lange bleibt die Verjährung im CIM-Verkehr gehemmt?

190 Die CIM ist zwischenstaatliches Recht eigener Art (lex sui generis) und unterliegt dadurch eigener Auslegung; die Anwendung nationaler Vorschriften des Beförderers auf die internationale Vorschrift ist *nicht* ohne weiteres möglich.

191 Der Vorschriftentext der CIM „bis zu dem Tag gehemmt, an dem der Beförderer die Reklamation schriftlich zurückweist und die beigefügten Belege zurücksendet" kann dazu führen,

Eigene Anmerkungen: ....

....

....

daß die Verjährung weit über die deutschen „3 Jahre + x" gehemmt bleibt, und genau das ist schon geschehen.

In anderen Ländern sind 5 Jahre oder 10 Jahre keine Seltenheit; die Verjährungsfrist kann auch bis zu 30 Jahre betragen. 192

Heißt das, man sollte einer Haftbarhaltung nicht widersprechen?

Keineswegs! Die Ausführungen sollten nur *eine* Variante beschreiben. 193

Nach außen einen Widerspruch gegen die Haftbarhaltung zu unterlassen, 194 heißt übrigens nicht, daß eine sachlich-rechtliche Bewertung entfallen dürfte, sie bleibt nur eben bis auf weiteres intern. So kann durchaus ein Aktenvermerk lauten: „Ablehnungskandidat, weil ..." oder auch „Falls Forderung kommt, bezahlen".

Es ist *eine* Sache, während der Erfassung eines Falles schon Sach- 195 verhalte zu bewerten und, daraus folgend, für das weitere Vorgehen *für sich selbst* Varianten zu notieren - dies nach außen erkennbar werden zu lassen, ist eine *andere* Sache.[90] [91]

Aus der Gegenperspektive betrachtet, heißt das: der Haftbarhaltende 196 hat kein Anrecht auf eine Ablehnung, wenn er - ordentlicher Kaufmann, der weiß was er tut und läßt - eine Haftbarhaltung ganz und gar unberechtigt ausspricht oder wichtige Dinge nicht übermittelt.

Falls und soweit sich aus seinen Versäumnissen *später* beim beziffer- 197 ten Entschädigungsantrag ergibt, daß ein Anspruch von vornherein nicht vorhanden war, untergegangen oder nicht durchsetzbar ist, geht dies zu seinen Lasten - weil er wissen mußte[92], was er tat oder ließ.

---

90 Siehe Rz. 86: Rechtsberatung des Anspruchsgegners gehört nicht zu den Aufgaben ...
91 Sage nie alles, was du weißt, aber wisse immer, was du sagst.
92 Schuldhaftes Nichtwissen ist nicht schutzwürdig.

Eigene Anmerkungen: ....

....

....

Wann ist dann der Widerspruch gegen eine Haftbarhaltung sinnvoll?

198 Bei **klar** unberechtigten Haftbarhaltungen **durch einen Forderungsberechtigten**[93] empfiehlt sich eine **rasche** Abweisung. Das gibt dem Geschädigten gegebenenfalls die Möglichkeit zur „Nachbesserung", auch wenn die wieder in Gang gesetzte Verjährung nun nicht erneut gehemmt wird.

199 Reagiert er dagegen *nicht* auf die Abweisung, ist wenigstens der Fall beim Bearbeiter vom Tisch.

Wann ist eine Haftbarhaltung entbehrlich?

200 Wenn es *nicht* darum geht, eine kurze Verjährungsfrist zu hemmen, ist eine Haftbarhaltung (im weiteren Sinne) *unschädlich, aber nicht erforderlich, also streng rechtlich gesehen entbehrlich.* Denn Ansprüche gegen einen anderen können *immer* nach ihrem Entstehen bis zum Eintritt der *gesetzlichen* Verjährung geltend gemacht werden, dazu bedarf es keiner Ankündigung durch eine förmliche „Haftbarhaltung". Das betrifft zum Beispiel:

- Schadenersatzansprüche aus dem Haftpflichtgesetz
- Schadenersatzansprüche aus unerlaubter Handlung nach § 823 BGB
- *bedingt:* Schadenersatzansprüche aus Vertragspflichtverletzungen, *hier ist im Einzelfall zu* **prüfen, ob** *aus der Einbeziehung von Rahmen- oder Beförderungsverträgen eine kurze Verjährungsfrist* **resultieren kann.**

201 **Allerdings sind auch solche Haftbarhaltungen nützlich** durch die zeitnahe Information über Unregelmäßigkeiten, weil sie Sachverhaltsermittlungen ermöglichen, bevor Erinnerungen beteiligter Personen

93 Siehe Rz. 90 f. zur „falschen Haftbarhaltung" durch Unberechtigte.

Eigene Anmerkungen: ....

....

....

verblassen oder kurzlebige Daten gelöscht sind. Für die Abwehr unberechtigter Ansprüche ist diese frühe Unterrichtung von Vorteil.

Daher wäre es unklug, den Absender einer solchen Nachricht davon 202
abzuhalten.

Darüber hinaus kann die frühzeitige Information hilfreich sein, wenn 203
man *eigene Rechte gegen Dritte* sichern muß, z. B. Erfüllungsgehilfen, und dabei *wiederum eigene* Fristen zu beachten hat.

Heißt das, daß es auch „schädliche Haftbarhaltungen" gibt?

Ja, durchaus, und zwar *für den, der eine Haftbarhaltung ausspricht.* 204
Das sei an zwei deutschen Sprichworten verdeutlicht: „Blinder Eifer schadet nur" und „Man soll keine schlafenden Hunde wecken".[94]

Falls die Hemmung einer Verjährung *nicht* im Raume steht, weil sie 205
nicht vorgesehen ist, sondern wenn Regelverjährungsfristen greifen: dann wäre es *vielleicht* unschädlich, **eventuell aber auch unzweckmäßig und eigenen Interessen entgegenlaufend**, durch emisgen Aktionismus die Gegenseite geradezu mit der Nase darauf zu stoßen, daß sie zur Wahrung *ihrer* Interessen tätig werden kann.

Falls eine „Haftbarhaltung" die eine Verjährung systematisch gar 206
nicht hemmen *kann*, weil die Verjährungs *unter allen Umständen den gesetzlichen Fristen folgt* - dann ist es denkunmöglich, daß ein Widerspruch gegen diese „Haftbarhaltung" die Verjährung wieder in Gang setzen könnte. Was nicht gehemmt sein kann, kann auch nicht *wieder in Gang gesetzt* werden. In solchen Konstellationen ist eine förmliche

94 Wer die lateinische Sprache schätzt und gern liest, sei auf „Harry Potter" und den Wahlspruch seiner Schule Hogwarts hingewiesen: Draco dormiens nunquam titillandus = [wörtlich]: (ein) Drache schlafend(er) (ist) niemals (ein zu) kitzeln(der); [glatter übertragen]: Kitzle niemals einen schlafenden Drachen = [Entsprechung im deutschen Sprichwort]: Man soll keine schlafenden Hunde wecken.

Eigene Anmerkungen: ....

....

....

„Haftbarhaltung" rechtswirkungslos; gegebenenfalls ist sie Schaumschlägerei, die mitunter besser unterbliebe.

207 Ähnlich verhält es sich mit einer „Haftbarhaltung" durch Unberechtigte. Wer keinen Anspruch hat, hat nichts, was verjähren könnte, und auch in diesem Falle ist es undenkbar, ergo unmöglich, die Verjährung für ein rechtliches Nullum zu hemmen.

208 Wenn so eine „Haftbarhaltung" dann auch noch noch mit der etwas vorlaut wirkenden, mitunter als übergriffig wahrgenommenen „Empfehlung" verbunden ist, der Haftbargehaltene möge *seine* Versicherung unterrichten, ist die Peinlichkeit komplett. Denn wie jemand, der haftbar gehalten wird, mit der Angelegenheit umgeht, ist nicht Sache dessen, der haftbar hält! Solche Formulierungen mögen rechtlich bedeutungslos sein. Sie sind aber geeignet, ein an sich gutes Verhältnis zu beeinträchtigen.

209 In der Gesamtschau liegt der Verdacht nahe, daß da einer vom anderen abgeschrieben hat. Gewisse Musterschreiben kursieren im Internet und werden - gut gemeint - ohne weiteres Nachdenken versendet.

210 Der unberechtigt Haftbarhaltende läuft in die Gefahr, sich in trügerischer Sicherheit zu wähnen[95]. Falls er nämlich vom Haftbargehaltenen nur eine Eingangsbestätigung erhält, ohne Aussage in der Sache, ohne Haftungsanerkenntnis und ohne Zahlungszusage, *aber auch ohne förmlichen Widerspruch*, kann später die Enttäuschung groß sein, wenn ihm der Anspruchsgegner *erst dann* seine fehlende Forderungsberechtigung darlegt und den Anspruch rechtsicher abweist. Fristen zur Anspruchssicherung durch den Berechtigten sind *dann* verstrichen, damit ist der Anspruch vernichtet oder nicht mehr durchsetzbar, und eine

95 „wähnen" kommt von „Wahn", der an der Wirklichkeit vorbeigehenden falschen Vorstellung von einem Sachverhalt.

Eigene Anmerkungen: ....

....

....

nachträgliche Zession ist unnütz, weil sie den vernichteten oder nicht mehr durchsetzbaren Anspruch nicht wieder aufleben läßt.

Weil alle Beteiligten ordentliche Kaufleute sind, die wissen, was sie 211
tun oder unterlassen, ist das rechtlich nicht zu beanstanden.

Das Personal des haftbar gehaltenen Beförderers hat die Interessen 212
seines Unternehmens zu vertreten. Fehler, Irrtümer oder Versäumnisse eines Anspruchsgegners auszuräumen, liegt nicht nur außerhalb seiner
Aufgaben, es kann sogar als compliancewidrig angesehen werden 213
(weil den *eigenen* Unternehmensinteressen zuwiderlaufend). *Diesem* Risiko muß sich kein Mitarbeiter des Beförderers aussetzen.

Textform vs. Schriftform – Muß eine Haftbarhaltung auf Papier erfolgen?

Im deutschen Binnenverkehr: Nein. Seit dem 25. April 2013 reicht die 214
Textform, also z. B. auch eine E-Mail.

Im internationalen Schienengüterverkehr: Ja. Die CIM verlangt die 215
Schriftform.

Die **alte** Fassung des § 439 III Satz 1 HGB lautete früher: „Die Verjährung 216
eines Anspruchs gegen den Frachtführer wird durch eine schriftliche Erklärung des Absenders oder Empfängers, mit der dieser Ersatzansprüche erhebt, bis zu dem Zeitpunkt gehemmt, in dem der Frachtführer die Erfüllung des Anspruchs schriftlich ablehnt."

Hier *waren* also eine *schriftliche* Erklärungen des Anspruchstellers und des Frachtführers gesetzlich vorgeschrieben; die Kriterien der Schriftlichkeit ergeben sich aus der Legaldefinition des § 126 I BGB: „Ist durch Gesetz schriftliche Form vorgeschrieben, so muss die Urkunde von dem Aussteller eigenhändig durch Namensunterschrift oder mittelst notariell beglaubigten Handzeichens unterzeichnet werden."

Bei Recherchen im Internet ergeben die Treffer oft Hinweise auf die

Eigene Anmerkungen: ....

....

....

veraltete HGB=Norm. Teils wird auf das Urteil des BGH vom 20. 9. 2012 verwiesen - I ZR 75/11 - (u. a. besprochen in Transportrecht [Heft 4] 2013, S. 156 ff.). In diesem Urteil hob der BGH ausdrücklich darauf ab, daß für die Schadensanzeige gem. § 438 HGB die Textform zulässig war, § 439 III aber die Schriftform vorschrieb. Daraus sei zu schließen, daß der Gesetzgeber die Unterscheidung bewußt gewollt habe und mithin eine Haftbarhaltung nur in Schriftform bindend sei.

217 Nach dem *damaligen* Recht war das schlüssig. Das Ereignis fand im Oktober 2002 statt, so daß das 2002 geltende Recht zu beachten war.

218 Die Rechtslage hat sich aber zwischenzeitlich geändert. Durch das „Gesetz zur Reform des Seehandelsrechts" [!] vom 20. April 2013, in Kraft getreten am 25. April 2013, veröffentlicht im BGBl I 2013 S. 831, wurde § 439 HGB wie folgt geändert:

219 „Absatz 3 Satz 1 wird durch die folgenden Sätze ersetzt: ‚Die Verjährung eines Anspruchs gegen den Frachtführer wird auch durch eine Erklärung des Absenders oder Empfängers, mit der dieser Ersatzansprüche erhebt, bis zu dem Zeitpunkt gehemmt, in dem der Frachtführer die Erfüllung des Anspruchs ablehnt. Die Erhebung der Ansprüche sowie die Ablehnung bedürfen der Textform.'"

220 Das ist eindeutig und ersetzt ab dem 25. April 2013 die bis dahin geforderte Schriftform durch die nunmehr genügende Textform - für den Geltungsbereich des HGB, also deutschen Binnenverkehr.

221 Soweit verschiedene „Praxisratgeber" und ähnliche Veröffentlichungen (besonders im Internet) empfehlen, Schadensanzeigen und Haftbarhaltungen schriftlich zu übermitteln, geht das für den deutschen Binnenverkehr über die rechtlichen Erfordernisse hinaus, ist aber unschädlich.

222 Für den internationalen Verkehr ist die Empfehlung dagegen weiterhin sehr sinnvoll.

Eigene Anmerkungen: ....

....

....

Vergleichbar verhält es sich mit Klauseln in E-Mails mit Haftbarhaltungen, 223
die um „Verzicht auf das Schriftformerfordernis" ersuchen. Auf etwas, das rechtlich gar nicht (mehr) existiert, nämlich dieses Schriftformerfordernis[96], kann auch nicht verzichtet werden; jedoch gilt auch dies nur für den deutschen Binnenverkehr, nicht aber für internationale Eisenbahntransporte, für die die CIM greift.

Im internationalen Schienengüterverkehr besteht formal das Schrift- 224
formerfordernis weiterhin! **Artikel 48 CIM – Verjährung – regelt in § 3, Satz 1:**

„Die Verjährung wird durch eine schriftliche Reklamation gemäss Artikel 43 bis zu dem Tag gehemmt, an dem der Beförderer die Reklamation schriftlich zurückweist und die beigefügten Belege zurücksendet."

In welchem Umfang ein Beförderer dies anwendet - oder ob er nicht 225
vielmehr aus praktischen Gründen auf die Schriftform verzichtet und stattdessen die Textform im Binnenverkehr und im internationalen Verkehr akzeptiert, ist eine andere Frage.

Es sei indes darauf hingewiesen, daß bei „ständiger Übung" des 226
Verzichts *konkludentes Verhalten*[97] des Verzichtenden vorliegt und daraus ein Gewohnheitsrecht abgeleitet werden kann. Mit anderen Worten: wenn ein Beförderer jahrelang E-Mails mit gescannten Dokumenten, anhängenden Bilddateien usw. als Schadensanzeigen, Haftbarhaltungen, Reklamationen etc. akzeptiert, sollte er nicht plötzlich auf Schriftlichem im Original bestehen.

„Gibt es" im internationalen Verkehr eine Haftbarhaltung oder nicht?

Mangels Legaldefinition des Begriffs „Haftbarhaltung" ist es heikel, 227

96 sprachliche Anmerkung: Erfordernis - Gen. -ses, Pl. Erfordernisse. Das Erfordernis im Sinne von »erforderliche Bedingung; Voraussetzung« ist sächlich (ein Neutrum). Hier wird häufig falsch die weibliche (feminine) Form verwendet, evtl. in falscher Analogiebildung zu *die* Befugnis oder *die* Erlaubnis.

97 konkludentes Verhalten = schlüssiges Verhalten; Näheres siehe Zweites Buch.

Eigene Anmerkungen: ....

....

....

dies mit „nein" zu beantworten. Mit Blick darauf, daß die Haftbarhaltung *als Arbeitsbegriff* ein „Entschädigungsantrag (noch) mit Nullbetrag" ist, wäre ein „nein" *auf der Arbeitsebene* vertretbar - aber ggf. irreführend und deshalb mit äußerster Vorsicht zu behandeln. Denn auch der Begriff der „Reklamation" ist nicht legaldefiniert ist, sondern nur unter dem Aspekt seiner Herausbildung durch Rückgriff auf ältere Materialien[98] historisch *auszulegen*[99] als der *Versuch der außergerichtlichen Erledigung aller Ansprüche aus dem (internationalen) Frachtvertrag.*

228 Es sei deshalb ein **pragmatischer Umgang empfohlen**: Ob zum Zeitpunkt der „Reklamation" der Forderungsbetrag bereits feststeht, die „Reklamation" also schon einen *Entschädigungsantrag* darstellt (*Arbeitsbegriff!*), oder ob der genaue Betrag erst noch ermittelt werden muß, der Anspruch also noch unbeziffert angemeldet wird (*Arbeitsbegriff Haftbarhaltung*), kann und sollte in den Hintergrund treten.

229 Im Grunde ist es sogar vorteilhaft für die Eisenbahn, wenn ein Geschädigter seine Reklamation im CIM-Verkehr als unbezifferte „Haftbarhaltung" einbringt. Denn das gibt der Eisenbahn die Gelegenheit, der *Reklamation* rasch *dem Grunde nach* zu widersprechen und so die Verjährung wieder in Gang zu setzen; und durch eine Reklamation *in der gleichen Sache* (z. B. „Widerspruch gegen Ihre Ablehnung") wird die Verjährung nicht erneut gehemmt.

230 Würde dagegen der Geschädigte nur fristgerecht die Feststellung des Schadens durch Tatbestandsaufnahme verlangen (Rechte erlöschen *nicht*), *dann* seine (bezifferten und belegten) Ansprüche ermitteln und

---

98 vgl. Rz. 5 f.

99 zur Auslegung von Rechtsnormen - grammatisch, systematisch, historisch und teleologisch - siehe Zweites Buch

---

Eigene Anmerkungen: ....

....

....

erst kurz vor Eintritt der Verjährung einreichen, hätte er den Vorteil, den Beförderer bei der *begründeten* Abwehr der Ansprüche unter Zeitdruck zu setzen.

Insofern sei vor der ungeschickten Abweisung einer „Haftbarhaltung" 231
im CIM-Verkehr gewarnt, *weil sie auf nicht legaldefinierten Arbeitsbegriffen basiert.* Man trete einen Schritt zurück und betrachte sie von vornherein als „Reklamation".

5. Der Entschädigungsantrag

Was ist ein Entschädigungsantrag?

Der *unscharfe Begriff* „Entschädigungsantrag" ist 232

a) nicht legaldefiniert[100], sondern umgangssprachlich belegt

b) historisch gewachsen, und das auch noch örtlich verschieden

c) aus a) und b) heraus unterschiedlich verstanden.

Als *Arbeitsbegriff* besagt er schlicht: „Man will Geld von uns." 233

Dem Entschädigungsantrag *kann* eine betragslose Haftbarhaltung[101] 234
vorausgegangen sein, der Anspruchsteller kann ihn aber auch ohne Ankündigung direkt beziffert einbringen - und nach seinem Belieben auch anders benennen, z. B. als „Haftbarhaltung" [!][102].

---

100 zur Legaldefinition siehe Zweites Buch

101 Aber Achtung, auch „Haftbarhaltung" ist ein Arbeitsbegriff, der von Dritten ggf. anders interpretiert wird.

102 Falsa demonstration non nocet = die falsche Bezeichnung schadet nicht.
Es gehört zur Kernkompetenz eines Schadenssachbearbeiters, einen Entschädigungsantrag auch dann zu erkennen, wenn er anders benannt ist - und im Gegenzuge auszuscheiden, was *kein* Entschädigungsantrag ist, obwohl es unter dieser Bezeichnung einlangt.

Eigene Anmerkungen: ....

....

....

235 Ein *Entschädigungsantrag im engsten Sinne* basiert bei der Eisenbahn
auf einem Frachtvertrag und fordert Schadenersatz aus den Tatbeständen
Verlust oder Teilverlust (Minderung) oder Beschädigung (Substanz=
schaden) oder Schaden aus Lieferfristüberschreitung (Zeitschaden).
236 Zum *Entschädigungsantrag im engeren Sinne* gehören noch Forde=
rungen im unmittelbaren Zusammenhang mit dem Frachtvertrag aus
Verletzung vertraglicher Nebenpflichten[103], z. B. bei Mängeln in der
Wagengestellung vor der Beladung oder der Ablieferung von Wagen
in der falschen (von der Vereinbarung abweichenden) Arbeitsrichtung.
237 Auch Schäden im Vor= oder Nachlauf können dazugehören, falls und
soweit Vor= und Nachläufe Bestandteil des (Rahmen=) Vertrages sind.
238 Schon *im weiteren Sinne* zu verstehen ist ein Entschädigungsantrag,
der sich nicht mehr auf *nur einen* Frachtvertrag bezieht, sondern auf
mehrere Frachtverträge, und in dem es nicht um Verlust, Substanz=
oder Zeitschäden geht, sondern um Mängel in der Vertragserfüllung
239 allgemein. Darunter können vorab vereinbarte Pönalen (Vertrags=
240 strafen) fallen[104]. Oft greift bei solchen Entschädigungsanträgen nicht
das Transportrecht, sondern allgemeines Vertragsrecht.
241 Schadenersatzansprüche aus Schäden an Güterwagen werden auf
der Rechtsgrundlage des AVV reguliert (Wagenrecht) und sind insofern
242 keine Entschädigungsanträge *aus dem Frachtvertrag*. Organisatorisch
243 werden sie von der Güterwagenschadabrechnung bearbeitet; anspruchs=
berechtigt sind die Wagenhalter – und **nicht** die „Absender" oder „Emp=

103 Hauptpflicht des Vertrages ist die Ortsveränderung des Gutes – und als Gegenleistung die Zahlung der Fracht. Die Verletzung der Nebenpflichten „vollständig, unbeschädigt und fristgerecht" sind durch die Gewahrsamshaftung abgedeckt, aber darüber hinaus können weitere Nebenpflichten bestehen – und eben verletzt werden.

104 Ob Pönalen organisatorisch von der Abrechnungs= oder von der Schadensabteilung oder auf eine andere Art abgewickelt werden, ist ein Sekundäraspekt. Der Bearbeiter muß in der Lage sein, sie zu erkennen und ggf. der zuständigen Stelle zuzuleiten.

Eigene Anmerkungen: ....

....

....

fänger", die in den Wagenbriefen erscheinen, und auch nicht die vom Halter abweichenden Frachtzahler[105] für Leerwagentransporte.

Eine Sonderform sind Ansprüche auf Nutzungsausfallentschädigung 244
für Wagen anderer Halter wegen Beförderungsfristüberschreitung. Zwar ist die Rechtsgrundlage dafür das Wagenrecht, aber sie sind organisatorisch und praktisch so nahe am Entschädigungsgeschäft, daß sie *wie Entschädigungsanträge* (Zeitschäden) behandelt und auch so registriert werden.

Ersatzansprüche aus Unfällen *beim Betriebe einer Eisenbahn* unter- 245
liegen dem Haftpflichtgesetz und sind insofern keine Entschädigungsanträge, sondern Haftpflichtsachen, die auch eigens registriert werden.
Meist haben sie *keinen* Bezug zu Frachtverträgen. Beispielhaft seien 246
hier genannt Bahnübergangsunfälle mit Straßenverkehrsteilnehmern, Beschädigung fremder Infrastruktur (Gleisanschlüsse, Tore) oder Brände durch den Funkenflug fester Bremsen eines Güterzuges.

Güterschäden während eines Transportes, die durch einen Bahn- 247
betriebsunfall entstehen, unterfallen *nicht* dem Haftpflichtgesetz[106], sondern dem Transportrecht.

Schließlich werden gelegentlich Forderungen aus der Frachtabrech- 248
nung von Anspruchstellern als Entschädigungsanträge bezeichnet, obwohl dabei nur Frachten, aber keine Schäden betroffen sind. Dies

105 Aus der Frachtzahlung allein entstehen *keine* Rechte am Beförderungsvertrag und auch keine aus dem Wagenbeförderungsvertrag.

106 Beachte den Haftungsausschluß gemäß HPflG § 1 III 2. Alternative, 1. Halbsatz: „(3) Die Ersatzpflicht ist ferner ausgeschlossen, wenn eine ... 2. beförderte Sache beschädigt wird, es sei denn, dass ein Fahrgast sie an sich trägt oder mitführt."
Mit Frachtvertrag veförderte Güter sind zweifellos Sachen, so daß sich auch bei Beschädigung durch Eisenbahnunfall die Haftung nur nach dem Transportrecht richten kann, aber nicht nach dem Haftpflichtgesetz. Der zweite Halbsatz betrifft einen Sachverhalt, der im Güterverkehr schlicht nicht vorkommt (weil es dort keine Fahrgäste gibt); das hebelt aber den Haftungsausschluß für beförderte Sachen nicht aus.

Eigene Anmerkungen: ....

....

....

sind *keine Entschädigungsanträge*, sondern Rechnungsreklamationen (Frachterstattungsanträge)[107], die von der *dafür* zuständigen Organisationseinheit bearbeitet werden.

249 Eine Grauzone bilden Ansprüche, deren Grundlage im allgemeinen Schadenersatzrecht liegt (idR Ansprüche aus Delikt oder aus Schlechterfüllung von Verträgen), die aber nur die reine Fracht zum Inhalt haben. Aus *seinen* organisatorischen und buchhalterischen Belangen heraus wünscht der Anspruchsteller dann oft nur eine Frachtrückzahlung.
250 Die sachliche und rechtliche Prüfung obliegt dabei dem Entschädigungsdienst, die Abwicklung dagegen der Frachterstattung. Dazu stimmen sich die beiden Stellen ab.

Man will also Geld von uns – was ist zuerst zu prüfen?

251 **Vor allem anderen** muß geprüft werden, ob *in der Sache* schon Erkenntnisse vorliegen. Das ist eine Frage der Effizienz: denn falls es bereits solche Informationen gibt, sollte man sie auch nutzen. Dadurch vermeidet man, sie *nochmals* zusammenzutragen. Das wäre unnützer Aufwand, Vergeudung von Arbeitszeit und dadurch erlösminderndes, im Endeffekt unternehmensschädigendes Verhalten.

252 **Deshalb sind Fund- und Zuordnungsmerkmale so wichtig,** deshalb ist es so nötig, sie selbst diszipliniert anzuwenden und Andere, soweit möglich, zu ihrer Anwendung zu bewegen.

253 *Im Idealfalle* sind auf beiden Seiten Profis am Werk, die schon vorher Informationen und *Fundzeichen ausgetauscht* haben: einerseits der Anspruchsteller Sachinformationen und *sein* eineindeutiges Zeichen

107 Hier - und nur hier - kann ein die Fracht zahlender Dritter (der also nicht Absender oder Empfänger ist) eigene Ansprüche aus dem Frachtvertrag erwerben. Denn die Abrechnung ist ggf. bei dem zu berichtigen, der die Zahlung geleistet hat.

Eigene Anmerkungen: ....

....

....

(Aktenzeichen, Schadensnummer, Vorgangs-ID od. dgl. im Zuge der fristgerechten Schadensanzeige / Haftbarhaltung) und andererseits die Eisenbahn im Eingangsbescheid *ihr* Aktenzeichen. Dann *und nur dann* ist der Zugriff auf Vorermittlungsergebnisse *ohne jeden Zeitverzug* möglich, auf bereits zusammengetragene Unterlagen, vielleicht gar auf längst fertige, vorsorgliche, interne Bewertungen.

Nur mit Zeitverzug, d. h. mit vermeidbarem, kostenträchtigem Auf- **253**
wand wegen zusätzlicher Ermittlungsschritte kann der Fall bearbeitet werden, wenn der Anspruchsteller zwar nicht auf das (längst ausgetauschte) Aktenzeichen referenziert, aber wenigstens noch andere zweckmäßige Fundmerkmale nennt: Sendungsdaten, Auftragsnummer der Eisenbahn, Rechnungsnummer und Rechnungsposition, Wagennummer und Transportzeitraum sowie -relation. Diese Fundmerkmale führen zumindest indirekt zur Sendung als dem zentralen Objekt des Falles. Wenn während der Bearbeitung der Schadensanzeige oder Haftbarhaltung die Sendung mit dem Aktenzeichen des Falles versehen wurde, gelangt man zur Akte und den bisherigen Ermittlungsergebnissen.

Leider häufig und bedauerlicherweise immer häufiger werdend, sind **254**
Schreiben ohne solche Angaben.[108] Dann gilt die erste Prüfung dem weiteren Umgang mit dem Anspruchsschreiben:

Falls das Anspruchsobjekt nicht erkennbar ist, also der Anspruch **255**
prima facie[109] rechtlich unbegründet, dann ist er ein Kandidat für eine sofortige, strikte Abweisung. Der Anspruchsteller war nicht gehindert, zweckmäßige und vollständige Angaben zu liefern.[110]

---

108 siehe Drittes Buch und auch Rösler: *Bürokunde*, S. 51 ff.

109 lat. prima facie = erster Anschein, Beweis des ersten Anscheins - kann durch Entgegenhalten von Informationen erschüttert oder ausgeräumt werden (Gegenbeweis).

110 Erfahrungsgemäß dafür besonders anfällig dafür: Buchhaltungen.

Eigene Anmerkungen: ....

....

....

256 Finden sich zumindest Indizien zu Vorarbeiten, *kann* es fallweise zweckmäßig sein, die Forderung „weich" zurückzuweisen. Der Anspruchsteller war nicht gehindert, den Anspruch zu substantiieren, und dazu gehören auch Verweise auf den Vor=Schriftverkehr und Fundmerkmale wie Aktenzeichen oder Sendungsdaten. Liefert er dergleichen *nach*, kann die Bearbeitung - wenn auch verzögert - weitergehen, sonst bleibt es bei der Zurückweisung seines unprüfbaren Anspruchs.

257 Es sei daran erinnert, **daß die Schadensabteilung Ansprüche prüft und abwehrt**, wenn sie ungenügend substantiiert sind. Es ist **nicht** ihre Aufgabe, „die Hausaufgaben des Anspruchstellers zu machen"[111] oder gar ihn zu beraten, was er denn tun müsse, um *seine* Ansprüche durchzusetzen. Als ordentlicher Kaufmann muß er das selbst wissen - oder die Folgen seines Nichtwissens tragen.

258 Schlimmstenfalls wäre solch verfehlte „Rechtsberatung" als Handeln gegen die Interessen des eigenen Unternehmens compliance=widrig.

259 Es kann nicht angehen, daß in Anspruch genommene Unternehmen Arbeitszeit des eigenen Personals und ähnliche Ressourcen binden, um anderen Unternehmen zuzuarbeiten, wie diese ihre Ressourcen (Ausbildung, Personalzeit) schonen. Erwartungen des Anspruchstellers an den Anspruchsgegner (die Eisenbahn) sind insofern überzogen.

260 Das gilt selbstverständlich auch umgekehrt: die Eisenbahn darf nicht erwarten, daß ein Anspruchsteller Informationen liefert, die er nicht liefern muß und die für ihn ungünstig sind. Die Schadensabteilung des Anspruchstellers braucht nicht die Hausaufgaben der Eisenbahn zu machen.

111 Wenn z. B. Buchhaltungen wähnen, ihre Rechnungen wären sachlich prüfbar, wenn sie jeden Hinweis auf die Sache unterlassen (Fundzeichen ihrer eigenen Fachabteilung und die des Rechnungsempfängers; mit der Sache befaßte Personen), dürfen sie sich nicht wundern, wenn diese Rechnungen wegen Unprüfbarkeit unbezahlt zurückgehen.

Eigene Anmerkungen: ....

....

....

Welche Entschädigungen fallen unter die „strenge Befördererhaftung"?

Die „strenge Beförderhaftung" ist zweifach umgrenzt:

- zeitlich=tatsächlich: von der Übernahme des Gutes zur Beförderung bis zu seiner Ablieferung[112] 261
- sachlich: 262
  - für (völligen) Verlust des Beförderungsgutes
  - für Teilverlust (Minderung) des Beförderungsgutes
  - für Beschädigung des Beförderungsgutes (Substanzschaden)
  - für Schäden, die aus einer Lieferfristüberschreitung resultieren (Zeitschaden, Verspätungsschaden).[113]

Hier - **und nur hier!** - greift die gesetzliche Beweislastumkehr, das heißt, der Beförderer muß sich entlasten. 263

Welchen Sinn hat diese „strenge Befördererhaftung"?

Sie soll den Anspruchsteller (den Geschädigten) von seiner Beweislast befreien. Grundsätzlich heißt es: „Wer fordert, muß auch beweisen", aber ein geschädigter Absender oder Empfänger hat zu wenig Einblick in die Interna von Beförderern, um das zu können. Der Beweis, daß der Beförderer rechtswidrig und schuldhaft gehandelt hat, würde dem Geschädigten in der Regel unmöglich sein. Deshalb hat der Gesetzgeber - seit dem Aufkommen der Eisenbahnen und wiederum schöpfend aus dem 2000 Jahre alten römischen Recht - den Absender oder Empfänger von Gütersendungen in dieser Hinsicht besser gestellt. 264

---

112 Tatbestände *anläßlich und bei* der Abfertigung (Auftragsannahme und -verarbeitung) und danach *bis zur tatsächlichen Besitzübernahme am Gut (Ingewahrsamnahme)* sind daher rechtlich anders zu behandeln - vor allem in puncto Beweisführungslast.

113 Die Regelungen zu Schäden aus Lieferfristüberschreitung heben vorrangig auf Vermögensschäden ab (lucrum cessans). Bei Substanzschäden (Beschädigungen), die kausal aus einer Lieferfristüberschreitung resultieren, gibt es deutliche Unterschiede zwischen nationalem (HGB-) und internationalem (CIM-) Transportrecht.

Eigene Anmerkungen: ....

....

....

265 Als Gegengewichte für die „strenge Befördererhaftung" gibt es bevorrechtigte Haftungsausschlußgründe und Höchsthaftungsbeträge.

Wann muß der Beförderer gar nicht haften?

266 Die Haftung entfällt komplett bei Verschulden des Absenders oder wenn der Schaden auf ein „unabwendbares Ereignis"[114] zurückzuführen ist.

267 Beweispflichtig ist der Beförderer.

Gibt es weitere Gründe, daß der Beförderer nicht haften muß?

268 Ja, der Beförderer ist unter bestimmten Voraussetzungen ganz von seiner „strengen Befördererhaftung" befreit. Der Fachbegriff ist „privilegierter Haftungsausschluß [grund]" oder eingedeutscht „bevorrechtigter Haftungsausschluß [grund]" bzw. im deutschen HGB „besonderer Haftungsausschluß [grund]".[115]

269 Dies bildet ein *vom Gesetzgeber gewolltes* Gegengewicht zum Risiko des Beförderers, daß er sich nicht für schädliche Auswirkungen eines niederen Zufalls entlasten kann und deshalb ohne Verschulden für diese Auswirkungen aufkommen muß.

Privilegierte Haftungsausschlußgründe sind:

270 - die Verwendung offener Wagen („O-Wagen-Gefahr"),

114 Umgangssprachlich spricht man dabei auch von „höherer Gewalt" (lat. vis maior, frz. Force Majeure, engl. Act of God) - die Fachliteratur allein zur Unterscheidung der Begriffe „Höhere Gewalt" und „unabwendbares Ereignis" zieht sich über Jahrzehnte und füllt meterweise die Regale.

115 Ein Privilegium, verkürzt Privileg, Plural: Privilegien, Partizip: priviliegiert ist ein Vorrecht, das einer Einzelperson oder einer Personengruppe zugute kommt oder, wie hier, für bestimmte Rechtssachverhalte greift und diese aus dem allgemeinen Recht heraushebt. Lateinische privilegium von privus („einzeln, gesondert") und lex („Gesetz, Rechtsvorschrift"), Plural: leges.

Eigene Anmerkungen: ....

....

....

- Verpackungsmängel, 271
- Verlademängel oder Entladeschäden, soweit nicht der Beförderer für das Ver- oder Entladen zuständig war, 272
- die natürliche Beschaffenheit bestimmter Güter und die daraus resultierenden Schäden wie innerer Verderb, Bruch, Rost, Austrocknen, Auslaufen, Verstreuen oder Schwund, 273
- Fehler bei der Bezeichnung oder Numerierung der Frachtstücke durch den Absender, 274
- (bei der Eisenbahn weggefallen) die Beförderung lebender Tiere. 275

Der Wortlaut der gesetzlichen Vorschriften ist:

§ 427 HGB – Besondere Haftungsausschlußgründe 276

(1) Der Frachtführer ist von seiner Haftung befreit, soweit der Verlust, die Beschädigung oder die Überschreitung der Lieferfrist auf eine der folgenden Gefahren zurückzuführen ist:

1. vereinbarte oder der Übung entsprechende Verwendung von offenen, nicht mit Planen gedeckten Fahrzeugen oder Verladung auf Deck;
2. ungenügende Verpackung durch den Absender;
3. Behandeln, Verladen oder Entladen des Gutes durch den Absender oder den Empfänger;
4. natürliche Beschaffenheit des Gutes, die besonders leicht zu Schäden, insbesondere durch Bruch, Rost, inneren Verderb, Austrocknen, Auslaufen, normalen Schwund, führt;
5. ungenügende Kennzeichnung der Frachtstücke durch den Absender;
6. Beförderung lebender Tiere.

(2) Ist ein Schaden eingetreten, der nach den Umständen des Falles aus

---

Eigene Anmerkungen: ....

....

....

einer der in Absatz 1 bezeichneten Gefahren entstehen konnte, so wird vermutet, daß der Schaden aus dieser Gefahr entstanden ist. Diese Vermutung gilt im Falle des Absatzes 1 Nr. 1 nicht bei außergewöhnlich großem Verlust.

(3) Der Frachtführer kann sich auf Absatz 1 Nr. 1 nur berufen, soweit der Verlust, die Beschädigung oder die Überschreitung der Lieferfrist nicht darauf zurückzuführen ist, daß der Frachtführer besondere Weisungen des Absenders im Hinblick auf die Beförderung des Gutes nicht beachtet hat.

(4) Ist der Frachtführer nach dem Frachtvertrag verpflichtet, das Gut gegen die Einwirkung von Hitze, Kälte, Temperaturschwankungen, Luftfeuchtigkeit, Erschütterungen oder ähnlichen Einflüssen besonders zu schützen, so kann er sich auf Absatz 1 Nr. 4 nur berufen, wenn er alle ihm nach den Umständen obliegenden Maßnahmen, insbesondere hinsichtlich der Auswahl, Instandhaltung und Verwendung besonderer Einrichtungen, getroffen und besondere Weisungen beachtet hat.

(5) Der Frachtführer kann sich auf Absatz 1 Nr. 6 nur berufen, wenn er alle ihm nach den Umständen obliegenden Maßnahmen getroffen und besondere Weisungen beachtet hat.

277 **CIM – Artikel 23 – Haftungsgrund**

§ 1. – Der Beförderer haftet für den Schaden, der durch gänzlichen oder teilweisen Verlust oder durch Beschädigung des Gutes in der Zeit von der Übernahme des Gutes bis zur Ablieferung sowie durch Überschreitung der Lieferfrist entsteht, unabhängig davon, welche Eisenbahninfrastruktur benutzt wird.

§ 2. – Der Beförderer ist von dieser Haftung befreit, soweit der Verlust, die Beschädigung oder die Überschreitung der Lieferfrist durch ein Verschulden des Berechtigten, eine nicht vom Beförderer verschuldete Anweisung des Berechtigten, besondere Mängel des Gutes (inneren Verderb, Schwund

Eigene Anmerkungen: ....

....

....

usw.) oder durch Umstände verursacht worden ist, welche der Beförderer nicht vermeiden und deren Folgen er nicht abwenden konnte.

§ 3. – Der Beförderer ist von dieser Haftung befreit, soweit der Verlust oder die Beschädigung aus der mit einer oder mehreren der folgenden Tatsachen verbundenen besonderen Gefahr entstanden ist:

a) Beförderung in offenen Wagen gemäß den Allgemeinen Beförderungsbedingungen oder [116] wenn dies ausdrücklich vereinbart und im Frachtbrief vermerkt worden ist; vorbehaltlich der Schäden, die Güter infolge von Witterungseinflüssen erleiden, gelten Güter in intermodalen Transporteinheiten und in geschlossenen Straßenfahrzeugen, die auf Eisenbahnwagen befördert werden, nicht als in offenen Wagen befördert; benutzt der Absender für die Beförderung der Güter in offenen Wagen Decken, so haftet der Beförderer nur in dem Umfang, wie ihm dies für die Beförderung in offenen Wagen ohne Decken obliegt, selbst dann, wenn es sich hierbei um Güter handelt, die gemäß den Allgemeinen Beförderungsbedingungen nicht in offenen Wagen befördert werden;

b) Fehlen oder Mängel der Verpackung bei Gütern, die ihrer Natur nach bei fehlender oder mangelhafter Verpackung Verlusten oder Beschädigungen ausgesetzt sind;

c) Verladen der Güter durch den Absender oder Ausladen durch den Empfänger;

d) natürliche Beschaffenheit gewisser Güter, derzufolge sie gänzlichem oder teilweisem Verlust oder Beschädigung, insbesondere durch Bruch, Rost, inneren Verderb, Austrocknen, Verstreuen, ausgesetzt sind;

e) unrichtige, ungenaue oder unvollständige Bezeichnung oder Nummerierung der Frachtstücke;

f) Beförderung lebender Tiere;

g) Beförderung, die gemäß den maßgebenden Bestimmungen oder einer in den Frachtbrief aufgenommenen Vereinbarung zwischen dem Absender und dem Beförderer unter Begleitung durchzuführen ist, wenn der Verlust oder die Beschädigung aus einer Gefahr entstanden ist, die durch die Begleitung abgewendet werden sollte.

116 Achtung, hier gibt es einen bedeutenden Unterschied zwischen CIM und CMR, zwischen Eisenbahnrecht und Straßenverkehrs-Transportrecht. In der CMR heißt es „und" - mit der Folge, daß der Haftungsausschluß durch Gerichte verneint wurde, weil der Transport auf offenem Wagen nicht im Frachtbrief eingetragen war.

Eigene Anmerkungen: ....

....

....

CIM – Article 23 – Fondement de la responsabilité

§ 1. – Le transporteur est responsable du dommage résultant de la perte totale ou partielle et de l'avarie de la marchandise survenues à partir de la prise en charge de la marchandise jusqu'à la livraison, ainsi que du dommage résultant du dépassement du délai de livraison, quelle que soit l'infrastructure ferroviaire utilisée.

§ 2. – Le transporteur est déchargé de cette responsabilité dans la mesure où la perte, l'avarie ou le dépassement du délai de livraison a eu pour cause une faute de l'ayant droit, un ordre de celui-ci ne résultant pas d'une faute du transporteur, un vice propre de la marchandise (détérioration intérieure, déchet de route, etc.) ou des circonstances que le transporteur ne pouvait pas éviter et aux conséquences desquelles il ne pouvait pas obvier.

§ 3. – Le transporteur est déchargé de cette responsibilité dans la mesure où la perte ou l'avarie résulte des risques particuliers ihérents à un ou plusieurs des faits ci-apres :

a) transport effectué en wagon découvert en vertu des Conditions générales de transport ou lorsque cela a été expressément convenu et inscrit sur la lettre de voiture; sous réserve des dommages subis par les marchandises à la suite d'influences atmosphériques, les marchandises chargées en unités de transport intermodal et dans des véhicules routiers fermés acheminés par des wagons ne sont pas considérées comme étant transportées en wagon découvert; si, pour le transport des marchandises en wagons découverts, l'expéditeur utilise des bâches, le transporteur assume la même responsabilité que celle qui lui incombe pour le transport en wagons découverts non bâchés, même s'il s'agit des marchandises qui, selon les Conditions générales de transport, ne sont pas transportées en wagons découverts ;

b) absence ou défectuosité de l'emballage pour les marchandises exposées par leur nature à des pertes ou des avaries quand elles ne sont pas emballées ou sont mal emballées ;

c) chargement des marchandises par l'expéditeur ou déchargement par le destinataire;

d) nature de certaines marchandises exposées, par des causes inhérentes à celle-ci même, à la perte totale ou partielle ou à l'avarie notamment par bris, rouille, détérioration intérieure et spontanée, dessiccation, déperdition;

Eigene Anmerkungen: ....

....

....

e) désignation ou numérotation irrégulière, inexacte ou incomplète de colis;

f) transport d'animaux vivants;

g) transport qui, en vertu des dispositions applicables ou de conventions entre l'expéditeur et le transporteur et indiquées sur la lettre de voiture, doit être effectué sous escorte, si la perte ou l'avarie résulte d'un risque que l'escorte avait pour but d'éviter.

Was hat es mit den „offenen Wagen“ auf sich?

Ein paar sprachliche Anmerkungen vorab: die „O=Wagen=Gefahr" oder 278
auch „Offene=Wagen=Gefahr" ist ein durchaus umgangssprachlicher, fast schon jargonhafter Begriff aus dem Transportrecht. Sprachlich grammatikalisch korrekt heißt es „Gefahr, die aus der Beförderung (des Gutes) auf offenen Wagen entsteht" oder „mit der Beförderung in offenen Wagen verbundene Gefahr".

Der handliche Begriff „O=Wagen=Gefahr" erinnert zwar an solche 279
sprachlich mißglückten Konstruktionen wie „dreistöckiger Hausbesitzer", „berittene Polizeikaserne" oder „Schwarzer Johannisbeersaft". Bei ihnen bezieht sich die Zusatzaussage (dreistöckig, beritten, schwarz) *nicht*, wie es sein sollte, auf das Grundwort des zusammengesetzten Substantivs (=besitzer, =kaserne, =saft), sondern auf dessen Bestimmungswort (Haus=, Polizei=, Johannisbeere). Ein Spötter meinte einmal, gegen so etwas solle man mit dem „groben Unfugparagraphen" vorgehen[117].

Sei es wie es sei, die „O=Wagen=Gefahr" ist wenigstens kurz und 280
leicht zu sprechen und hat auch den technisch vorteilhaften Effekt, daß man diese Zeichenfolge bei Volltextsuchen in Dateien nutzen kann. Eingeschränkt, sicher, denn schon ein einziges abweichendes Zeichen macht die Suche ergebnislos (Owagengefahr, O=Wagengefahr,

117 in Anlehnung an Wustmann, Gustav: *Sprachdummheiten*, erste Auflage 1891

Eigene Anmerkungen: ....

....

....

O Wagen Gefahr etc.), aber immerhin. Was von außen kommt, ist nicht zu beeinflussen, aber in der eigenen Arbeit hat man die Chance, durch Selbstdisziplin, nämlich durch stets gleiche Benennung, den Effekt zu nutzen.

Typische Schäden aus der O=Wagen=Gefahr sind unter anderem:

281 - Kratzer an offen beförderten PKW, aber auch Hagel= oder Stein=schläge, Vandalismus, Teilediebstahl (Radkappen),

282 - sogenannte Vandalismusschäden: Graffiti an Wagen, Containern oder den offen beförderten Ladegütern, aber auch aufgeschlitzte Planen an Wechselbrücken oder Trailern im kombinierten Verkehr,

283 - Diebstähle durch solche Planenschnitte oder die Mitfahrt unbefugter Personen, die durch geschlitzte Planen eingestiegen sind und dann im Inneren Schäden anrichten,

284 - Witterungseinflüsse wie Hitze, Kälte, Nässe, Schnee, Frost, Wind.

285 Damit der priviliegierte Haftungsausschluß der O=Wagen=Gefahr greift, genügt es, wenn die Eisenbahn darlegt, daß der Schaden aus dieser Gefahr entstehen *konnte* - dann greift zu seinen Gunsten die gesetzliche Vermutung, daß er auch daraus entstanden *ist*. Der Berechtigte wie=derum kann diese gesetzliche Vermutung erschüttern, dafür ist er dann beweisbelastet.

Was steckt hinter Verpackungs- und Verlademängeln?

286 Die Transportgüter müssen vom Absender so verpackt und verladen werden[118], daß sie den gewöhnlichen Beanspruchungen während des

118 In aller Regel verlädt der Absender (oder sein Erfüllungsgehilfe). Verladen durch die Eisenbahn war früher nur bei Stückgut üblich, bei ganzen Wagenladungen nicht.

Eigene Anmerkungen: ....

....

....

regulären Eisenbahntransportes standhalten. Zu diesen gewöhnlichen Beanstandungen gehören (negative) Beschleunigungen beim Bremsen 287
und besonders im Rangierbetrieb von bis zu 4 G (dies ist ein physikalischer Wert: das Vierfache der Gewichtskraft!).[119] Das Gut muß also recht „stoßfest" verpackt sein.

Im Ganzzugverkehr oder bei Einzelwagensendungen, die durch 288
eine besonders beauftragte (und zu bezahlende!) Sonderbehandlung speziell gehandhabt werden, beträgt die zulässige Gewichtskraft immer noch 1 G - das heißt, das Gut muß Beanspruchungen in waagerechter Richtung aushalten, als ob seine Masse senkrecht frei fiele.

Festgeschrieben sind die Regeln in den UIC-Verladerichtlinien. 289

Zur Unterstützung der Absender unterhalten manche Eisenbahnen 290
einen Verladeberatunggsservice. Dieser kann sogar zu dem Ergebnis kommen, daß sich bestimmte Güter gar nicht für den Eisenbahntransport eignen, oder daß sie gewisse Sonderbedingungen bei Verpackung und Verladung erfüllen müssen. Bringt der Absender sie dennoch 291
(oder ohne diese Sonderbehandlung) auf den Weg, liegt das Risiko der Beschädigung bei ihm.

So neigt zum Beispiel Formatpapier („geriestes[120] Papier", Papier in 292
Bögen) wegen der Glätte der Bögen dazu, daß sich der ganze Stapel schon bei geringer Beanspruchung verschieft und die Umhüllung durchstößt. Das läßt sich nur durch besonders dicke Verpackungsfolien und feste Umreifung der Stapel sowie formschlüssige Verladung ein wenig abfangen, außerdem müssen Wagen mit solcher Ladung besonders vorsichtig behandelt und mit Abstoß- und Ablaufverbot befördert werden.

---

119 Gewichtskraft = Masse × Fallbeschleunigung - G = m × g

120 abgleitet vom alten Papierzählmaß Ries. 1 Ries (alt) = 480 Bogen Schreibpapier; 1 Ries (neu) = 500 Bogen; 1 Ballen = 10 Ries.

Eigene Anmerkungen: ....

....

....

293 Auch Trays[121] eignen sich nur bedingt für den Eisenbahntransport, insbesondere wenn sie Gläser oder Glasflaschen enthalten.

Was ist mit der „natürlichen Beschaffenheit" gemeint?

294 Naturprodukte wie Rüben, Kartoffeln oder Getreide haben bei der Ernte einen gewissen Wassergehalt, der einen Teil ihres Gewichts ausmacht. Im Laufe der Zeit schwindet dieses Wasser, das Gut wird leichter. Das nennt man Schwund. Auch frisches Holz schwindet.

Die CIM enthält in Artikel 31 Grenzwerte für Schwund, unterhalb derer die Eisenbahn nicht haftet.

295 Der Gefahr des Verrostens unterliegen Bleche, Draht wie überhaupt Metallwaren.[122] Bei Stahlcoils kann sich unter luftdichter Verpackung (Folien) Schwitzwasser bilden, das die Coils[123] zum Rosten bringt. Geschieht dies während der gewöhnlichen Transportzeit, gehört das zur natürlichen Beschaffenheit.

296 Der Bruchgefahr sind besonders ausgesetzt: gußeiserne Gegenstände, Glaswaren aller Art, Marmorplatten, Steingutwaren, Tonröhren und Tonwaren, Ziegel.[120]

---

121 Als Tray wird ein offenes Verpackungsmittel bezeichnet, in dem sich mehrere Einzelverpackungen befinden. Diese auch als Träger bezeichneten Verpackungen können unterschiedlich viele Einheiten aufnehmen, man findet sie oft in Discountern.
Am weitesten verbreitet ist der flache Pappkarton, der bis zu 24 Einheiten aufnehmen kann. Größere Trays für Getränkedosen werden auch „Dosenpaletten" genannt.
Trays dienen der Erleichterung der Arbeit beim Auffüllen von Regalen in Supermärkten und Lebensmittelgeschäften.
Trays erleichtern die Zählbarkeit der Ware bei einer Inventur.
Außerdem erleichtern sie bei großen Mengen die Logistik, weil sie sich besser stapeln lassen als lose Ware und so sicherer transportiert werden können.
Ist Flüssigware innerhalb eines Trays beschädigt, ist meist der gesamte Tray in Mitleidenschaft gezogen und darf damit nicht in den Handel gelangen.

122 vgl. Finger: EVO (1950) S. 486 ff.

123 Coils = zu Rollen aufgewickelte Bleche

Eigene Anmerkungen: ....

....

....

Welchen Sinn hat die Höchsthaftung?

Sie soll Schäden für die Beteiligten kalkulierbar halten und so das 297
Risiko verteilen. Wenn der Beförderer schon verschuldensunabhängig zu haften hat, müßte er bei Gefahr der auch noch unbeschränkten Haftung die Frachten erheblich höher ansetzen oder bestimmte Sendungen
erst gar nicht annehmen. Der Absender wiederum kann in Kenntnis 298
der Höchsthaftung ein zusätzliches Risiko versichern .

Welche Haftungshöchstgrenzen gibt es?

Die „Schlüsselzahlen" sind:

- 8,33 Rechnungseinheiten pro kg im Binnenverkehr 299
- 17 Rechnungseinheiten pro kg im internationalen Verkehr 300
- dreifache Fracht bei Lieferfristüberschreitung in Binnenverkehr 301
- vierfache Fracht bei Lieferfristüberschreitung international. 302

Die Eisenbahn kann sich durch Vereinbarung stärker binden, dann 303
greifen die Beträge der Vereinbarung.

Im Binnenverkehr richtet sich die Höchsthaftung nach dem HGB:

§ 431 – Haftungshöchstbetrag 304

(1) Die nach den §§ 429 und 430 zu leistende Entschädigung wegen Verlust oder Beschädigung ist auf einen Betrag von 8,33 Rechnungseinheiten für jedes Kilogramm des Rohgewichts des Gutes begrenzt.

(2) Besteht das Gut aus mehreren Frachtstücken (Sendung) und sind nur einzelne Frachtstücke verloren oder beschädigt worden, so ist der Berechnung nach Absatz 1

1. die gesamte Sendung zu Grunde zu legen, wenn die gesamte Sendung entwertet ist, oder
2. der entwertete Teil der Sendung zu Grunde zu legen, wenn nur ein Teil der Sendung entwertet ist.

Eigene Anmerkungen: ....

....

....

(3) Die Haftung des Frachtführers wegen Überschreitung der Lieferfrist ist auf den dreifachen Betrag der Fracht begrenzt.

(4) Die in den Absätzen 1 und 2 genannte Rechnungseinheit ist das Sonderziehungsrecht des Internationalen Währungsfonds. Der Betrag wird in Euro entsprechend dem Wert des Euro gegenüber dem Sonderziehungsrecht am Tag der Übernahme des Gutes zur Beförderung oder an dem von den Parteien vereinbarten Tag umgerechnet. Der Wert des Euro gegenüber dem Sonderziehungsrecht wird nach der Berechnungsmethode ermittelt, die der Internationale Währungsfonds an dem betreffenden Tag für seine Operationen und Transaktionen anwendet.

Für den internationalen Verkehr gilt die CIM:

305 **Artikel 30 – Entschädigung bei Verlust**

§ 1 Bei gänzlichem oder teilweisem Verlust des Gutes hat der Beförderer ohne weiteren Schadenersatz eine Entschädigung zu zahlen, die nach dem Börsenpreis, allenfalls nach dem Marktpreis, und mangels beider, nach dem gemeinen Wert von Gütern gleicher Art und Beschaffenheit an dem Tag und an dem Ort, an dem das Gut übernommen worden ist, berechnet wird.

§ 2 Die Entschädigung beträgt höchstens 17 Rechnungseinheiten je fehlendes Kilogramm Bruttomasse.

§ 3 Bei Verlust eines auf eigenen Rädern rollenden und als Beförderungsgut aufgegebenen Eisenbahnfahrzeuges, einer intermodalen Transporteinheit oder ihrer Bestandteile ist die Entschädigung ohne weiteren Schadenersatz auf den gemeinen Wert des Fahrzeugs, der intermodalen Transporteinheit oder ihrer Bestandteile am Tag und am Ort des Verlustes beschränkt. Sind der Tag oder der Ort des Verlustes nicht feststellbar, ist die Entschädigung auf den gemeinen Wert am Tag und am Ort der Übernahme beschränkt.

§ 4 Der Beförderer hat außerdem Fracht, entrichtete Zölle und sonstige im Zusammenhang mit der Beförderung des verlorenen Gutes gezahlte Beträge mit Ausnahme der Verbrauchs-

Eigene Anmerkungen: ....

....

....

abgaben auf Gütern, die im Steueraussetzungsverfahren befördert werden, zu erstatten.

Artikel 31 – Haftung bei Schwund

...

Artikel 32 – Entschädigung bei Beschädigung

§ 1 Bei Beschädigung des Gutes hat der Beförderer ohne weiteren Schadenersatz eine Entschädigung zu zahlen, die der Wertminderung des Gutes entspricht. Der Berechnung dieses Betrages ist der Prozentsatz zugrunde zu legen, um den der gemäß Artikel 30 ermittelte Wert des Gutes am Bestimmungsort gemindert ist.

§ 2 Die Entschädigung übersteigt nicht

a) den Betrag, der im Fall ihres gänzlichen Verlustes zu zahlen wäre, wenn die ganze Sendung durch die Beschädigung entwertet ist;

b) den Betrag, der im Falle des Verlustes des entwerteten Teiles zu zahlen wäre, wenn nur ein Teil der Sendung durch die Beschädigung entwertet ist.

§ 3 Bei Beschädigung eines auf eigenen Rädern rollenden und als Beförderungsgut aufgegebenen Eisenbahnfahrzeuges, einer intermodalen Transporteinheit oder ihrer Bestandteile ist die Entschädigung auf die Instandsetzungskosten ohne weiteren Schadenersatz beschränkt. Die Entschädigung übersteigt nicht den Betrag, der im Fall des Verlustes zu zahlen wäre.

§ 4 Der Beförderer hat außerdem in dem in § 1 bezeichneten Verhältnis die in Artikel 30 § 4 erwähnten Kosten zu erstatten.

Artikel 33 – Entschädigung bei Überschreitung der Lieferfrist

§ 1 Ist durch die Überschreitung der Lieferfrist ein Schaden, einschließlich einer Beschädigung, entstanden, so hat der Beförderer eine Entschädigung zu zahlen, die höchstens das Vierfache der Fracht beträgt.

§ 2 Bei gänzlichem Verlust des Gutes wird die Entschädigung gemäß § 1 nicht neben der Entschädigung gemäß Artikel 30 geleistet.

§ 3 Bei teilweisem Verlust des Gutes beträgt die Entschädigung gemäß § 1 höchstens das Vierfache der auf den nicht verlorenen Teil der Sendung entfallenden Fracht.

§ 4 Bei einer Beschädigung des Gutes, die nicht Folge der Lieferfristüberschreitung ist, wird die Ent-

Eigene Anmerkungen: ....

....

....

schädigung gemäß § 1 gegebenenfalls neben der Entschädigung gemäß Artikel 32 geleistet.

§ 5 In keinem Fall ist die Entschädigung gemäß § 1 zuzüglich der Entschädigungen gemäß Artikel 30 und 32 insgesamt höher als die Entschädigung bei gänzlichem Verlust des Gutes.

§ 6 Ist gemäß Artikel 16 § 1 die Lieferfrist durch Vereinbarung festgesetzt, so kann darin eine von § 1 abweichende Entschädigungsregelung vorgesehen werden. Sind in diesem Fall die Lieferfristen gemäß Artikel 16 §§ 2 bis 4 überschritten, so kann der Berechtigte entweder die Entschädigung gemäß der genannten Vereinbarung oder die in den §§ 1 bis 5 vorgesehene Entschädigung verlangen.

Article 30 – Indemnité en cas de perte

§ 1 En cas de perte totale ou partielle de la marchandise, le transporteur doit payer, à l'exclusion de tous autres dommages-intérêts, une indemnité calculée d'après le cours à la bourse, à défaut d'après le prix courant sur le marché et, à défaut de l'un et de l'autre, d'après la valeur usuelle des marchandises de mêmes nature et qualité, aux jour et lieu où la marchandise a été prise en charge.

§ 2 L'indemnité n'excède pas 17 unités de compte par kilogramme manquant de masse brute.

§ 3 En cas de perte d'un véhicule ferroviaire, roulant sur ses propres roues et remis au transport en tant que marchandise, ou d'une unité de transport intermodal, ou de leurs pièces, l'indemnité est limitée, à l'exclusion de tous autres dommages- intérêts, à la valeur usuelle du véhicule ou de l'unité de transport intermodal ou de leurs pièces, aux jour et lieu de la perte. S'il est impossible de constater le jour ou le lieu de la perte, l'indemnité est limitée à la valeur usuelle aux jour et lieu de la prise en charge.

§ 4 Le transporteur doit restituer, en outre, le prix de transport, les droits de douane acquittés et les autres sommes déboursées en relation avec le transport de la marchandise perdue, à l'exception des droits d'accises portant sur des marchan- dises circulant en suspension de tels droits.

Article 31 – Responsabilité en cas de déchet de route

...

Article 32 - Indemnité en cas d'avarie

§ 1 En cas d'avarie de la marchandise, le transporteur doit payer, à l'exclusion de tous autres

Eigene Anmerkungen: ....

....

....

dommages-intérêts, une indemnité équivalente à la dépréciation de la marchandise. Son montant est calculé en appliquant à la valeur de la marchandise définie conformément à l'article 30, le pour- centage de dépréciation constaté au lieu de destination.

§ 2 L'indemnité n'excède pas :

a) le montant qu'elle aurait atteint en cas de perte totale, si la totalité de l'envoi est dépréciée par l'avarie;

b) le montant qu'elle aurait atteint en cas de perte de la partie dépré- ciée, si une partie seulement de l'envoi est dépréciée par l'avarie.

§ 3 En cas d'avarie d'un véhicule ferro- viaire, roulant sur ses propres roues et remis au transport en tant que marchandise, ou d'une unité de transport intermodal, ou de leurs pièces, l'indemnité est limitée, à l'exclusion de tous autres dommages- intérêts, au coût de la remise en état. L'indemnité n'excède pas le montant dû en cas de perte.

§ 4 Le transporteur doit restituer, en outre, dans la proportion déterminée au § 1, les frais prévus à l'article 30, § 4.

Article 33 - Indemnité en cas de dépassement du délai de livraison

§ 1 Si un dommage, y compris une avarie, résulte du dépassement du délai de livraison, le transporteur doit payer une indemnité qui n'excède pas le quadruple du prix de transport.

§ 2 En cas de perte totale de la marchan- dise, l'indemnité prévue au § 1 ne se cumule pas avec celle prévue à l'article 30.

§ 3 En cas de perte partielle de la mar- chandise, l'indemnité prévue au § 1 n'excède pas le quadruple du prix de transport de la partie non perdue de l'envoi.

§ 4 En cas d'avarie de la marchandise ne résultant pas du dépassement du délai de livraison, l'indemnité prévue au § 1 se cumule, s'il y a lieu, avec celle prévue à l'article 32.

§ 5 En aucun cas, le cumul de l'indemnité prévue au § 1 avec celles prévues aux articles 30 et 32 ne donne lieu au paiement d'une indemnité excédant celle qui serait due en cas de perte totale de la marchandise.

§ 6 Lorsque, conformément à l'article 16, § 1, le délai de livraison est établi par convention, celle-ci peut prévoir d'autres modalités d'indemnisation que celles prévues au § 1. Si, dans ce cas,

Eigene Anmerkungen: ....

....

....

les délais de livraison prévus à l'article 16, §§ 2 à 4 sont dépassés, l'ayant droit peut demander soit l'indemnité prévue par la convention précitée, soit celle prévue aux §§ 1 à 5.

306 Dabei ist insbesondere bei Schäden aus Lieferfristüberschreitung folgendes zu beachten: nicht jede Verspätung ist eine Lieferfristüberschreitung, und nicht aus jeder Lieferfristüberschreitung entsteht ein Schaden.

307 Ist *doch* **durch** die Lieferfristüberschreitung ein Schaden entstanden, so ist die Schadenshöhe nachzuweisen, und nur der nachgewiesene Schaden wird entschädigt, und zwar bis zur Höchsthaftungsgrenze.

308 Es ist also keinesfalls so, daß der Berechtigte ohne Schadensnachweis das Drei- oder Vierfache der Fracht fordern könnte. Vielmehr muß er die Kausalität darlegen (daß der Schaden tatsächlich **aus** der Lieferfristüberschreitung entstanden ist) **und** die Schadenshöhe nachweisen.

309 Hier sind die Irrtumsmöglichkeiten des Geschädigten hoch, auch solche Aufwendungen zum Schadenersatz „durchzureichen", die *eben nicht* **kausal** auf die Lieferfristüberschreitung zurückzuführen sind, sondern in jedem Falle nötig gewesen wären („Sowiesokosten") oder die *nur zeitlich, aber nicht ursächlich* mit der Lieferfristüberschreitung korrelieren. [124]

Wofür kann Entschädigung außerhalb der „strengen Befördererhaftung" bei konkreten Sendungen in Frage kommen?

310 Die nachstehenden Ausführungen *beziehen sich auf den Einzelfall*, das heißt, auf die *systematisch im Gesetz gemeinten* einzelnen, **konkreten**,

124 Ein weit verbreiteter Denkfehler ist die Verwechslung von Korrelation und Kausalität: wenn etwas zeitgleich mit anderem geschieht (Koinzidenz), muß nicht eines auf dem anderen beruhen! Augenfällig ist das Beispiel, daß der Rückgang der Storchenpopulation und der Geburtenrückgang in Deutschland zwischen 1965 und 1987 fast deckungsgleiche graphische Kurven ergibt. Stimmt es also doch, daß der Storch die Kinder bringt? Wohl kaum: denn das ist eine rein zufällige Korrelation und mit an Sicherheit grenzender Wahrscheinlichkeit keine Kausalität. (zur falschen Kausalität vgl. Dobelli I, S. 153 ff.)

Eigene Anmerkungen: ....

....

....

anhand der Sendungdaten und Frachtbriefetiketten eindeutig **identifizierbaren und identifizierten Einzel**=Frachtverträge (HGB) bzw. **Einzel**=Beförderungsverträge (CIM).

Mit anderen Worten: es muß *überhaupt* einen Frachtvertrag/Beför= 311
derungsvertrag *gegeben haben*, damit *aus ihm heraus* ein Anspruch aus Gewahrsamshaftung („Strenge Befördererhaftung") oder aus einem anderen Haftungstatbestand eintreten *konnte*. Eine Haftung aus Vertrag 312
ohne Vertrag ist denkunmöglich = sie ist undenkbar.

Das HGB und die CIM heben wörtlich, systematisch, historisch und 313
teleologisch auf den **einzelnen** Frachtvertrag (HGB) bzw. Beförderungs=vertrag (CIM) ab und sind deshalb in Haftungsfragen auf allgemeinere Vertragskonstruktionen wie Rahmenverträge *nicht anwendbar*.

Falls und soweit also Ansprüche aus **gar nicht geschlossenen** ein= 314
zelnen Fracht= bzw. Beförderungsverträgen entstehen können, etwa durch die Verletzung von *Rahmen*verträgen, fallen sie aus dem Trans=portrecht heraus und ins allgemeine Vertragsrecht hinein und sind an anderer Stelle besprochen.

Nochmals mit anderen Worten: Ansprüche aus (behaupteten) Ver= 315
tragspflichtverletzungen, etwa von Rahmenverträgen, also nach dem *allgemeinen* Recht, lassen sich mangels *speziellen* Einzel=Frachtvertrags (CIM: Einzel=Beförderungsvertrags) weder teleologisch noch systema=tisch, historisch oder grammatisch unter das Transportrecht nach HGB oder CIM ziehen, diese Subsumption ist undenkbar (denkunmöglich).

Das schließt nicht aus, daß bei einem Transport= bzw. Beförderungs= 316
vertrag Haftungstatbestände sowohl innerhalb als auch außerhalb der „strengen Befördererhaftung" auftreten können.

Nach dem Abschluß des Einzelvertrages, aber vor der Annahme 317
des Gutes zur Beförderung und *nach* der Ablieferung, *also außerhalb*

Eigene Anmerkungen: ....

....

....

des tatsächlichen Gewahrsams am Gut, kann der Beförderer schadenersatzpflichtig werden

318 - aus Delikt (insb. unerlaubter Handlung gemäß § 823 BGB) oder

319 - aus Vertrag (insb. gemäß §§ 280 ff. BGB iVm §§ 249 ff. BGB).

320 Solche Ansprüche aus der schuldhaften Verletzung vertraglicher *Nebenpflichten* sind zusätzlich zur Gewahrsamshaftung denkbar. Sie richten sich nach den Umständen des Einzelfalles und entziehen sich schon systematisch der „strengen Befördererhaftung".

322 Bei *diesen* Haftungstatbeständen entfällt die Höchsthaftung.

323 In solchen Fällen muß nicht der Beförderer verschuldensunabhängig haften (oder sich entlasten). Die Beweislast ist wieder auf das „Normalmaß" des allgemeinen Zivilrechts zurückgesetzt. Mit anderen Worten: **Der Anspruchsteller muß seinen Anspruch voll beweisen.**

324 So muß er z. B. *beweisen*, daß eine unerlaubte Handlung oder Pflichtverletzung des Beförderers

- überhaupt vorliegt
- **und** daß sie *rechtswidrig*
- **und** daß sie *schuldhaft* war.

325 Er kann dabei durchaus mit dem Beweis des ersten Anscheins arbeiten, den wiederum der Beförderer als Anspruchsgegner zu dann entkräften hat. Eine gesetzliche Vermutung gegen den Beförderer jedoch besteht nicht, **die Beweislast liegt voll und ganz beim Anspruchsteller.**

Mit anderen Worten: **es reicht nicht mehr, einen „Schaden" nur zu behaupten** und dann von der Eisenbahn zu erwarten, daß sie sich entlastet.

Diese Erwartung des Anspruchstellers ist häufig anzutreffen, aber stark überzogen.

Eigene Anmerkungen: ....

....

....

6. Exkurs: Das Wagenrecht nach den CUV[125] und dem AVV[126]

Was ist Wagenrecht, und worin unterscheidet es sich vom Transportrecht?

Der Arbeitsbegriff „Wagenrecht" ist nicht legaldefiniert, und er wird in der Fachliteratur teils mit, teils ohne Anführungszeichen benützt. Der Einfachheit halber ist er in diesem Buche in aller Regel ohne „Gänsefüßchen" zu finden. **326**

Zum Verständnis des Wagenrechtes ist ein Blick in die Geschichte nötig. **327**

Im 20. Jahrhundert hatte sich europaweit ein System herausgebildet, in dem die großen Staatsbahnen die Eisenbahnnetze der Staaten dominierten, in dem es aber auch weiter „Privatbahnen" (in Deutschland: nichtbundeseigene Eisenbahnen = NE-Bahnen) gab. Dies betraf die Eigentums- und Betriebsverhältnisse.

Die Staatsbahnen hielten sich eigene Wagenpools von *Bahnwagen*, die auch international mit den anderen Staatsbahnverwaltungen relativ freizügig ausgetauscht wurden. So wurde etwa ein schwedischer Bahnwagen nach seinem Lastlauf von Schweden über Dänemark, Deutschland und Österreich nach Italien aus Effizienzgründen nicht leer nach Schweden zurückgeführt, sondern z. B. beladen von Italien durch die Schweiz und Deutschland direkt in die Tschechoslowakei, um von dort, erneut im Lastlauf, über Österreich, Deutschland und Luxemburg nach Belgien oder Frankreich zu gelangen. Auch Läufe im Binnenverkehr

---

125 CUV = Règles uniformes concernant les contrats d' utilisation de véhicules en trafic international ferroviaire (französisch) = einheitliche Rechtsvorschriften für Verträge über die Verwendung von Wagen im internationalen Eisenbahnverkehr, (Anhang D zum Übereinkommen über den internationalen Eisenbahnverkehr)

126 AVV = Allgemeiner Vertrag für die Verwendung von Güterwagen

Eigene Anmerkungen: ....

....

....

der Staaten waren zulässig. Am Ende kehrte der Wagen in sein Heimatland Schweden zurück. Geregelt war dies im RIV.[127] Im RIV war festgelegt, welche technischen Bedingungen ein Wagen zu erfüllen hatte, um einem internationalen Einsatz zu entsprechen. Wagen, die diese Bedingungen erfüllten, waren mit dem RIV-Kurzzeichen gekennzeichnet und durften ohne gesonderte Zulassung bei allen RIV-Bahnen verkehren. Die erste und zweite Zahl in der 12-stelligen Wagennummer wurde als Kennzahl für das Austauschverfahren bezeichnet. Aus ihr war ersichtlich, welche Eigenschaften der Wagen besitzt. Im übrigen enthielt das RIV auch Beladevorschriften.

328 Das RIV wurde zum 1. Juli 2006 durch den AVV (Allgemeiner Vertrag für die Verwendung von Güterwagen) abgelöst.

329 Bahnwagen konnten nicht alle Transportaspekte abdecken, vielmehr gab es schon frühzeitig das Bedürfnis nach Spezialwagen - zum Beispiel Kesselwagen[128], Wagen für den Automobiltransport, gedeckte Wagen für Stahlcoil- oder Papierrollentransporte und Containertragwagen.

330 Das wurde das Geschäftsfeld der damaligen Privatwageneinsteller, heute heißen sie Wagenhalter. So hatte die Deutsche Bahn nie eigene Kesselwagen. Ein großer Kesselwagenhalter in Deutschland ist etwa die VTG[129], ein großer Halter gedeckter Wagen die Transwaggon.

---

127 RIV = Regolamento Internazionale Veicoli (italienisch) = Übereinkommen über die gegenseitige Benutzung von Güterwagen im internationalen Verkehr

128 Kesselwagen in ihrer Frühform wurden als Zisternenwagen bezeichnet, und das Gattungshauptzeichen Z für Kessselwagen hat sich bis heute gehalten, auch wenn die Herkunft inzwischen weitestgehend verblaßt und vergessen ist.

129 Die - inzwischen privatisierte - VTG-Gruppe geht auf den im Jahr 1951 gegründeten Staatsbetrieb VTG Vereinigte Tanklager und Transportmittel GmbH zurück. Diese ist aus Teilen der 1934 gegründeten reichseigenen Wirtschaftlichen Forschungsgesellschaft (WiFo) hervorgegangen. Diese Gesellschaft diente der Errichtung von Produktions- und Bevorratungsanlagen für Rohstoffe. Die 1951 auf Veranlassung der zuständigen Bundesbehörden gegründete VTG übernahm die bis dahin unter dem Namen der WiFo geführten Tanklager-, Kesselwagen- und Tankschiffbetriebe.

Eigene Anmerkungen: ....

....

....

Bis zur Ablösung des RIV durch den AVV mußten solche Wagen bei einer Staatsbahn „eingestellt" werden, das ist heute nicht mehr erforderlich. Auch die Kennzeichnung von „Privatwagen" durch ein eingekasteltes P neben der Wagennummer ist entfallen, denn bei den Wagenhaltern wird heute kein Unterschied mehr zwischen Eisenbahnunternehmen und anderen Unternehmen gemacht. 331

Der Wagenhalter wird in der Regel **nicht** Vertragspartei eines Güter- 332
beförderungsvertrages[130]. Insofern greift für ihn **kein** Transportrecht, das sich ja systematisch auf den einzelnen Frachtvertrag bezieht. Dennoch hat der Halter Anspruch darauf, daß seine Wagen nicht über Gebühr lange mit den Gütern unterwegs sind (oder leer auf dem Weg zur nächten Beladung), denn er kann in dieser Zeit nicht selbst über
seine Wagen verfügen. Die **Beförderungs**fristen für beladene Wagen 333
orientieren sich an den **Liefer**fristen für das Gut, sind aber **rechtlich**
getrennt zu betrachten - und deshalb auch trennscharf zu benennen, 334
um Mißverständnisse zu vermeiden. Während ein Empfänger des
Transport**gutes** Ansprüche aus Schäden aus **Liefer**fristüberschreitung 335
(LFÜ) nach dem HGB (im Binnenverkehr) oder nach der CIM (im internationalen Verkehr) geltend machen kann, kann dies ein Wagenhalter nicht. Ihm steht gegebenenfalls, auf dem AVV basierend, eine Nutzungs-
ausfallentschädigung (NAE) aus einer **Beförderungs**fristüberschrei- 336
tung (BFÜ) zu, und zwar gegen den *Verwender*. Verwender ist derjenige, der den Wagen tatsächlich im Gewahrsam hat.

Diese Ansprüche, die des Empfängers wegen LFÜ *gegen den Beför-* 337
derer und die des Wagenhalters wegen BFÜ *gegen den Verwender*, bestehen nebeneinander.

130 Das würde er nur, wenn er selbst als Absender oder Empfänger aufträte.

Eigene Anmerkungen: ....

....

....

338 Die **Beförderungsfristen** für leere Wagen können vereinbart werden.
339 Fehlt eine solche Vereinbarung, greifen die Berechnungsregeln für CIM-Lieferfristen auch im Binnenverkehr (24 Stunden je angefangene 400 km Tarifentfernung + 12 Stunden Abfertigungsfrist, ggf. + örtlich bedingten Zeiten wie „nächste Bedienfahrt in den Gleisanschluß des
340 Empfängers"). Die unscharfen Regelungen des HGB zur Lieferfrist sind im Wagenrecht *nicht* anwendbar.

341 Bei CUV-Transporten *leerer* Wagen gibt es keine Absender oder Empfänger im Sinne der CIM oder des HGB. Vertragspartner des *verwendenden* EVU ist der Wagenhalter; wer im Absender- oder Empfängerfeld des CUV-Wagenbriefes erscheint, ist lediglich „befugter Dritter" des Halters, *hat aber keine eigenen Rechte aus diesem Vertrag.*

342 Hier ist auch auch zu beachten, daß ein Absender oder Empfänger von Gütersendungen im Verhältnis zum vertraglichen Beförderer sich nur im Transportrecht bewegt, ohne daß das Wagenrecht berührt wäre.
343 **Lastläufe und Leerläufe unterliegen verschiedenen Rechtsregimes, selbst wenn Frachten kommerziell durchgerechnet werden** (z. B. „Leerlauffracht ist in der Lastlauffracht enthalten").

344 Das Wagenrecht des AVV läßt kommerzielle Gesichtspunkte wie die Frachtzahlung völlig außer Betracht:

345 **Artikel 1 AVV – Gegenstand** – 1.1 Dieser Vertrag einschließlich seiner Anlagen regelt die Bedingungen der Überlassung von Güterwagen zur Verwendung als Beförderungsmittel durch EVU in nationalen und internationalen Eisenbahngüterverkehren im Anwendungsbereich des geltenden COTIF. *Die kommerziellen Bedingungen der Wagenverwendung sind nicht Gegenstand dieses Vertrages.*

1.2 Die Bestimmungen dieses Vertrages gelten zwischen Haltern von Wagen und EVU als Wagenverwendern.

Eigene Anmerkungen: ....

....

....

Aus einer verzögerten **Leerwagen**beförderung, die dem Wagenrecht unterliegt, erwerben Absender oder Empfänger des vorausgehenden oder folgenden Lastlaufs (Transportrecht) deshalb **keine Ansprüche**, denn Ansprüche aus dem Wagenrecht stehen nur dem Halter zu. 346

Aus der Perspektive eines EVU bedeutet dies freilich, daß es für denselben Transport, falls er *insgesamt* nicht zeitgerecht durchgeführt wird, mit mehr als einem Anspruch konfrontiert sein kann: 347

1. in der Rolle als **vertraglicher Beförderer** (soweit zutreffend) 348
   - aus dem Transportrecht
   - mit Ansprüchen des Empfängers oder dessen Zessionar im CIM-Verkehr
   - mit Ansprüchen des Empfängers oder des Absenders oder deren Zessionaren im Binnenverkehr
   - für Schäden, die aus der **Lieferfristüberschreitung** entstanden sind
     - die Darlegung der ungebrochenen Kausalkette ist Obliegenheit des Anspruchstellers[131] - *weil* die Sendung die Lieferfrist überschritten hat (und nicht aus einem anderen Grund), ist es zu (A), (B), (C) gekommen - das ist die haftungs*begründende* Kausalität
   - auf der Gesamtstrecke, weil der vertragliche Beförderer für seine

131 Es ist gut möglich, daß aus einer Lieferfristüberschreitung, so ärgerlich sie sein mag, gar kein Schaden entsteht - oder daß der Geschädigte den eigenen Aufwand zum Nachweis der Schadenshöhe scheut und deshalb keinen Anspruch beim Beförderer einbringt. Oder nur eine Haftbarhaltung, die registriert und als „dokumentiert, noch keine Forderung" abgelegt wird und danach von niemandem mehr bearbeitet wird.

Eigene Anmerkungen: ....

....

....

Erfüllungsgehilfen (Unterbeförderer, ausführende Beförderer) haftet wie für sich selbst, denn die Erfüllungsgehilfen haben keine *direkte* Vertragsbeziehung zum Absender oder Empfänger des Transportes ; der Beförderer haftet *von der Übernahme des Gutes zur Beförderung bis zur Ablieferung* (d. h. während seines und seiner Erfüllungegehilfen Gewahrsams am Gut) in „strenger Beförderhaftung"

- für *nachgewiesene* Schäden
  - es gibt *keine* Pauschalsätze
  - der Beweis der Schadenshöhe ist Obliegenheit des Anspruchstellers
  - das ist die haftungs*ausfüllende* Kausalität
- mit höchstens
  - im Binnenverkehr bis zum Dreifachen der Fracht

349 - im CIM-Verkehr bis zum Vierfachen der Fracht

2. in der Rolle als **ausführender Beförderer** (soweit zutreffend)
   - als Adressat eines Rückgriffsanspruchs (Regreßanspruchs)
   - mit Ansprüchen des vertraglichen Beförderers
   - aus dem allgemeinen Vertragsrecht (!)
     - abweichend davon nur falls
       - und falls, dann auch nur soweit Transportrecht ausdrücklich vertraglich vereinbart ist, aus dem Transportrecht
   - nur bei rechtswidriger und schuldhafter Vertragsverletzung
   - mit entsprechenden Folgen für Beweis- und Beweisführungslast
     - die Beweislast liegt beim Anspruchsteller, d. h. beim vertraglichen Beförderer (haftungs*begründende* Kausalität)
     - unter Berücksichtigung der Schadensminderungsobliegenheit des Regreß-Anspruchstellers (des vertraglichen Beförderers)

Eigene Anmerkungen : ....

....

....

- nicht für die Gesamtstrecke, sondern nur für die Strecke, auf der das EVU den Wagen mit der Sendung *selbst* „am Haken hatte"
- für *nachgewiesene* Schäden
  - es gibt *keine* Pauschalsätze (soweit nicht vertraglich vereinbart)
  - der Beweis der Schadenshöhe ist Obliegenheit des Anspruchstellers (haftungs*ausfüllende* Kausalität)

3. in der Rolle als **Verwender** eines fremden Wagens **350**
   - aus dem Wagenrecht
   - mit Ansprüchen des Wagenhaltes oder seines Zessionars
   - *ohne weiteres* für die *Beförderungs*fristüberschreitung
   - unabhängig von den kommerziellen Bedingungen des Beförderungsvertrages für das im Wagen transportierte Gut ;
   - nicht für die Gesamtstrecke, sondern nur für die Strecke, auf der das EVU den Wagen mit der Sendung *selbst* „am Haken hatte"
   - ohne Nachweis eines Schadens, sondern mit Pauschalsätzen
4. falls zutreffend in der Rolle als **Verwender** eines fremden Wagens **351**
   - aus dem Wagenrecht
   - mit Ansprüchen des Wagenhalters oder seines Zessionars
   - für eine Beschädigung des verwendeten Wagens[132]
   - unabhängig von den kommerziellen Bedingungen des Beförderungsvertrages (der unter das Transportrecht fällt)
   - nicht für die Gesamtstrecke, sondern nur für die Strecke, auf der das EVU den Wagen mit der Sendung *selbst* „am Haken hatte"
   - für *nachgewiesene* Schäden (es gibt *keine* Pauschalsätze)
     - der Beweis der Schadenshöhe ist Obliegenheit des Anspruchstellers (haftungs*ausfüllende* Kausalität)

---

132 Es ist nicht ungewöhnlich, daß die Beschädigung eines fremden Wagens zu einer Transportverzögerung und dadurch zu einer Lieferfristüberschreitung führt.

Eigene Anmerkungen : ....

....

....

352 5. in der Rolle als **Vertragspartner eines Rahmenvertrages** aus einer Pönalforderung.
- aus dem allgemeinen Vertragsrecht (!)
- mit Ansprüchen des Vertragspartners
  - das kann auch ein Frachtzahler sein oder ein Erfüllungsgehilfe des Absenders oder Empfängers der Sendung
  - der Anspruch aus der konkreten Einzelsendung kann einen Bruchteil der Gesamt=Pönalforderung darstellen
- als Adressat des Anspruchs auf Zahlung einer *vorab vereinbarten* Vertragsstrafe (Pönale)

353 Mit anderen Worten heißt das **aus Sicht der Eisenbahn**, daß sie für einen einzigen „verbogenen" Transport ggf. viermal zahlen muß :

354 - an den Empfänger oder Absender aus Transportrecht : für Schäden aus **Lieferfristüberschreitung** bis zum Drei= oder Vierfachen der Fracht

355 - an den Halter des fremden Wagens aus Wagenrecht bei **Beförderungsfristüberschreitung** : Tagespauschalen für Nutzungsausfall

356 - oder an den Halter des fremden Wagens aus Wagenrecht bei Beschädigung : Schadenersatz plus Tagespauschalen für Nutzungsausfall

357 - schließlich aus allgemeinem Vertragsrecht : an den Vertragspartner des Rahmenvertrages eine Pönale.

Was sind Pönalen?

358 Der Begriff „Pönale" leitet sich vom lateinischen „poena" = Strafe ab und umreißt im allgemeinen Vertragsrecht *vorab vereinbarte* Vertrags=strafen für eine *(vorab)* unbestimmte Zahl von Sendungen, die *im Voraus definierte* Qualitätskriterien nicht erfüllen (z. B. Pünktlichkeit *aller* Transporte). Pönalen bilden insofern eine *eigenen Anspruchs=*

Eigene Anmerkungen : ....

....

....

grundlage und haben mit Schadenersatzansprüchen aus *einem konkreten* (verspäteten) Einzeltransport *direkt* nichts zu tun.

In der Regel werden Pönalen durch Auswertungen von *n* Sendungen über einen Zeitraum *t* ermittelt. Es *kann* vereinbart sein, daß die „Spitzabrechnung" einzelner Sendungen diese aus der Pönalberechnung ausschließt. Ist das nicht der Fall, bestehen die Ansprüche nebeneinander. 359 360

Pönalen sind *keine Schäden im engeren Sinne*, sondern Vertragsstrafen. Falls und soweit sie ausnahmsweise überhaupt - als „pauschalisierter Schadenersatz" betrachtet - durch die Schadensabteilung *zahlungstechnisch abgewickelt* werden, ändert das nichts an ihrem rechtlichen Charakter. 361

Oft werden sie indes auf anderen Verrechnungs- und Zahlungswegen reguliert als auf dem der Entschädigungszahlung. 362

Warum ist der Frachtbrief so wichtig?

Das Recht geht davon aus, daß der Inhalt des Frachtvertrages[133] in einem Frachtbrief dokumentiert wird. Insofern ist, wenn im vorliegenden Werk von der *Vertragsurkunde* die Rede ist, regelmäßig der Frachtbrief gemeint. 363

Der Frachtbrief dient *bis zum Beweis des Gegenteils* als Nachweis für Abschluß und *Inhalt des Frachtvertrages* (vgl. § 409 I HGB). 364

Ein Frachtbrief ist ein Formular. Formularen eigen ist es, daß sie beschränkt Platz haben und auch nur die üblichen Inhalte abbilden *sollen*. 365

Praktische Aspekte der Nicht-*Verwendung* des rechtlich vorgesehenen Frachtbriefs[134] sind an der jeweiligen Stelle besprochen. 366

133 Des Einzel-Frachtvertrages (!), nicht des Kundenabkommens oder Rahmenvertrages.
134 Surrogate aus Daten, Datenabbildern und ggf. Abdrucken der Datenabbilder

Eigene Anmerkungen: ....

....

....

Was bedeutet Aktivlegitimation, Forderungsberechtigung?

367 Die Aktivlegitimation (auch Sachbefugnis) bezeichnet die Befugnis, den Anspruch geltend zu machen. Aktivlegitimiert ist derjenige, der Inhaber des geltend gemachten Rechts ist. Fehlt sie [die Aktivlegitimation], so wird der Anspruch als unbegründet abgewiesen, da die Aktivlegitimation Teil des materiellen Rechts ist.

368 Die Aktivlegitimation kann durch Zession (Abtretung) oder auch
369 durch Legalzession[135] übertragen werden, so daß dann der Zessionar
aktivlegitimiert ist, während der Zedent[136] seine Ansprüche verliert.

370 Für Ansprüche aus einzelnen Fracht- bzw. Beförderungsverträgen sind regelmäßig der Absender oder der Empfänger der Sendung aktivlegitimiert, ein bloßer Frachtzahler ist es nicht.

Ist es für die Eisenbahn wichtig, wem das Gut gehört?

371 Nein. Rechte aus dem Frachtvertrag zu haben, bedeutet nicht zwangsläufig, daß der Rechteinhaber (Absender oder Empfänger) auch Eigentumsrechte am Gut hat. Die Eigentumsrechte berühren den Frachtvertrag *nicht*; es geht vielmehr die Eisenbahn grundsätzlich nichts an, „wem das Gut gehört" - dem Absender oder Empfänger, der Bank oder dem Gerichtsvollzieher. Sie hat es von A nach B zu befördern (vertragliche Hauptpflicht), und zwar in angemessener Zeit vollständig und unbeschädigt. Eigentumsfragen zum Beförderungsgut müssen sie nicht interessieren, diese Fragen liegen außerhalb ihrer Sphäre.

---

135 z. B. § 86 I Satz 1 VVG [Versicherungsvertragsgesetz]: „Steht dem Versicherungsnehmer ein Ersatzanspruch gegen einen Dritten zu, geht dieser Anspruch auf den Versicherer über, soweit der Versicherer den Schaden ersetzt."
Beachte, daß dies ein Konditionalsatz ist: nur wenn der Versicherer [nachweisbar] zahlt, geht der Anspruch auf ihn über (und auch nicht auf mehr, als er gezahlt hat: „soweit").

136 Eselsbrücke: „Der Zedent flennt" (weil er seinen Anspruch verliert).

Eigene Anmerkungen: ....

....

....

Was sind „Rechte aus dem Frachtvertrag"?

Die Frachtzahlung allein erzeugt aus sich heraus keine Rechte am Be= 372
förderungsgut - auch kein Verfügungsrecht!

Zahlt der Absender die Fracht, kann er im deutschen Binnenverkehr 373
bis zur Ablieferung über das Gut verfügen, aber als Absender, und nicht, weil er die Fracht zahlt.

Im CIM=Verkehr hängt das Verfügungsrecht am Gut von den Erklä= 374
rungen in der Vertragsurkunde ab:

- keine Erklärung: bereits ab Ausstellung des Frachtbriefs ist der 375
  Empfänger verfügungsberechtigt (Artikel 18 § 3 CIM)
- (Regelfall) Erklärung „Absender bleibt verfügungsberechtigt, bis 376
  das Gut Deutschland verlassen hat": ergibt sich aus dem Wortlaut
- Erklärung „Empfänger ist nicht verfügungsberechtigt": nur der Ab= 377
  sender darf durch nachträgliche Verfügung den Frachtvertrag abän= dern; der Empfänger kann nur die Sendung annehmen oder die Annahme verweigern (dann tritt ein Ablieferungshindernis ein).

Zahlt der Empfänger die Fracht, kann er je nach den Erklärungen in 378
der Vertragsurkunde über das Gut verfügen (siehe oben); ist er durch Erklärung des Absenders aber nicht verfügungsberechtigt, kann er nur

- das Gut annehmen oder 379
- die Annahme verweigern, jedoch 380
- nicht den Frachtvertrag durch eigene Verfügung ändern. 381

In keinem der oben genannten Fälle hat ein bloßer Frachtzahler [Fracht= 382
zahlung durch Dritte] das Verfügungsrecht am Gut; das Verfügungsrecht ergibt sich *nur* aus der Eigenschaft als Absender oder Empfänger im
Text der Vertragsurkunde. Auch der Druck einer Frachtzahler=Kunden= 383
nummer im Frachtbrief generiert *keine* Rechte am Gut; nicht einmal ein Text „Frachtzahlung durch XYZ" würde Rechte am Gut erzeugen.

Eigene Anmerkungen: ....

....

....

Welche Rechte aus dem Frachtvertrag hat „der Kunde" allgemein?

384 Die unscharfe Verwendung des Begriffs „Kunde" führt oft zu Verständnisproblemen, weil die Rechte des „Kunden" von seiner Rolle im Beförderungsvertrag abhängen: als Absender, Empfänger oder Frachtzahler.

385 Ein Frachtvertrag ist eine Unterart des Werkvertrages; genauer: ein typengemischter Konsensualvertrag zugunsten Dritter mit Elementen des Geschäftsbesorgungsvertrages, der zwischen Absender und Beförderer geschlossen wird, als Hauptpflicht die Ortsveränderung des Transportgutes zum Zielort und die Ablieferung an den Empfänger zum Inhalt hat. Hauptpflicht des Absenders ist die Zahlung der Fracht.

386 Der Empfänger ist **nicht** Vertragspartner, sondern nur Begünstigter aus dem Frachtvertrag. [137]

387 Gleichwohl gehen Rechte aus dem Frachtvertrag mit der Ablieferung auf den Empfänger über (womit der Absender sie ggf. verliert).

388 Bei Personengleichheit von Absender und Empfänger sind die Rechte aus der jeweiligen *Rolle im Frachtvertrag* besonders zu beachten: bis zur Ablieferung als Absender, nach der Ablieferung als „Begünstigter".

389 **Wird die Fracht durch einen Dritten bezahlt, der weder Absender noch Empfänger ist, so erwirbt dieser zu keiner Zeit durch die bloße Frachtzahlung die Rechte eines Absenders oder (nach Ablieferung) eines Empfängers oder auch nur (während des Transportes) die eines Verfügungsberechtigten.**

390 Dieser frachtzahlende Dritte braucht auch nicht im Text der Vertragsurkunde (des Frachtbriefs) bzw. deren elektronischer Abbildung zu erscheinen. Falls er erscheint: die Nennung *seiner Kundennummer* dort ist ein technisches Hilfsdatum ohne rechtliche Auswirkung.

137 vgl. Koller, Transportrecht, Rzz. 9, 13, 35, 40 zu § 407 HGB

Eigene Anmerkungen: ....

....

....

Warum der frachtzahlende Dritte für den Absender (als Frachtzahler im Versand, FZV) oder für den Empfänger (als Frachtzahler im Empfang, FZE) oder im CIM-Verkehr als Transitfrachtzahler die Fracht an die Eisenbahn entrichtet, ist *für die Eisenbahn irrelevant*: die rechtliche Basis ist eine Sache zwischen Frachtzahler und Absender/Empfänger. **391**

Lediglich die *Details* der *Zahlung* sind vertraglich mit der Eisenbahn zu regeln, in der Regel in einem Kundenabkommen (KA). **392**

Seit Mitte 2021 ist statt des Begriffs „Kundenabkommen", der auch in der CIM verwendet wird, die Bezeichnung „Transportvertrag" in Mode gekommen (nicht einmal „Transport*rahmen*vertrag", was sich sprachlogisch geradezu aufdrängen würde). Welchem Zweck diese Umbenennung dient (*falls* sie überhaupt etwas bezweckt), ist unklar. **393**

Auf der Rechtsgrundlage CIM hat das CIT[138] als Arbeitsdokument die „Allgemeinen Beförderungsbedingungen für den internationalen Eisenbahn-Güterverkehr (ABB-CIM)" herausgegeben. Darin heißt es im Punkt 1 unter Buchstabe e: **394**

> e) „Kundenabkommen" – den Vertrag, der zwischen dem Kunden **oder einem Dritten** einerseits und dem Beförderer andererseits abgeschlossen wird und der **eine oder mehrere** den Einheitlichen Rechtsvorschriften CIM unterstehende **Beförderungen**[139] regelt, ..."

Das CIT benützt hier selbst den unscharfen Begriff des „Kunden", statt scharf auf den Absender und/Empfänger abzustellen. Es nennt aber auch ausdrücklich den „Dritten" als Vertragspartei des Beförderers *neben* dem Absender oder Empfänger. **395**

---

138 Eigendefinition gemäß ABB-CIM: „CIT" - das Internationale Eisenbahntransportkomitee, ein Verein nach Schweizerischem Recht mit Rechtspersönlichkeit und Sitz in Bern, dessen Ziel insbesondere die einheitliche Anwendung und Umsetzung des internationalen Eisenbahnbeförderungsrechts nach Maßgabe des COTIF ist.

139 Daraus ist die Natur des KA als *Rahmenvertrag* ableitbar: die *Rahmen*bedingungen für zum Zeitpunkt des Vertragsschlusses noch nicht bekannte Einzel-Beförderungsverträge (Einzelsendungen auf konkreten Wagen, Gewichte etc.) werden hier abgesteckt.

Eigene Anmerkungen: ....

....

....

396 Diese Konstellation kommt dann zum Tragen, wenn die Frachtzahlung - *und nur die Frachtzahlung* - Gegenstand des KA ist. Geschieht diese Frachtzahlung durch einen Dritten, also *nicht* durch den Absender oder den Empfänger, ist es zwar sachgerecht, *nur dies* im KA zu regeln.

397 Daraus ergibt sich aber auch: alles weitere (Rollen und Rechte von Absender und Empfänger, Verfügungsrecht, Recht zum Geltend=machen von Ansprüchen etc.) unterfällt dann, weil es im KA eben *nicht* geregelt ist, den allgemeinen Vorschriften.

398 *Dann und nur dann* ist es entbehrlich, Absender oder Empfänger ins KA einzubeziehen,

- weil die sie betreffenden Sachverhalte außerhalb der Frachtzahlung von den allgemeinen Vorschriften abgedeckt sind
- und deshalb im KA nicht geregelt werden müssen.

399 Im Umkehrschluß ergibt sich, daß die *speziell* geregelten Fracht=zahlungsaspekte die durch *allgemeine* Vorschriften gedeckten Rechte von Absender/Empfänger nicht berühren und deshalb der fracht=zahlende Dritte *aus der reinen Frachtzahlung heraus* **keine** Absender= oder Empfängerrechte erwerben kann.

400 Der Frachtzahler hat das Recht, die Fracht zu zahlen und sie korrekt abgerechnet zu bekommen, selbstverständlich mit Korrektur allfälliger Falschabrechnungen im Zuge der Rechnungsreklamation. Das ist alles.

401 - Er darf weder den Frachtvertrag abändern (das darf nur der Ver=fügungsberechtigte)

402 - noch kann er Rechte am Transportgut geltend machen (das können nur bis zur Ablieferung der Absender, danach der Empfänger).

403 - Will er in eigenem Namen Forderungen erheben, so muß er sich die Rechte von deren Inhaber abtreten lassen.

Eigene Anmerkungen: ....

....

....

Ansprüche aus einem anderen Rechtsregime, dem AVV, etwa wegen Beschädigung von Wagen anderer Halter oder wegen Beförderungsfrist=überschreitung, kann ein Frachtzahler erst recht nicht geltend machen, ebensowenig wie dies „Absender" oder „Empfänger" im CUV=Wagen=brief können, wenn sie nicht selbst der Wagenhalter sind.[140] 404

Die Rechte aus dem Frachtvertrag für Absender und Empfänger sind im deutschen Binnenverkehr und im internationalen Verkehr deutlich anders strukturiert: im internationalen Verkehr kann der Empfänger erheblich früher zum „Berechtigten" werden als im Binnenverkehr. 405

Inwiefern ist das CIM-Recht anders strukturiert, und was sind die Folgen?

Der Übergang des Rechtes zur Verfügung über das Gut vom Absender auf den Empfänger ist anders geregelt, daher liegt der Fokus auf dem „Berechtigten". Dem Wortlaut der CIM nach kann nämlich der Empfänger schon *vor* der körperlichen Übernahme des Gutes durch den Beförderer der Berechtigte sein, und damit hat der Absender bereits alle Rechte zu=gunsten des Empfängers verloren. Es kommt dabei auf die Eintragungen (oder Nicht=Eintragungen) im Frachtbrief an (Willenserklärungen des Absenders). 406

Welche Rechte hat der Absender im deutschen Binnenverkehr?

Der **Absender** darf *bis zur Ablieferung* der Sendung 407

- über das Gut verfügen: [Verfügungsrecht] 408
  - nicht weiterbefördern; 409
  - an anderen Ablieferort 410
  - an andere Ablieferstelle 411

---

140 zum „Wagenrecht' - AVV usw. - siehe ab Rz. 326

Eigene Anmerkungen: ....

....

....

412 - an anderen Empfänger abliefern

413 · *Beförderer kann Ersatz seiner Aufwendungen verlangen (Umverfügungsentgelt);*

414 · *Beförderer kann ggf. begründet die Umverfügung ablehnen - § 418 I HGB -*

415 - Weisungen zur Behebung von Beförderungs- oder Ablieferhindernissen erteilen - § 419 I HGB -

516 - unauffindbares Gut nach 20 Tagen als verloren betrachten (Verlustvermutungsfrist) - § 424 I HGB -

Welche Rechte hat der Absender im CIM-Verkehr?

417 Der **Absender im internationalen Verkehr** gemäß CIM darf:

419 - über das Gut verfügen: [Verfügungsrecht]

420 - nicht weiterbefördern - Art. 18 § 1 lit. a CIM -

421 - die Ablieferung aussetzen - Art. 18 § 1 lit. b CIM -

422 - an anderen Empfänger - Art. 18 § 1 lit. c CIM -

423 - an anderem Ablieferort abliefern - Art. 18 § 1 lit. d CIM -

424 mit den folgenden bedeutenden *Abweichungen vom Binnenverkehr* nach dem deutschen HGB, die bis in die Systematik hineinwirken:

425 **Art. 18 – Verfügungsrecht über das Gut**

§ 3 Das Recht zur Änderung des Beförderungsvertrages steht vorbehaltlich eines gegenteiligen Vermerks des Absenders im Frachtbrief dem Empfänger bereits von der Ausstellung des Frachtbriefes an zu.

426 Das heißt, der Empfänger kann schon rechtlich über das Gut verfügen, bevor der Beförderer es tatsächlich in Gewahrsam genommen hat.

Eigene Anmerkungen: ....

....

....

Die Varianten des „gegenteiligen Vermerks des Absenders" sind oben unter Rz. 375 ff. aufgelistet. 427

Gleichwohl kann der Absender *bis zur Ablieferung* des Gutes an den Empfänger Rechte aus Verlust, Teilverlust (Minderung) oder Beschädigung geltend machen. Mit der Ablieferung gehen auch diese Rechte an den Empfänger über. 428

Das Geltendmachen von Ansprüchen wegen Verlustes ist überhaupt nur von der Seite des Absenders her denkbar: was abgeliefert wurde, kann nicht in Verlust geraten sein - und aus der Gegenrichtung gedacht: für etwas, was den Empfänger nie erreicht hat, können keine Rechte auf ihn übergegangen sein. 429

Die Rechte des **Frachtzahlers, soweit er weder Absender noch Empfänger ist**, sind oben besprochen; Verfügungsrecht und Rechte am Gut gehören nicht dazu. 430

Ein Sonderfall ist der Anspruch eines *solchen* Frachtzahlers auf Frachterstattung bei Verlust der Sendung. 431

CIM Artikel 30 – Entschädigung bei Verlust

§ 1 Bei gänzlichem oder teilweisem Verlust des Gutes hat der Beförderer ohne weiteren Schadenersatz eine Entschädigung zu zahlen, die nach dem Börsenpreis, allenfalls nach dem Marktpreis, und mangels beider, nach dem gemeinen Wert von Gütern gleicher Art und Beschaffenheit an dem Tag und an dem Ort, an dem das Gut übernommen worden ist, berechnet wird.

§ 4 Der Beförderer hat außerdem Fracht, entrichtete Zölle und sonstige im Zusammenhang mit der Beförderung des verlorenen Gutes gezahlte Beträge mit Ausnahme der Verbrauchsabgaben auf Gütern, die im Steueraussetzungsverfahren befördert werden, zu erstatten. 432

unter Berücksichtigung von Artikel 44 § 3 CIM: 433

§ 3 Zur gerichtlichen Geltendmachung von Ansprüchen auf Erstattung von Beträgen, die auf

Eigene Anmerkungen: ....

....

....

Grund des Beförderungsvertrages gezahlt worden sind, ist nur berechtigt, wer die Zahlung geleistet hat.

434 Das heißt, wenn auf Grund des Beförderungsvertrages die Fracht bereits durch einen Dritten bezahlt wurde, dann aber das Gut in Verlust gerät, steht diesem Frachtzahler die Erstattung dieser Fracht zu (während für den Wertverlust des verlorenen Gutes die Eisenbahn dem Absender Schadenersatz zahlen muß - und nicht dem Frachtzahler).

Welche Rechte hat der Empfänger im deutschen Binnenverkehr?

435 Der **Empfänger** hat nach der Ablieferung folgende Rechte:

436 - Ansprüche aus Beschädigung des Gutes geltend zu machen

437 - Ansprüche aus Teilverlust (Minderung) geltend zu machen

438 - Ansprüche aus Schäden durch Lieferfristüberschreitung geltend zu machen

439 - falls er die Fracht gezahlt hat, die (ggf. teilweise) Frachterstattung zu verlangen.

Welche Rechte hat der Empfänger im CIM-Verkehr?

440 Die gleichen wir im Binnenverkehr.

Wer wird bei Verlust des Gute entschädigt?

441 Der Absender, denn der Frachtvertrag wurde nicht erfüllt, der Empfänger konnte nichts empfangen und deshalb auch keine Rechte erwerben. Daß er vorher verfügungsberechtigt war, ändert daran nichts.

442 Übrigens ist es ein Unterschied, ob das Gut abhanden gekommen ist (Verlust) oder ob es etwa zerstört oder vollständig *entwertet* wurde (Totalbeschädigung).

Eigene Anmerkungen: ....

....

....

Wie gestaltet sich die Entschädigung bei Teilverlust des Gutes?

Hier sei noch einmal der ältere Begriff der „Minderung" erwähnt, der 443
z. B. bei Streu- und Rieselverlusten von Schüttgütern gängig war.

Ein Teilverlust läßt sich durch Anzahl (Packstücke, Paletten) oder 444
durch Gewicht (Differenz von Empfangs- und Versandgewicht) konkretisieren. Bei Gewichtsdifferenzen ist zu prüfen, ob sie durch Schwund 445
oder durch spezifische Eigenschaften des Gutes entstanden sein können, denn das führt zum Haftungsausschluß.

Da der Teilverlust in der Regel bei oder nach der Ablieferung der 446
Sendung festgestellt wird, also *nachdem* die Rechte an der Sendung auf den Empfänger übergegangen sind, ist dieser anspruchsberechtigt.
Damit er seinen Anspruch durchsetzen kann, muß er aber auch seiner 447
Obliegenheit zur fristgerechten Schadensanzeige nachkommen.

Will der Absender selbst Ansprüche geltend machen, muß er sie 448
sich vom Empfänger abtreten lassen. Das hat nur dann einen Sinn, 449
wenn die Ansprüche nicht bereits vernichtet sind, etwa durch Obliegenheitsverletzungen des Empfängers (Fristversäumnis od. dgl.).

Empfänger und Absender sind mitunter überrascht und mäßig erfreut, 450
wenn sie auf folgende Konstellation treffen:

- Empfänger *unterläßt* eine Schnittstellenkontrolle *bei* Annahme der Sendung, das heißt, er nimmt sie *unbeanstandet* an
- Empfänger *hat* die Sendung *unbeanstandet angenommen* und stellt bei *seiner internen* Eingangskontrolle fest, daß sie nicht vollständig ist
- Empfänger zeigt den Teilverlust *nicht* nachträglich innerhalb von sieben Tagen bei der Eisenbahn an, ersucht *nicht* um Erstellung einer Tatbestandsaufnahme nach Ablieferung („TAnA")
- *(Ansprüche auf Entschädigung bei Teilverlust erlöschen)*

Eigene Anmerkungen: ....

....

....

- Empfänger kürzt die Rechnung des Absenders um die fehlenden Sendungsbestandteile *(die Buchhaltungsprozesse etc. brauchen ihre Zeit)*
- Absender wird beim Beförderer vorstellig, um sich den Teilverlust entschädigen zu lassen
- Beförderer lehnt die Forderung rechtssicher ab, weil der Anspruch durch Obliegenheitsverletzung des Empfängers vernichtet wurde
- *Überlegungen zur Anspruchsberechtigung sind inzwischen müßig, weil ein erloschener (vernichteter) Anspruch nicht wieder auflebt.*

451 Der Empfänger ist ordentlicher Kaufmann und war nicht gehindert,

452 - eine Schnittstellenkontrolle *bei* Annahme der Sendung vorzunehmen und Unstimmigkeiten *sofort* zu beanstanden oder

453 - ggf. die Beanstandung *innerhalb der gesetzlichen Frist* nachträglich vorzubringen (und dann zu *beweisen*, daß der Teilverlust nicht doch erst nach der unbeanstandeten Ablieferung entstanden ist).

454 Seine Unterlassungen können nicht zu Lasten des Beförderers gehen.
455 Sie liegen in der Sphäre des *Empfängers*, unterliegen *dessen* kaufmännischem Risiko. *Er* kalkuliert für sich, ob es langfristig rentabler ist, Personal vorzuhalten, zu instruieren und zu überwachen, um solche Unregelmäßigkeiten *sofort* zu melden - oder uneinbringliche Ansprüche hinzunehmen. Das alles geht den Beförderer nichts an, damit muß er sich nicht befassen, noch viel weniger muß er dafür aufkommen.

456 Nur falls der Empfänger die Annahme der Sendung verweigert, verbleiben die Rechte beim Absender. Dann wird *dieser* wegen eines Ablieferhindernisses um Verfügung ersucht, was mit der Sendung zu geschehen habe - und dann kann auch das oben beschriebene Szenario so nicht ablaufen.

Eigene Anmerkungen: ....

....

....

Wie gestaltet sich die Entschädigung bei Beschädigung des Gutes?

Hier gelten im wesentlichen die Ausführungen unter „Teilverlust": Schnittstellenkontrolle durch den Absender etc. - nur daß es hier nicht um „weniger" geht, sondern um „beschädigt". 457

Ist es wichtig, wodurch die Beschädigung entstanden ist?

Ja, wobei eher zu fragen wäre, wodurch sie *nicht* entstanden ist. Denn kann es entscheidend sein, ob die Beschädigung die Folge einer Lieferfristüberschreitung[141] oder ob sie unabhängig davon entstanden ist[142]. 458

Was ist also bei Beschädigung infolge von Lieferfristüberschreitung zu beachten?

Hier unterscheiden sich das nationale und das internationale Transport= 459
recht stark. Es ist auch sehr genau darauf zu achten, ob ein „Schaden" 460
oder eine „Beschädigung" betroffen ist. Der „Schaden" (Zeitschaden) 461
deckt einen Vermögensschaden ab wie etwa die Minderung des fiktiven Verkaufswertes am Empfangsort durch Zeitablauf, z. B. bei Mode=
artikeln oder Schrott. Das ist bei der „Beschädigung" (Substanzschaden) 462
anders. Dort fehlen die fiktiven Elemente.

Im CIM=Verkehr ist die Entschädigung für eine Beschädigung, die *durch* eine Lieferfristüberschreitung entstanden ist, auf das Vierfache der Fracht „gedeckelt". 463

Nur bei einer Beschädigung, die *nicht* kausal durch eine Lieferfrist= 464
überschreitung verursacht wurde, greifen allgemeine Entschädigungsregeln für Beschädigung: Wertverlustersatz (unbeschädigtes ./. beschädigtes Gut), ggf. beschränkt durch die Haftungshöchstgrenze von 17 SZR pro Kilogramm Rohmasse der Sendung.

141 z. B. Verderb, Blaufäule bei Holz, Flugrost an Stahlcoils, Aushärten von Leim
142 z. B. „Gewaltschäden" durch Rangierstöße

Eigene Anmerkungen: ....

....

....

Was ist beim Nachweis der Schadenshöhe zu beachten?

465 Für diesen Nachweis gibt es **keine** Erleichterungen wie „gesetzliche Vermutungen", Beweislastumkehr oder dergleichen. Hier gilt voll und ganz: **wer fordert, hat zu beweisen.**

466 Denn es geht hier nicht mehr um die oben besprochene *schadensbegründende* Kausalität (genau gesagt: deren Darlegung), die hier und da gesetzlich erleichtert ist. Der Nachweis der Schadenshöhe betrifft die Darlegung der *schadensausfüllenden* Kausalität, und dabei hat der Gesetzgeber - aus gutem Grunde - *keine* Erleichterungen vorgesehen.

467 An dieser Stelle „zwischengeschaltet" ist die Forderungsberechtigung, die Aktivlegitimation des Anspruchstellers gegenüber dem Anspruchsgegner (hier: der Eisenbahn), denn diese Forderungsberechtigungkann vom ursprünglich Berechtigten auf jemanden anderes übergegangen sein - etwa vom Empfänger der Sendung durch Zession auf den Absender oder Frachtzahler oder einen sonstigen Dritten oder auch durch Legalzession auf eine Versicherung, die den ursprünglich Berechtigten schadlos gehalten hat und nun im eigenen Namen Ansprüche gegen den Beförderer geltend machen darf.

468 Damit jemandem ein Schaden ersetzt werden kann, muß er bei ihm
469 eingetreten (und verblieben) sein. Ein Schaden ist immer bezifferbar[143].
470 Die Schadenshöhe ist die Differenz zwischen dem Vermögensstand des Anspruchstellers ohne schädigendes Ereignis und seinem Vermögensstand mit schädigendem Ereignis. Diese Differenz zu ermitteln **und für Dritte prüfbar darzustellen**, ist seine Sache, unterliegt seiner Selbstbestimmung. Was er nicht prüfbar darstellt, bekommt er nicht bezahlt.

---

143 Schmerzensgelder oder Entschädigungen für entgangene Arbeitsfreude bei einzelnen Beschäftigten des anderen ordentlichen Kaufmanns sind dem Transportrecht fremd.

Eigene Anmerkungen: ....

....

....

Gibt es „Standard-Probleme" bei Verjährungsfragen?

Ja; vor allem, wenn auf der Seite des Anspruchstellers seine zahlen= fixierte (an Sach= oder Rechtsfragen uninteressierte) Buchhaltung tätig wird statt der sachlich mit Schadensbearbeitung befaßten Fachabteilung. 471

Es kommt vor, daß Anspruchsteller im letzten Quartal vor Eintritt der (auch vermeintlichen) Verjährung beim Aufräumen alter Geschäfts= vorfälle noch Forderungen aufmachen. Dann ist zu unterscheiden:

1. Der forderungsberechtigte Anspruchsteller irrt sich insofern, daß er 472
   - den Schaden korrekt angezeigt
   - und die Eisenbahn haftbar gehalten hatte
   - und diese der Haftbarhaltung **nicht** widersprochen hat (denn dadurch hätte sie die Verjährung wieder in Gang gesetzt).

   Damit **ist** die kurze Verjährung aus dem Transportrecht schon ge= hemmt, und der Anspruchsteller befindet sich ohnehin in der BGB= Regelverjährung. Es besteht kein Zeitdruck.

2. Der forderungsberechtigte Anspruchsteller irrt sich insofern, daß er 473
   - den Schaden korrekt angezeigt
   - und die Eisenbahn haftbar gehalten hatte
   - und diese der Haftbarhaltung **nicht** widersprochen hat
   - und damit **die gesetzliche Regelverjährung greift, deren Ein= tritt nun kurz bevorsteht.** (Ende des Ereignisjahres + 3 Jahre)

   Damit **war** die kurze Verjährung aus dem Transportrecht gehemmt, der Anspruchsteller befindet sich in der BGB=Regelverjährung. Es besteht allerdings **jetzt** *vor deren Eintritt* für ihn Zeitdruck:
   - entweder er vereinbart mit der Eisenbahn einen Verzicht auf die Einrede der Verjährung
   - oder er klagt bei Gericht, bevor die Verjährung eintritt,

   denn ein bloßes (nun beziffertes) Anspruchsschreiben schiebt den

---

Eigene Anmerkungen: ....

....

....

gesetzlichen Verjährungseintritt nicht mehr weiter hinaus.

War der Anspruchsteller seit der (unbezifferten) Haftbarhaltung bis hierher untätig, wird er kaum mit „Verhandlungen" argumentieren können, die den Eintritt der Verjährung hemmen.[144]

474 3. Der forderungsberechtigte Anspruchsteller irrt sich insofern, daß er

- den Schaden angezeigt
- und die Eisenbahn haftbar gehalten hatte
- aber diese der Haftbarhaltung widersprochen
- und dadurch die Verjährung wieder in Gang gesetzt hat
- und *diese* Verjährung inzwischen (unterjährig) eingetreten ist.

Dann hat er den Eintritt der Verjährung übersehen; sein Anspuch ist nicht mehr durchsetzbar (Einrede der Verjährung).

475 4. Der **nicht** forderungsberechtigte Anspruchsteller irrt sich insofern, daß er

- zwar den Beförderer haftbar gehalten hatte
- aber diese Haftbarhaltung keine Verjährung hemmen *konnte*, weil sie von einem Unberechtigten kam
- und der Beförderer nur den Eingang des Schreibens bestätigt, aber keine Aussage in der Sache gemacht hatte
- oder der Beförderer gar nicht reagiert hatte *(wozu auch bei der Haftbarhaltung durch einen Unberechtigten ?)*.

Dann hat mangels Forderungsberechtigung nie ein Anspruch *dieses* Anspruchbestellers bestanden; die Verjährung (oder Verjährungshemmung) eines rechtlichen Nullums ist denkunmöglich.

144 § 203 BGB - Hemmung der Verjährung bei Verhandlungen: Schweben zwischen dem Schuldner und dem Gläubiger Verhandlungen über den Anspruch oder die den Anspruch begründenden Umstände, so ist die Verjährung gehemmt, bis der eine oder der andere Teil die Fortsetzung der Verhandlungen verweigert. Die Verjährung tritt frühestens drei Monate nach dem Ende der Hemmung ein.

Eigene Anmerkungen: ....

....

....

Weitere Fallkonstellationen sind denkbar. 476

In solchen Fällen zeigt *dann* die oben beschriebene[145] schlanke Er- 477
fassung des Falles in ihren Wert; ggf. kann der Bearbeiter auf *damals* schon getroffene Bewertungen[146] zurückgreifen.

Kommt dagegen nichts vom (potentiellen) Anspruchsteller, *bleibt* 478
die alte, längst abgelegte Akte „aus den Augen, aus dem Sinn".

Spätestens dann hat es sich unterm Strich „gelohnt", am Anfang 479
der Bearbeitung **nicht** in Aktionismus zu verfallen, Schaum zu schlagen, schlafende Hunde zu wecken. Sprich: Nötiges zu tun und das Unnötige gezielt zu unterlassen - und das eine vom anderen zu unterscheiden.

7. Vom mitwirkenden Verschulden, von der Schadensminderungsobliegenheit und von den Sowieso-Kosten.

Was ist mit „Mitverschulden" gemeint?

Oft macht bei einer Unregelmäßigkeit nicht die eine Seite alles falsch 480
und die andere Seite alles richtig. Deshalb muß später *abgewogen* werden, wer wieviel vom Schaden zu tragen hat; mit anderen Worten: wer dem anderen was bezahlen muß *und was nicht* - d. h. worauf er
sitzen bleibt. Für den Schadensteil, für den der Geschädigte *selbst* die 481
Ursache gesetzt hat,[147] kann er keinen Schadenersatz verlangen. Das gilt auch, wenn die Eisenbahn sonst verschuldensunabhängig haftet.

145 Rz. 37
146 Rz. 194 - „Ablehnungskandidat, weil ..." od. dgl.
147 schadensbegründende Kausalität

Eigene Anmerkungen: ....

....

....

Wie hängt das mit der „Schadensminderungsobliegenheit“ zusammen?

482 Das Schadenersatzrecht will den Geschädigten so stellen, als sei das schädigende Ereignis nicht eingetreten (aber auch nicht besser: er soll nicht „am Schaden verdienen“). Deshalb wäre es unangemessen, der Jurist sagt „unbillig“, Dinge zum Schaden hinzuzurechnen, die der
483 Schädiger „nicht zu vertreten“ hat. An dieser Stelle sprechen wir noch nicht von Schuld oder Verschulden, weil z. B. bei der „strengen Haftung“ die Eisenbahn eben auch ohne Verschulden dem Grunde nach haften muß, „zu vertreten hat“. Aber *die Höhe* ihrer Haftung[148] kann durch ein Mitverschulden des Geschädigten sehr wohl gemindert werden.

484 Den Geschädigten trifft nämlich die Obliegenheit (die „Pflicht gegen sich selbst“, die „Minderpflicht“)[149], den Schaden, den er von einem anderen ersetzt haben will, so klein wie möglich zu halten. Dies gilt, durchgeschleift aus dem allgemeinen Zivilrecht, auch im spezielleren Transportrecht; dort für die Haftungsaspekte.

485 Darüber hinaus ist zu beachten, daß auch für den Geschädigten gilt: für seine Erfüllungegehilfen haftet er nach § 278 BGB wie für sich selbst, ihr Verhalten „muß er sich zurechnen lassen“.
Rechtsgrundlage ist das BGB *[Hervorhebung vom Verfasser]*:

486 **§ 254 – Mitverschulden**

(1) Hat bei der Entstehung des Schadens ein Verschulden des Beschädigten mitgewirkt, so hängt die Verpflichtung zum Ersatz sowie der Umfang des zu leistenden Ersatzes von den Umständen, insbesondere davon ab, inwieweit der Schaden vorwiegend von dem einen oder dem anderen Teil verursacht worden ist.

---

148 schadensausfüllende Kausalität
149 Zur Obliegenheit siehe Zweites Buch.

Eigene Anmerkungen: ....

....

....

(2) **Dies gilt auch dann, wenn** sich das Verschulden des Beschädigten darauf beschränkt, dass er unterlassen hat, den Schuldner auf die Gefahr eines ungewöhnlich hohen Schadens aufmerksam zu machen, die der Schuldner weder kannte noch kennen musste, oder dass **er unterlassen hat, den Schaden abzuwenden oder zu mindern.** Die Vorschrift des § 278 findet entsprechende Anwendung.

§ 278 **Verantwortlichkeit des Schuldners für Dritte** 487
Der Schuldner hat ein Verschulden seines gesetzlichen Vertreters und der Personen, deren er sich zur Erfüllung seiner Verbindlichkeit bedient, in gleichem Umfang zu vertreten wie eigenes Verschulden. Die Vorschrift des § 276 Abs. 3 findet keine Anwendung.

Die stark überzogene Vorstellung : „Was soll's, das reiche ich komplett 488
bei der Eisenbahn ein, und die bezahlt mir alles" ist leider weit verbreitet, aber irrig! Sie ist irrig und eine Sebst=täuschung des Anspruchstellers.

Um so größer kann die Ent=täuschung ausfallen, wenn der Schadens= 489
bearbeiter der Eisenbahn aussortiert und aus der Forderung heraus=kürzt, was die Eisenbahn nicht zu vertreten hat, weil der Geschädigte

- den Schaden zum Teil selbst schuldhaft verursacht hat oder 490
- weil *seine* Erfüllungsgehilfen den Schaden zum Teil schuldhaft ver= 491
  ursacht haben - und er sich deren Handlungen oder Unterlassungen zurechnen lassen muß oder
- weil er seine Obliegenheit zur Schadensminderung versäumte hat. 492

Die Konstellation jedes Falles ist anders ; hier greift das beliebte Juristen= 493
wort, daß „es auf die Umstände des Einzelfalles ankommt".

Eigene Anmerkungen : ....

....

....

Was sind „Sowieso-Kosten"?

494 Das sind die Kosten beim Geschädigten, die er *sowieso* tragen müßte, stets, immer, in jedem Falle, ohne das schädigende Ereignis oder mit diesem. Sie sind *kein* Teil des Schadens.

495 Man kann das schädigende Ereignis hinwegdenken, und dennoch wären diese Kosten angefallen. Daraus folgt: das schädigende Ereignis ist keine „conditio sine qua non" für diese Kosten. Deshalb zählen sie nicht zum Schaden und werden nicht ersetzt.

496 Sie mögen *im zeitlichen Zusammenhang* mit dem schädigenden Ereignis angefallen sein (Koinzidenz, ggf. Korrelation), *resultieren aber nicht* aus diesem Ereignis (Kausalität). Das nicht zu erkennen, ist ein Irrtum, der zur Selbst-täuschung des Anspruchstellers führt, sie könnten mit eingereicht werden und würden ersetzt.

497 Auch hier ist die Ent-täuschung des Geschädigten groß, wenn der Schadensbearbeiter der Eisenbahn sie dann aussortiert und aus der Forderung herauskürzt.[150]

498 Um den Kreis zum Anfang des Ersten Buches[151] zu schließen: wenn die Gründe für die Ablehnung dieses Teils der Forderung logisch aufgebaut und nachvollziehbar dargelegt werden, ist der überwiegende Teil der Reklamanten durchaus bereit, den Argumenten zu folgen.

---

150 „gern genommen": „Wir hatten aber Kosten." „Kann sein, und warum sollten *wir* die bezahlen?" „Weil das doch mit dem Transport zusammenhängt." „Diese Kosten hätten Sie so oder so gehabt - ob mit oder ohne uns; und auch, wenn jemand anderes gefahren wäre. Das mögen Kosten sein, aber es sind keine Schadensbestandteile." u. s. w.
Meist unerquicklich, aber die Verwechslung von Koinzidenz und Kausalität ist anscheinend unausrottbar.

151 Rz. 13

Eigene Anmerkungen: ....

....

....

8. Haftpflichtangelegenheiten nach dem Haftpflichtgesetz

Gibt es auch Haftpflichtangelegenheiten auf anderer Grundlage?

Ja, weil der Begriff „Haftpflicht" verschieden eng betrachtet und keines- **499**
wegs trennscharf auf das Haftpflichtgesetz bezogen verwendet wird. Eine „Haftpflicht" kann auch auf anderen Gesetzen beruhen.

Warum ist das so?

Das hat sprachliche Gründe, sowohl sprachgeschichtliche als auch solche **500**
der Sprachökonomie.

Die sprachliche Wendung „jemand *haftet* einem anderen für ..." im **501**
Sinne von „jemand muß einen anderen schadlos halten" oder „jemand muß einem anderen den Schaden ersetzen, den er diesem zugefügt hat" gibt es schon seit Jahrhunderten. So heißt es z. B. im Allgemeinen Preußischen Landrecht von 1794 im Titel VI: „§ 12. Wer nur aus mäßigem Versehen den Andern durch eine Handlung oder Unterlassung beleidigt, der *haftet* nur für den daraus entstandnen wirklichen Schaden." Das „beleidigt" ist hier übrigens im Sinne von „wer dem Andern ein Leid zufügt" zu verstehen, dieses Leid kann auch ein wirklicher Schaden sein; wirklich als zählbar oder meßbar und in Geld umrechenbar gemeint. Heute, am Anfang des 21. Jahrhunderts, grob gerechnet 230 Jahre oder knapp 8 Generationen à 30 Jahre später, wird der Begriff der „Beleidigung" viel enger aufgefaßt und der konkrete Schaden an anderer Stelle angesiedelt.

Die Begriffe „jemand *haftet*", „jemand ist zur *Haftung* verpflichtet" **502**
usw. sind ebensowenig legaldefiniert wie z. B. der Begriff „Zins". Die Kenntnis nimmt der Gesetzgeber vielmehr unausgesprochen an.

Eigene Anmerkungen: ....

....

....

503 Diese Begriffe waren also schon sprachliches Allgemeingut, als der Reichstag 1871 das Reichshaftpflichtgesetz beschloß. Sie wurden deshalb in anderen Rechtsgebieten weiterverwendet und auch in neuen Gesetzen benutzt. Deshalb wäre die Sicht „eine Haftpflicht kann nur auf dem Haftpflichtgesetz beruhen" verkürzt und irreführend.

504 Das läßt sich vom Ergebnis her aufbereiten: die Pflicht zur Zahlung von Schadenersatz = die Pflicht *zu haften* = die *Haftpflicht* im weiten Wortsinne kann auf verschiedenen Rechtsgrundlagen beruhen, zum Beispiel

- auf der Gefährdungshaftung im Straßenverkehr
- auf der Tierhalterhaftung
- auf der Produkthaftung
- auf der Vertragshaftung (für Schlechterfüllung)
- auf der Deliktshaftung (für unerlaubte Handlungen).

Was fällt nun im engen Sinne unter das Haftpflichtgesetz?

505 Die Schäden die *aus der Gefahr* des Eisenbahnbetriebes oder anderer gefährlicher Unternehmungen entstehen - und zwar **verschuldens-**
506 **unabhängig**. Der Gedanke hinter dieser *Gefährdungshaftung* ist folgender: Wenn ein Unternehmer aus dem Betrieb einer gefährlichen Anlage wirtschaftlichen Nutzen zieht, dann soll ihn auch ein höheres Risiko für den niederen Zufall treffen als den Geschädigten. Der Geschädigte muß nicht beweisen, daß der Unternehmer etwas verschuldet
507 hat. Der Entlastungsbeweis (höhere Gewalt, Verschulden des Geschädigten) obliegt dem Betriebsunternehmer bzw. dem Inhaber der Anlage.

508 Auf beförderte Güter ist das Haftpflichtgesetz aber nicht anwendbar (§ 1 III Alt. 2 HPflG); für diese Sachen greift das Transportrecht.

Eigene Anmerkungen: ....

....

....

Haftpflichtgesetz – HaftPflG – vom 7.6.1871, zuletzt geändert am 17.7.2017 **509**

§ 1 – **Haftung des Bahnbetriebsunternehmers**

(1) Wird bei dem Betrieb einer Schienenbahn oder einer Schwebebahn ein Mensch getötet, der Körper oder die Gesundheit eines Menschen verletzt oder eine Sache beschädigt, so ist der Betriebsunternehmer dem Geschädigten zum Ersatz des daraus entstehenden Schadens verpflichtet.

(2) Die Ersatzpflicht ist ausgeschlossen, wenn der Unfall durch höhere Gewalt verursacht ist.

(3) Die Ersatzpflicht ist ferner ausgeschlossen, wenn eine

1. zur Aufbewahrung angenommene Sache beschädigt wird;
2. beförderte Sache beschädigt wird, es sei denn, daß ein Fahrgast sie an sich trägt oder mit sich führt.

§ 2 – **Haftung des Inhabers einer gefährlichen Anlage**

(1) Wird durch die Wirkungen von Elektrizität, Gasen, Dämpfen oder Flüssigkeiten, die von einer Stromleitungs- oder Rohrleitungsanlage oder einer Anlage zur Abgabe der bezeichneten Energien oder Stoffe ausgehen, ein Mensch getötet, der Körper oder die Gesundheit eines Menschen verletzt oder eine Sache beschädigt, so ist der Inhaber der Anlage verpflichtet, den daraus entstehenden Schaden zu ersetzen. Das gleiche gilt, wenn der Schaden, ohne auf den Wirkungen der Elektrizität, der Gase, Dämpfe oder Flüssigkeiten zu beruhen, auf das Vorhandensein einer solchen Anlage zurückzuführen ist, es sei denn, daß sich diese zur Zeit der Schadensverursachung in ordnungsmäßigem Zustand befand. Ordnungsmäßig ist eine Anlage, solange sie den anerkannten Regeln der Technik entspricht und unversehrt ist.

(2) Absatz 1 gilt nicht für Anlagen, die lediglich der Übertragung von Zeichen oder Lauten dienen.

(3) Die Ersatzpflicht nach Absatz 1 ist ausgeschlossen,

1. wenn der Schaden innerhalb eines Gebäudes entstanden und auf eine darin befindliche Anlage (Absatz 1) zurückzuführen oder wenn er innerhalb

Eigene Anmerkungen: ....

....

....

eines im Besitz des Inhabers der Anlage stehenden befriedeten Grund stücks entstanden ist;

2. wenn ein Energieverbrauchsgerät oder eine sonstige Einrichtung zum Verbrauch oder zur Abnahme der inAbsatz 1 bezeichneten Stoffe beschädigt oder durch eine solche Einrichtung ein Schaden verursacht worden ist;
3. wenn der Schaden durch höhere Gewalt verursacht worden ist, es sei denn, daß er auf das Herabfallen von Leitungsdrähten zurückzuführen ist.

§ 3 – **Haftung des Unternehmers eines gefährlichen Betriebes**

Wer ein Bergwerk, einen Steinbruch, eine Gräberei (Grube) oder eine Fabrik betreibt, haftet, wenn ein Bevollmächtigter oder ein Repräsentant oder eine zur Leitung oder Beaufsichtigung des Betriebes oder der Arbeiter angenommene Person durch ein Verschulden in Ausführung der Dienstverrichtungen den Tod oder die Körperverletzung eines Menschen herbeigeführt hat, für den dadurch entstandenen Schaden.

§ 4 – **Mitwirkendes Verschulden**

Hat bei der Entstehung des Schadens ein Verschulden des Geschädigten mitgewirkt, so gilt § 254 des Bürgerlichen Gesetzbuchs; bei Beschädigung einer Sache steht das Verschulden desjenigen, der die tatsächliche Gewalt über die Sache ausübt, dem Verschulden des Geschädigten gleich.

§ 5 – **Umfang des Schadenersatzes bei Tötung**

(1) Im Falle der Tötung ist der Schadensersatz (§§ 1, 2 und 3) durch Ersatz der Kosten einer versuchten Heilung sowie des Vermögensnachteils zu leisten, den der Getötete dadurch erlitten hat, daß während der Krankheit seine Erwerbsfähigkeit aufgehoben oder gemindert oder eine Vermehrung seiner Bedürfnisse eingetreten war. Der Ersatzpflichtige hat außerdem die Kosten der Beerdigung demjenigen zu ersetzen, dem die Verpflichtung obliegt, diese Kosten zu tragen.

(2) Stand der Getötete zur Zeit der Verletzung zu einem Dritten in einem Ver-

Eigene Anmerkungen: ....

....

....

hältnisse, vermöge dessen er diesem gegenüber kraft Gesetzes unterhaltspflichtig war oder unterhaltspflichtig werden konnte, und ist dem Dritten infolge der Tötung das Recht auf den Unterhalt entzogen, so hat der Ersatzpflichtige dem Dritten insoweit Schadensersatz zu leisten, als der Getötete während der mutmaßlichen Dauer seines Lebens zur Gewährung des Unterhalts verpflichtet gewesen sein würde. Die Ersatzpflicht tritt auch dann ein, wenn der Dritte zur Zeit der Verletzung gezeugt, aber noch nicht geboren war.

(3) Der Ersatzpflichtige hat dem Hinterbliebenen, der zur Zeit der Verletzung zu dem Getöteten in einem besonderen persönlichen Näheverhältnis stand, für das dem Hinterbliebenen zugefügte seelische Leid eine angemessene Entschädigung in Geld zu leisten. Ein besonderes persönliches Näheverhältnis wird vermutet, wenn der Hinterbliebene der Ehegatte, der Lebenspartner, ein Elternteil oder ein Kind des Getöteten war.

§ 6 – **Umfang des Schadeneratzes bei Körperverletzung**

Im Falle einer Körperverletzung ist der Schadensersatz (§§ 1, 2 und 3) durch Ersatz der Kosten der Heilung sowie des Vermögensnachteils zu leisten, den der Verletzte dadurch erleidet, daß infolge der Verletzung zeitweise oder dauernd seine Erwerbsfähigkeit aufgehoben oder gemindert oder eine Vermehrung seiner Bedürfnisse eingetreten ist. Wegen des Schadens, der nicht Vermögensschaden ist, kann auch eine billige Entschädigung in Geld gefordert werden.

§ 7 – **Unabdingbarkeit der Haftung**

Die Ersatzpflicht nach den §§ 1 bis 3 dieses Gesetzes darf, soweit es sich um Personenschäden handelt, im voraus weder ausgeschlossen noch beschränkt werden. Das gleiche gilt für die Ersatzpflicht nach § 2 dieses Gesetzes wegen Sachschäden, es sei denn, daß der Haftungsausschluß oder die Haftungsbeschränkung zwischen dem Inhaber der Anlage und einer juristischen Person des öffentlichen Rechts, einem öffentlich-rechtlichen Sondervermögen oder einem Kaufmann im Rahmen eines zum Betriebe seines Handelsgewerbes gehörenden Vertrages vereinbart

Eigene Anmerkungen: ....

....

....

worden ist. Entgegenstehende Bestimmungen und Vereinbarungen sind nichtig.

§ 8 – **Ersatz durch Geldrente**

(1) Der Schadensersatz wegen Aufhebung oder Minderung der Erwerbsfähigkeit und wegen Vermehrung der Bedürfnisse des Verletzten sowie der nach § 5 Abs. 2 einem Dritten zu gewährende Schadensersatz ist für die Zukunft durch Entrichtung einer Geldrente zu leisten.

(2) Die Vorschriften des § 843 Abs. 2 bis 4 des Bürgerlichen Gesetzbuchs finden entsprechende Anwendung.

(3) Ist bei der Verurteilung des Verpflichteten zur Entrichtung einer Geldrente nicht auf Sicherheitsleistung erkannt worden, so kann der Berechtigte gleichwohl Sicherheitsleistung verlangen, wenn die Vermögensverhältnisse des Verpflichteten sich erheblich verschlechtert haben; unter der gleichen Voraussetzung kann er eine Erhöhung der in dem Urteile bestimmten Sicherheit verlangen.

§ 9 – **Haftungsgrenze für Personenschäden**

Der Unternehmer oder der in § 2 bezeichnete Inhaber der Anlage haftet im Falle der Tötung oder Verletzung eines Menschen für jede Person bis zu einem Kapitalbetrag von 600.000 Euro oder bis zu einem Rentenbetrag von jährlich 36.000 Euro.

§ 10 – **Haftungsgrenze für Sachschäden**

(1) Der Unternehmer oder der in § 2 bezeichnete Inhaber der Anlage haftet für Sachschäden nur bis zum Betrag von 300.000 Euro, auch wenn durch dasselbe Ereignis mehrere Sachen beschädigt werden.

(2) Sind auf Grund desselben Ereignisses an mehrere Personen Entschädigungen zu leisten, die insgesamt den Höchstbetrag von 300.000 Euro übersteigen, so verringern sich die einzelnen Entschädigungen in dem Verhältnis, in dem ihr Gesamtbetrag zu dem Höchstbetrag steht.

(3) Die Absätze 1 und 2 gelten nicht für die Beschädigung von Grundstücken.

§ 11 – **Verjährung**

Auf die Verjährung finden die für unerlaubte Handlungen geltenden Verjährungs-

---

Eigene Anmerkungen: ....

....

....

vorschriften des Bürgerlichen Gesetzbuchs entsprechende Anwendung.

§ 12 – Haftpflicht aufgrund sonstigen Rechtes

Unberührt bleiben gesetzliche Vorschriften, nach denen ein Ersatzpflichtiger in weiterem Umfang als nach den Vorschriften dieses Gesetzes haftet oder nach denen ein anderer für den Schaden verantwortlich ist.

§ 13 – Mehrere Haftpflichtige

(1) Sind nach den §§ 1, 2 mehrere einem Dritten zum Schadensersatz verpflichtet, so hängt im Verhältnis der Ersatzpflichtigen untereinander Pflicht und Umfang zum Ersatz von den Umständen, insbesondere davon ab, wieweit der Schaden überwiegend von dem einen oder dem anderen verursacht worden ist.

(2) Wenn der Schaden einem der nach §§ 1, 2 Ersatzpflichtigen entstanden ist, gilt Absatz 1 auch für die Haftung der Ersatzpflichtigen untereinander.

(3) Die Verpflichtung zum Ersatz nach den Absätzen 1 und 2 ist für den nach § 1 zum Schadensersatz Verpflichteten ausgeschlossen, soweit die Schienenbahn innerhalb des Verkehrsraumes einer öffentlichen Straße betrieben wird und wenn der Unfall durch ein unabwendbares Ereignis verursacht ist, das weder auf einem Fehler in der Beschaffenheit der Fahrzeuge oder Anlagen der Schienenbahn noch auf einem Versagen ihrer Vorrichtungen beruht. Als unabwendbar gilt ein Ereignis nur dann, wenn sowohl der Betriebsunternehmer als auch die beim Betrieb tätigen Personen jede nach den Umständen des Falles gebotene Sorgfalt beobachtet haben. Der Ausschluss gilt auch für die Ersatzpflicht gegenüber dem Eigentümer einer Schienenbahn, der nicht Betriebsunternehmer ist.

(4) Die Absätze 1 bis 3 gelten entsprechend, wenn neben den nach den §§ 1, 2 Ersatzpflichtigen ein anderer für den Schaden kraft Gesetzes verantwortlich ist.

§ 14 – Örtliche Zuständigkeit

Für Klagen, die auf Grund dieses Gesetzes erhoben werden, ist auch das Gericht zuständig, in dessen Bezirk das schädigende Ereignis stattgefunden hat.

Eigene Anmerkungen: ....

....

....

510 Das ist der *reine Gesetzestext*. Allein der „Beck'sche Kurz-Kommentar" von Werner Filthaut zu diesem Gesetz umfaßt circa 700 Seiten!

511 Schon bei der Erläuterung, was denn der „Betrieb einer Schienenbahn" sei, greift der Kommentator auf eine Entscheidung des Reichsgerichts vom 17. März 1879 zurück.

512 Im Recht disponiert man langfristig, und was einmal sauber definiert ist, muß nicht künstlich und krampfhaft neu umschrieben werden.

513 Das deutsche Reichsgericht hat in ein und derselben Entscheidung vom 17. März 1879 (RG Z 1, 247) den Begriff der Eisenbahn gleich zweimal definiert. Zuerst die kurze, auch versierten Juristen meist *unbekannte* Definition:

> Sprachlich bedeutet Eisenbahn ganz allgemein eine Bahn von Eisen zwecks Bewegung von Gegenständen auf derselben.

Wörtlich genommen und wunderbar formuliert, wer wollte dem widersprechen? Aber weil das vielleicht doch etwas zu simpel klang, folgte gleich die Langversion, die den Begriff Eisenbahn, so wie wir es heute auch tun, komplexer verstand:

> Eine Eisenbahn ist ein Unternehmen, gerichtet auf wiederholte Fortbewegung von Personen oder Sachen über nicht ganz unbedeutende Raumstrecken auf metallener Grundlage, welche durch ihre Konsistenz, Konstruktion und Glätte den Transport großer Gewichtsmassen beziehungsweise die Erzielung einer verhältnismäßig bedeutenden Schnelligkeit der Transportbewegung zu ermöglichen bestimmt ist und durch diese Eigenart in Verbindung mit den außerdem zur Erzeugung der Transportbewegung benutzten Naturkräften (Dampf, Electricität, thierischer oder menschlicher Muskelthätigkeit, bei geneiger Ebene der Bahn auch schon durch die eigene Schwere der Transportgefäße und deren Ladung etc.) bei dem Betriebe des Unternehmens auf derselben eine verhältnismäßig gewaltige (je nach den Umständen nur bezweckterweise nützliche, aber auch Menschenleben vernichtende und menschliche Gesundheit verletzende) Wirkung zu erzeugen fähig ist.

Eigene Anmerkungen: ....

....

....

Die Reaktion aus der juristischen Wissenschaft ließ daraufhin nicht lange auf sich warten:

> Ein Reichsgericht ist eine Einrichtung, welche dem allgemeinen Verständnis entgegenkommen sollende, aber bisweilen durch sich nicht ganz vermeiden haben lassende, nicht ganz unbedeutende, bzw. verhältnismäßig gewaltige Fehler im Satzbau der auf der schiefen Ebene des durch verschnörkelte und ineinandergeschachtelte Perioden ungenießbar gemachten Kanzleistils herabgerollten Definitionen, welche das menschliche Sprachgefühl verletzende Wirkungen zu erzeugen fähig ist, liefert.

Um auf die Ausgangsfrage zurückzukommen, was unter das Haft- **514**
pflichtgesetz fällt - im Rahmen des vorliegenden Buches also für ein Eisenbahnverkehrsunternehmen des Güterverkehrs: darunter fallen Schäden Dritter, die in der Regel **nicht** mit dem Beförderungsvertrag zwischen Absender und Beförderer zusammenhängen, zum Beispiel:

- von einem Güterzug fallen Teile der Ladung herunter (Schotter- **515**
  steine) und beschädigen ein Auto unter einer Eisenbahnbrücke
- feste Bremsen in einem Zug verursachen Funkenflug, und dadurch **516**
  wird ein Brand ausgelöst
- Bahnübergangsunfälle mit Straßenverkehrsteilnehmern **517**
- beim Rangieren in einem Gleisanschluß entgleist ein Wagen und **518**
  beschädigt die Anlagen des Anschließers (Tore, Gleise u. dgl.).

Hier greift *grundsätzlich* die Gefährdungshaftung nach dem HPflG. **519**

Das heißt aber nicht, daß das EVU automatisch den Schaden komplett **520**
bezahlen muß, denn im Zuge der Fallbearbeitung werden auch entlastende Momente wie mitwirkendes Verschulden des Geschädigten oder höhere Gewalt berücksichtigt.

Aus all dem ergibt sich, daß in Haftpflichtangelegenheiten sich die **521**
praktische Fallbearbeitung anders gestaltet als im Transportrecht.

Eigene Anmerkungen: ....

....

....

522 Schon die Sachverhaltsermittlung ist umfangreicher und komplizierter als bei Transportschäden, und für die rechtliche Einordnung sind andere (und viel mehr) Regelwerke heranzuziehen als im Transportrecht.

9. Rückgriff; Regreßketten

Sind Rückgriff und Regreß das Gleiche?

523 Ja. Rückgriff ist die Eindeutschung des Begriffs Regreß (von lateinisch regressus = „Rückkehr"). In den Gesetzen steht in der Regel das deutsche Wort Rückgriff. Regreß und das abgeleitete Verb regressieren sind die umgangssprachlichen Varianten.

Was bedeutet das inhaltlich, und was hat es mit „Ketten" zu tun?

524 Vorweg: bei Schadenersatz für Schäden aus unerlaubter Handlung stellt sich die Frage nicht, denn dabei haftet der Schädiger für eigenes Verschulden. Die Minderung der Ersatzhöhe wegen Mitverschuldens des Geschädigten fällt nicht unter den Regreßbegriff.

In anderen Konstellationen ist es denkbar, daß *zunächst*

525 - ein *direkter* Vertragspartner haften muß
526 - oder jemand, den das aus einer Gefährdungshaftung trifft
527 - oder eine Versicherung den Geschädigten schadlos hält.

528 Derjenige, der *zunächst* zahlt, kann aber aus einem anderen Rechtsverhältnis seinerseits den Anspruch gegen einen Dritten haben, daß dieser ihm seine Auslage (die *zunächst* ausgelegte Zahlung) ersetzt.

Eigene Anmerkungen: ....
....
....

Das ist zum Beispiel der Fall, wenn die Eisenbahn Teil= oder Zusatz= **529**
leistungen zum Transport nicht selbst erbringt, sondern von Erfüllungsgehilfen erledigen läßt, etwa Umschlagsleistungen (Kranung) im Kombinierten Verkehr oder die Beförderung auf Teilstrecken durch ausführende Beförderer. Für Handlungen oder Unterlassungen von **530**
Erfüllungsgehilfen haftet der „Geschäftsherr" wie für seine eigenen[152].
Das ist, aus Sicht des Beförderungs*vertrages*, ein Innenverhältnis. **531**

Zu den Erfüllungsgehilfen hat ihr im Außenverhältnis geschädigter **532**
Vertragspartner (Absender) keine direkte Rechtsbeziehung.

Andererseits hat die Eisenbahn keine direkte Rechtsbeziehung zu **533**
Container=Eigentümern oder Lieferanten (soweit diese nicht selbst Absender und *dadurch* Vertragspartner sind).

Wird z. B. beim Kranen ein Container beschädigt (und die Eisenbahn **534**
hat diese Kranung mitverkauft, d. h. die „Umschlagsleistung" ist Bestandteil des Beförderungsvertrages), dann haftet *im Außenverhältnis* die Eisenbahn dem Absender. Nicht dem Eigentümer des Containers.

Im Innenverhältnis ist es Sache der Eisenbahn , Rückgriff bei *ihrem* **535**
Erfüllungsgehilfen zu nehmen, der die Kranung durchgeführt hat.

Ein *direkter* Anspruch des Container=Eigentümers gegen das Um= **536**
schlagsunternehmen besteht nicht, auch nicht gegen die Eisenbahn. Er muß sich vielmehr an den wenden, dem er seinen Container überlassen hat (hier im Beispiel an den Absender der Sendung). Dieser macht seinen Anspruch gegen die Eisenbahn geltend (und die Eisenbahn

152 § 278 Satz 1 BGB: „Der Schuldner hat ein Verschulden seines gesetzlichen Vertreters und **der Personen, deren er sich zur Erfüllung seiner Verbindlichkeit bedient**, in gleichem Umfang zu vertreten wie eigenes Verschulden."
Der Begriff des „Geschäftsherrn" stammt zwar aus § 831 BGB, Haftung für Verrichtungsgehilfen, ist aber (auch aus sprachökonomischen Gesichtspunkten heraus) analog auf die Bestimmungen für Erfüllungsgehilfen anwendbar.
Zum Unterschied von Erfüllungs= und Verrichtungsgehilfen siehe Zweites Buch.

Eigene Anmerkungen: ....

....

....

ihrerseits gegen ihren Erfüllungsgehilfen, nämlich das Umschlags=
unternehmen).

537 Die Eisenbahn kann sich hier auch auch nicht aus der Affäre ziehen, indem sie dem Anspruchsteller sagt: „Ich war's nicht, wende dich bitte an den Schädiger (das Umschlagsunternehmen) direkt".

538 Das kann sie nur in einer anderen Konstellation: wenn sie den Umschlag *nicht* als Nebenleistung zum Beförderungsvertrag mitverkauft hat, sondern wenn Absender und Empfänger diese Kranung *selbst* beim Umschlagsunternehmen eingekauft haben. Denn dann beginnt die Gewahrsamshaftung der Eisenbahn erst mit der körperlichen Übernahme der Sendung vom Umschlagsunternehmen.

539 **Dies zeigt, wie wichtig eine genaue Vertragsprüfung in der Schadensbearbeitung ist.**

540 Je nachdem, wieviele Rechtsbeziehungen betroffen sind, wie viele Unternehmer „zwischengeschaltet" sind, können solche Regreßketten lang und kompliziert sein.

541 **Zudem greifen für den Rückgriff meist andere Rechtsgrundlagen als für die Haftung im Außenverhältnis - und damit auch andere Beweislastregeln.**

542 Die Sorgfalt bei Schnittstellenkontrollen bewirkt hier viel (denn sie erleichtert Beweise - oder verhindert sie, wenn keine Schnittstellenkontrolle stattfindet). Das gleiche gilt für saubere Rechtsverhältnisse zwischen dem Geschäftsherrn und seinen Erfüllungsgehilfen.

543 Versäumnisse rächen sich, z. B. wenn die Eisenbahn nach außen aus Gewahrsamshaftung einen Absender oder Empfänger entschädigen muß, weil sie sich nicht entlasten kann - sie ihrem Erfüllungsgehilfen für den Regreß im Innenverhältnis aber Verschulden nachweisen müßte und ihr dies nicht gelingt.

Eigene Anmerkungen: ....

....

....

Dies sind indes Belange, die den anspruchsberechtigten Absender oder Empfänger kalt lassen können, denn sie betreffen *nicht seine* Rechtssphäre. Er hält sich an seinen Vertragspartner. 544

In der umgekehrten Sicht muß sich die Eisenbahn nicht damit aufhalten, fremde Rechtsverhältnisse zu beachten, hier ein Beispiel: 545

Eine Papierfabrikant läßt durch einen LKW-Unternehmer (seinen Erfüllungsgehilfen) Papierrollen zu einem Versandbahnhof schaffen und durch einen anderen Unternehmer (auch dieser ist sein Erfüllungsgehilfe) in einen geschlossenen Wagen verladen. Der Papierfabrikant erscheint im CIM-Frachtbrief als Absender. Als Empfänger ist ein Papiergroßhändler im Ausland in den Frachtbrief eingetragen. Die Eisenbahn fährt im eigenen Land selbst, im Ausland bedient sie sich der dortigen Eisenbahn als ausführendem Beförderer (als ihres Erfüllungsgehilfen). Die Sendung wird im Ausland vom abholenden LKW-Unternehmen (Erfüllungsgehilfe des Empfängers) *unbeanstandet angenommen* und ins Lager einer Druckerei gebracht. Die Druckerei stellt nach 14 Tagen fest, daß bei einigen der Papierrollen die Kerne „ovalisiert" sind, die Rollen also *irgendwo auf dem gesamten Transportweg* unsanft behandelt worden sein müssen. In Druckmaschinen kann man sie nicht mehr einspannen, weil die Unwucht die Maschinen beschädigen würde. Also kürzt die Druckerei dem Papiergroßhändler die Rechnung, dieser will die Differenz vom Fabrikanten ersetzt bekommen, und jener verlangt Entschädigung von der Eisenbahn. **Die zahlt keinen Cent**, weil der Empfänger die Schadensanzeigefrist (sogar die für verdeckte Schäden) versäumt hat und damit alle Ansprüche aus dem Transportvertrag rechtsvernichtend erloschen sind. 546

Sie darf sich auf die Formalie zurückziehen und muß sich nicht damit befassen, *was wann wo durch wen verschuldet geschehen sein* **könnte.** 547

Eigene Anmerkungen: ....

....

....

548 Falls ein Anspruchsteller jenseits der wegen Fristversäumnisses nicht mehr anwendbaren „strengen Befördererhaftung" **beweist**, *was wann wo und durch wen verschuldet geschehen* **ist, und** daß dies die Eisenbahn zu vertreten hat, dann - *und nur dann* - kommt eine Entschädigungszahlung durch die Eisenbahn (abstrakt) überhaupt in Betracht.

549 Falls der Anspruchsteller *zusätzlich* beweist, daß der abstrakte Anspruch gegen die Eisenbahn konkret auf ihn übergegangen ist, dann - *und nur dann* - darf er auf eine Zahlung hoffen. Dazu muß er die Regreßkette darlegen, für die Anspruchsübergänge durch Zession sorgen und all das revisionssicher und gerichtsfest nachweisen.

550 **Fehlt auch nur ein Glied in dieser Kette, dann ist der Anspruch ungenügend substantiiert und wird zurückgewiesen.**

551 An den „Hausaufgaben" des Anspruchstellers muß sich die Eisenbahn nicht beteiligen - im Gegenteil, sie darf [153] alles tun, um den Anspruch abzuwehren.

552 Sie braucht sich nicht damit zu befassen, bei unbekanntem Schadensort diesen zu ermitteln ; sie darf sagen : *„bis zum Beweis des Gegenteils : nicht bei uns* (denn sonst wäre ja schon bei der Schnittstellenkontrolle im Empfang der Schaden aufgefallen und fristgerecht angezeigt worden)".

553 Sie darf sich zuarbeiten lassen, welche Rechtsbeziehungen einmal bestanden haben ; wie, wann und wodurch sie sich geändert haben und auf welche Weise sie *jetzt* gegen die Eisenbahn wirken sollen.

554 Dies herauszufarbeiten, womöglich die Arbeitszeit eigenen Personals zu verbrennen, um gegen sich selbst zu ermitteln, das ist der Eisenbahn nicht zumutbar. - **Wer fordert, hat zu beweisen.**

---

153 Ihr Vertreter, der Schadensbearbeiter, darf nicht nur, sondern er muß alles tun, um den Anspruch abzuwehren, denn sonst würde er pflichtwidrig *(modern : compliance-widrig)* gegen seinen Dienstherrn (Arbeitgeber) handeln.

Eigene Anmerkungen : ....

....

....

Es sei nochmals bemerkt: Alle Beteiligten sind ordentliche Kaufleute, 555
die wissen, was sie tun und lassen - und die den untauglichen Versuch unterlassen sollten, eigene Versäumnisse der anderen Partei überzuwälzen. Das schafft nur Unfrieden.

Hat denn nicht die andere Seite ein Recht auf Auskunft?

Durchaus. Auf *Auskunft in Sachfragen*, bei denen sie ein natürliches 556
Wissensdefizit hat. Auf Auskunft zu Fakten, die sie nicht selbst ermitteln kann. Auf Auskunft zu Fakten, die sie mangels eigener Kenntnis durch teure Gutachten ermitteln lassen müßte - aber eben vom Anspruchsgegner einfordern darf. Das nennt sich „sekundäre Darlegungslast".

Das Auskunftsrecht kehrt nicht die Beweislast um; weder müssen 557
Zeugen benannt noch Urkunden vorgelegt werden.

10. Frachterstattung

Wer darf eine Frachterstattung verlangen? 558

Derjenige, der die Fracht bezahlt hat. In Frage kommen

- der Absender
- der Empfänger
- ein Dritter als Frachtzahler. 559

Bei wem die Eisenbahn die Fracht erhebt, ergibt sich aus den Frankaturvermerken im Frachtbrief (im Binnenverkehr heißen sie Freivermerke). 560

1. Wenn der Absender als Vertragspartner der Eisenbahn seine Hauptpflicht aus dem Vertrag, nämlich die Zahlung der Fracht, selbst erfüllt, wird die Sendung „frei" bzw. „Franko Fracht ..." abgefertigt.

Eigene Anmerkungen: ....

....

....

561 2. Der Absender kann die Frachtzahlung auch auf den Empfänger „überweisen“, dann läuft die Sendung „unfrei“ bzw. „unfrankiert“.

562 3. Schließlich kann ein Dritter der „Schuld“[154] des Absenders beitreten und für diesen die Fracht zahlen. Dieser Schuldbeitritt läßt die Pflichten des Absenders unberührt: zahlt der Dritte aus irgendeinem Grunde nicht, hält sich die Eisenbahn an den Absender.

563 Es sei hier nochmals erwähnt, **daß die bloße Frachtzahlung keine Rechte aus dem Frachtvertrag erzeugt; weder ein Verfügungsrecht während des Transports noch Rechte auf Schadenersatz.**

564 Nur durch Normverweisungen[155] hat ein [bloßer] Frachtzahler den Anspruch bei Verlust des Gutes auf volle und bei Teilverlust oder bei Beschädigung des Gutes auf anteilige Frachterstattung.

Bei Lieferfristüberschreitung wird keine Fracht erstattet.

565 Wer die Fracht zahlt, darf erwarten, daß sie korrekt abgerechnet wird und daß Falschabrechnungen berichtigt werden. Solche Berichtigungen haben indes mit Schadenersatz nichts zu tun.

Frachterstattungsanträge (Rechnungsreklamationen) sind insofern alles andere als Entschädigungsforderungen; wie die Eisenbahn sie handhabt, ist nachrangig.

154 Hier geht es nicht um irgendein Verschulden, sondern darum, daß der Absender der Eisenbahn die Zahlung der Fracht schuldet.

155 CIM Art. 30 § 4 und Art. 32 § 4 oder für den Binnenverkehr HGB § 432.

Eigene Anmerkungen: ....

....

....

Zweites Buch.

Rechtsgrundlagen.

1. Allgemeines

Warum stehen die Rechtsgrundlagen nicht im Ersten Buch?

Die themenüberspannenden Ausführungen des ersten Buches mit den 566
Beispielen dürften deutlich gemacht haben, daß eine tiefergehende Beschäftigung mit den Rechtsgrundlagen vorteilhaft ist.

Das erste Buch soll, umgangssprachlich ausgedrückt, den Leser zum Weiterlesen und Tieferschürfen angelockt haben. Deshalb sind die Rechtsgrundlagen erst hier einsortiert. Dies erschien dem Autor griffiger als die Besprechung abstrakter Rechtssachverhalte im Lehrbuchstil, ohne daß am Kapitelinhalt schon klar würde, in welchem konkreten Falle sie später angewendet werden können.

Der Autor ist zuversichtlich, daß das Wissen um das Vorhandensein der Grundlagen den Leser spätestens bei der Beschäftigung mit einem konkreten Problem wieder in dieses Zweite Buch führt.

Eigene Anmerkungen: ....

....

....

Worin unterscheiden sich Rechtskreis, Rechtssystem und Rechtsordnung?

567 Jeder Staat hat sein eigenes Rechtssystem, manche Staaten (sogenannte Mehrrechtsstaaten) haben sogar mehrere Rechtsordnungen. In Bezug auf auf die Grundstrukturen lassen sich indes auch viele Gemeinsamkeiten finden, die ihre Ursache meist in der historischen Entwicklung haben. Anhand dieser Grundstrukturen ordnet man die Rechtssysteme in Rechtskreise ein:

568 - die historisch aus Kontinentaleuropa stammenden Rechtssysteme in den **Rechtskreis des Civil Law**

569 - die auf Grundlage des englisch-/walisischen Rechts gewachsenen und später auch nach Nordamerika gewanderten Rechtssysteme in den **Rechtskreis des Common Law.**

570 - Des weiteren gibt es z. B. den islamischen, den asiatischen und den nordischen (skandinavischen) Rechtskreis.

571 Der wesentliche Unterschied zwischen den Civil-Law-Systemen und den Common-Law-Systemen liegt in den historischen Rechtsquellen.[1]

572 Das kontinentaleuropäische Recht, das **Civil Law**, ist *kodifiziertes*[2] Recht oder, anders benannt: Gesetzesrecht *(codified law)*. Im konkreten Fall geht es darum, welche Gesetzesnormen (aus welchem Gesetzbuch, Codex) auf ihn anwendbar sind, „unter welche Bestimmungen er gezogen werden kann" (man nennt dies „worunter es subsumiert werden kann").

573 Zum großen Teil ist dieses Rechtssystem aus dem römischen Recht gewachsen; im Laufe von Jahrhunderten wurde auch ungeschriebenes

---

1 vgl. Hesse, S. 28 f.

2 Sprachlich deutet dies auf den Codex hin (eingedeutscht: *Kodex*; Mehrzahl: *Codices* bzw. eingedeutscht: *Kodizes, neuerdings auch „Kodexe" zulässig*), auf das Gesetzbuch.

Eigene Anmerkungen: ....

....

....

Gewohnheitsrecht (z. B. germanisches oder fränkisches) mehr und mehr in die geschriebenen Gesetze integriert.

Das anglo-amerikanische Rechtssystem des **Common Law** ist anders 574
gewachsen und deshalb auch anders strukturiert. Es basiert viel stärker als das kontinentaleuropäische Recht auf Einzelfallentscheidungen, die später als Präzedenzfälle dienen (Fallrecht, *case law*). In der Praxis führt das zu sehr umfangreichen Einzelverträgen, die möglichst jede Eventualität vorauszusehen und abzudecken versuchen.[3]

So gilt zum beispiel im angloamerikanischen Rechtskreis die „rule 575
of evidence". Diese besagt, daß bei schriftlichen Erklärungen nur der Wortlaut gilt. Probleme können dabei dann entstehen, wenn der Wort- 576
laut nicht eindeutig[4] oder lückenhaft ist. Deshalb formuliert die amerikanische Rechtspraxis im Gegensatz zur deutschen Verträge möglichst umfassend und detailliert.[5]

Verträge nach kontinentalem Recht können dagegen „schlanker" 577
sein, denn auf das Ungeregelte eines Vertrages ist ein allgemeines Gesetz anwendbar.

Rechtsordnungen gelten stets nur in einem Staat bzw. auf einem 578
Staatsgebiet. Die Grenzen des Staatsgebietes bestehen nicht nur am Boden, sondern auch in der Luft und im Wasser.

Die Hoheitsgewässer erstrecken sich für die Staaten, die dem UN- 579
Seerechtsübereinkommen beigetreten sind, auf höchstens 12 Seemeilen

3 In der europäischen Gesetzgebung findet sich inzwischen ein solcher Einfluß mit der Folge, daß Gesetzen heute oft ein Katalog mit (Legal-)Definitionen vorangestellt wird. Näheres beim Stichwort „Legaldefinition" bei Rz. 698 ff.

4 Extrem wichtig sind dabei die Sprache des Dokuments und die Unterschiede in den Fachsprachen. Im Deutschen gibt es schon erhebliche Unterschiede zwischen Umgangssprache und juristischer Fachsprache - siehe Drittes Buch, Rz. 840 ff. -, das wird im Englischen auch so sein, und dort ist zudem noch zwischen englischem und amerikanischen (Juristen-)Englisch zu unterscheiden!

5 vgl. Hesse, S. 32

Eigene Anmerkungen: ....

....

....

(das sind 12 • 1,852 km = 22,224 km) von der Küste aus in Richtung offenes Meer. Dahinter ist rechtsfreier Raum, man spricht dann von „hoher See".

580 Der Luftraum ist vom Weltraum abgegrenzt, die Luftraumgrenze liegt in 80 bis 120 km Höhe.

581 Im rechtsfreien Raum (in der Luft oder zur See) gilt das Prinzip der Flagge, das heißt, es gilt das Recht des Staates, unter dessen Flagge das Schiff bzw. das Flugzeug fährt.[6] Da sich das vorliegende Buch auf Transportrecht am Boden bezieht, sei hier von weiterführenden Ausführungen abgesehen und auf die Fachliteratur verwiesen.

Demnach haben wir in Deutschland kodifiziertes Recht?

582 Ja, so ist es. Die für das vorliegende Buch bedeutendsten Gesetze sind dabei das **Bürgerliche Gesetzbuch (BGB)** und das **Handelsgesetzbuch (HGB)**, sie regeln das Zivilrecht oder Bürgerliche Recht und als Teilmenge davon das Handelsrecht.

583 Das in Deutschland geltende Zivilrecht (bürgerliche Recht) ist nach der Reichsgründung vom 18. Januar 1871 (Kaiserproklamation in Versailles) aus den unterschiedlichen Rechtsordnungen der Einzelstaaten - aus vier Königreichen[7], sechs Großherzogtümern[8], fünf Herzogtümern[9], sieben Fürstentümern[10] und drei Freien Reichsstädten[11] - zwischen 1874 und 1896 systematisch zusammengeführt worden.

6 vgl. Hesse, S. 27
7 Preußen, Bayern, Württemberg und Sachsen
8 Baden, Mecklenburg-Schwerin, Mecklenburg-Strelitz, Sachsen-Weimar, Hessen, Oldenburg
9 Braunschweig, Sachsen-Meiningen, Sachsen-Coburg-Gotha, Sachsen-Altenburg, Anhalt,
10 Schwarzburg-Rudolstadt, Schwarzburg-Sondershausen, Lippe, Schaumburg-Lippe, Waldeck, Reuß jüngere Linie, Reuß älterer Linie
11 Freie und Hansestadt Hamburg, Hansestadt Bremen, Hansestadt Lübeck

Eigene Anmerkungen: ....

....

....

Das Ergebnis dessen war das Bürgerliche Gesetzbuch (BGB), gültig vom 1. Januar 1900 an. 584

Am gleichen Tage trat auch das neue Handelsgesetzbuch in Kraft, das ebenfalls die verschiedenen Rechtsordnungen der früheren Einzelstaaten zur Basis hatte. 585

Beide Gesetzbücher wurden nicht nur umfangreich kommentiert, son- 586
dern auch, wie alle umfangreichen und langlebigen Gesetzeswerke,
weiterentwickelt und aktualisiert. So ging etwa das BGB ursprünglich 587
von idealer Vertragserfüllung aus, Mängel waren nicht vorgesehen und deshalb nicht kodifiziert. Das führte dazu, daß die Lücken durch die Rechtsfigur der „positiven Vertragsverletzung" (pVv, auch pVV) bzw. in anderer Benennung der „positiven Forderungsverletzung" (pFv, auch pFV) geschlossen werden mußten. Zunächst geschah das in der praktischen Rechtsanwendung durch das sogenannte Richterrecht[12], das wiederum in die Kommentarliteratur einfloß. Erst im Zuge der „Schuldrechtsmodernisierung" am Anfang des 21. Jahrhunderts wurde dies mit den §§ 280 ff. BGB in den Gesetztestext eingearbeitet[13], also kodifiziert - über 100 Jahre nach dem ersten Erscheinen des BGB.

Im Rechtswesen disponiert man eben langfristig.

---

12 Wenn ein Gesetz auf einen konkreten Tatbestand im Rechtsstreit nicht anwendbar ist (es ist lückenhaft, weil der Sachverhalt eben nicht geregelt ist), darf das Verfahren dennoch nicht ohne Urteil enden; hier sind die Rechtskunde und die Lebenserfahrung des Richters gefragt: er muß zu einem vertretbaren Ergebnis gelangen.

13 Bei dieser Gelegenheit erhielten die Paragraphen des BGB auch ihre amtlichen Überschriften; das war eine hilfreiche redaktionelle Neuerung.
Ein Redaktionsversehen aus der Urfassung wurde allerdings bis heute nicht korrigiert: das „verrückt gewordene Grenzzeichen" aus § 919 I BGB: *„Der Eigentümer eines Grundstücks kann von dem Eigentümer eines Nachbargrundstücks verlangen, dass dieser zur Errichtung fester Grenzzeichen und, wenn ein Grenzzeichen verrückt oder unkenntlich geworden ist, zur Wiederherstellung mitwirkt."* - Grammatikalisch ganz korrekt müßte es heißen: *„... verrückt worden oder ungenntlich geworden ist"*, weil im Präsens das „Verrücken" aktiv und das „Unkenntlichwerden" passiv ist. Sprachlich „schöner" wäre das aber auch nicht ...

Eigene Anmerkungen: ....

....

....

Was ist der Unterschied zwischen zwingendem und nachgiebigem Recht?

588 Zwingendes Recht, auch unabdingbares Recht, lateinisch ius cogens, ist der Gegenpart zum nachgiebigen Recht, auch abdingbares, disponibles oder dispositives Recht genannt, lateinisch ius dispositivum.

589 Zwingend sind solche gesetzliche Regelungen, von denen nicht durch vertragliche Vereinbarung abgewichen werden kann. Das unabdingbare Recht dient der Sicherheit des Rechtsverkehrs, soll grobe Ungerechtig= keit verhindern und soziale Ungleichgewichte ausgleichen und schützt
590 das Vertrauen Dritter. Daß eine Vorschrift unabdingbar ist, ergibt sich meist aus ihrem Wortlaut, etwa wenn ein Recht „nicht durch Rechts= geschäft ausgeschlossen oder beschränkt" werden kann.

591 Öffentliches Recht ist unabdingbar.

592 Daneben gibt es „halbzwingendes Recht", mit dem ein Machtgefälle ausgeglichen werden soll. Beispielsweise verbietet § 476 I S. 1 BGB beim Verbrauchsgüterkauf nur Abweichungen zu Lasten des Verbrau= chers, nicht aber zu Lasten des Unternehmers. Traditionell sind halb= zwingende Vorschriften im Arbeits= und Mietrecht von große Wichtigkeit, weil Arbeitnehmer und Mieter als die strukturell schwächeren Parteien schützenswert sind.

593 Im Transportrecht ist es möglich, zu Lasten des Beförderers die ge= wichtsabhängige Höchsthaftung von 8,33 (national) bzw. 17 (internatio= nal) Sonderziehungsrechten auf 40 Sonderziehungsrechte *nach oben* zu setzen, eine Reduzierung zu Lasten des Transportkunden ist dagegen unzulässig.

594 Im Schuldrecht als Teil des Zivilrechts herrscht das Prinzip der Privat= autonomie: die Vertragsparteien können grundsätzlich [14] vereinbaren,

14 „grundsätzlich = es gibt haufenweise Ausnahmen"; siehe auch Drittes Buch, Rz. 844.

Eigene Anmerkungen: ....

....

....

was sie wollen. Deshalb können die meisten schuldrechtlichen Bestimmungen abbedungen werden, bilden also nachgiebiges Recht (im Gegensatz zum Sachen-, Familien- oder Erbrecht, die ebenfalls zum Zivilrecht gehören).

Die Öffnungsklausel im Gesetz lautet oft: „soweit nicht anders vereinbart" oder ähnlich und bewirkt, daß das Spezielle (die Vereinbarung) Vorrang vor dem Allgemeinen hat (vor der gesetzlichen Grundregel). 595

So heißt es z. B. für den deutschen Binnenverkehr: 596

HGB § 423 – Lieferfrist.

Der Frachtführer ist verpflichtet, das Gut innerhalb der vereinbarten Frist oder mangels Vereinbarung innerhalb der Frist abzuliefern, die einem sorgfältigen Frachtführer unter Berücksichtigung der Umstände vernünftigerweise zuzubilligen ist (Lieferfrist).

Das heißt: Entweder es gibt eine Vereinbarung *(vereinbarte Frist)*, das ist das Spezielle, und das geht vor, oder es gibt keine *(mangels Vereinbarung)*, dann greift die allgemeine gesetzliche Regel.

Diese Bestimmung ist zum einen ein Beispiel für eine Legaldefinition mit Klammer. Sprachlich umgestellt hieße es: die Lieferfrist ist die Frist [zur Ablieferung des Gutes], die einem sorgfältigen Frachtführer unter Berücksichtigung der Umstände vernünftigerweise zuzubilligen ist. Der eingeklammerte Begriff wird im Text der Bestimmung definiert. 597

Zum anderen ist sie ein anschauliches Beispiel für einen *unscharfen Rechtsbegriff*. Hier ist *keine* Fristerechnung nach einer Formel möglich, sondern die Frist ist gleich dreimal eingeschränkt: durch die *Berücksichtigung der Umstände*, durch die *Vernunft* (*vernünftigerweise*) und durch die Angemessenheit (*billig* [15] in *zuzubilligen* im Sinne von angemessen). 598

15 vgl. auch Rz. 716 und Drittes Buch, Rz. 846

Eigene Anmerkungen: ....

....

....

599 Im Gegensatz dazu gilt im internationalen Verkehr eine Formel zur Berechnung der Lieferfrist (soweit diese nicht eigens vereinbart ist; die speziellere Vereinbarung würde der allgemeinen Bestimmung vorgehen):

600 **CIM Artikel 16 - Lieferfristen**

§ 1 Die Lieferfrist wird zwischen dem Absender und dem Beförderer vereinbart. Fehlt eine Vereinbarung, darf die Lieferfrist jedoch nicht länger sein als diejenige, die sich aus den §§ 2 bis 4 ergibt.

§ 2 Vorbehaltlich der §§ 3 und 4 betragen die Höchstlieferfristen:

a) für Wagenladungen
- Abfertigungsfrist 12 Stunden
- Beförderungsfrist je angefangene 400 km 24 Stunden

b) für Stückgut
- Abfertigungsfrist 24 Stunden
- Beförderungsfrist je angefangene 200 km 24 Stunden

Die Entfernung bezieht sich auf den vereinbarten, mangels eines solchen auf den kürzestmöglichen Beförderungsweg.

§ 3 Der Beförderer kann Zuschlagsfristen von bestimmter Dauer für folgende Fälle festsetzen:

a) Sendungen, die
- über Linien mit unterschiedlicher Spurweite,[16]
- zur See oder auf Binnengewässern,
- auf einer Straße, wenn keine Schienenverbindung besteht,

befördert werden;

b) außergewöhnliche Verhältnisse, die eine ungewöhnliche Verkehrszunahme oder ungewöhnliche Betriebsschwierigkeiten zur Folge haben.

Die Dauer der Zuschlagsfristen muss aus den Allgemeinen Beförderungsbedingungen ersichtlich sein.

---

16 In Westeuropa z. B. zwischen Frankreich mit Normalspur (1435 mm) und Spanien sowie Portugal mit iberischer Breitspur (1668 mm).

Eigene Anmerkungen: ....

....

....

§ 4 Die Lieferfrist beginnt mit der Übernahme des Gutes; sie verlängert sich um die Dauer des Aufenthaltes, der ohne Verschulden des Beförderers verursacht wird. Die Lieferfrist ruht an Sonntagen und gesetzlichen Feiertagen.

Übrigens wird diese Berechnung auch für die *Beförderungs*fristen von Wagen anderer Halter nach dem AVV im deutschen Binnenverkehr angewandt, wenn nichts anderes vereinbart ist. Dort greift also *nicht* die unschärfere Regelung des HGB. 601

Was meint „Das Spezielle hat Vorrang vor dem Allgemeinen"?

Aus dem römischen Recht stammt die Regel „Lex specialis derogat legi generali" = „die spezielle Vorschrift verdrängt die allgemeine Vorschrift". In der Umkehrung heißt es: „Generalia specialibus non derogant" = „Allgemeines hebt Besonderes nicht auf". 602

Die Regel bezieht sich auf die Hierarchie, die Rangfolge von Rechtsvorschriften und Verträgen und gilt nur für nachgiebiges Recht (dispositives Recht).[17]

Dabei ist zwingend zu beachten: die speziellere Vorschrift darf die allgemeinere *präzisieren, aber nicht gegen sie verstoßen*. Der Verstoß gegen höherrangiges Recht würde die speziellere Regelung nichtig machen. Das BGB darf keine grundgesetzwidrigen Vorschriften enthalten, das HGB darf nicht gegen Vorschriften des BGB (und natürlich auch nicht gegen das noch höherrangige Grundgesetz) verstoßen usw. 603

So befaßt sich das Bürgerliche Gesetzbuch (BGB) zum Beispiel mit den natürlichen und juristischen Personen, Willenserklärungen, der Verjährung, dem Recht der Schuldverhältnisse (u. a. Verträge), dem Sachenrecht, dem Familienrecht und dem Erbrecht - allgemein.

17 zum Unterschied zwingendes Recht ./. nachgiebiges Recht siehe oben, Rz. 588 ff.

Eigene Anmerkungen: ....

....

....

604 Das Handelsgesetzbuch (HGB), das unter anderem das Transportrecht regelt, enthält die spezialgesetzlichen Regelungen zum BGB, etwa mit der „kurzen Verjährung" von einem Jahr im Transportrecht. Wo das HGB nichts zu Willenerserklärungen oder Verträgen regelt, greift das BGB mit seinen allgemeinen Regelungen.

605 Die Allgemeinen Deutschen Spediteursbedingungen (ADSp) enthalten wiederum spezialgesetzliche Regelungen zum Transportrecht des HGB.

606 Als nächste Ebene gibt es, solange es sich nicht um Einzelgeschäfte handelt, Rahmenverträge (bei der Eisenbahn heute meist Transportverträge genannt). Sie haben ihrerseits auf der Basis der Vertragsfreiheit Einzelheiten zum Inhalt - spezieller werdend als die oben genannten allgemeineren *gesetzlichen* Regelungen, aber allgemeiner bleibend als der letztendliche konkrete Beförderungsvertrag - die so nicht von den Gesetzen usw. abgebildet werden. Sie vereinbaren, wie es der Begriff *Rahmen*vertrag schon andeutet, den Rahmen für künftige, ganz konkrete Einzelverträge.

607 Solche Rahmenverträge enthalten im Idealfall[18]

608 - die Vertragspartner (d. h. die natürlichen oder juristischen Personen, die den Vertrag schließen) unter Beachtung aller Formalien (!)
609   - gegebenenfalls Angaben darüber, ob diese vertragschließenden Parteien
610   · für sich selbst verhandeln und vereinbaren
611   · namens und auftrags Dritter verhandeln und vereinbaren
612   · mit Schutzwirkung für Dritte verhandeln und vereinbaren

18 Das heißt im Umkehrschluß: im Nicht-Idealfall fehlen wichtige Informationen, der Vertrag hat Mängel (schlimmstenfalls solche, die ihn nichtig machen) oder Lücken. Die „Erforschung des Willens der Vertragsparteien" kostet dann Zeit, was bei klarem Denken, trennscharfen Begriffen und sauberer Dokumentation vermeidbar ist.

Eigene Anmerkungen: ....

....

....

- (indirekt) ob sich der Vertrag auf einen *anderen* Vertrag bezieht und ob Regelungen aus *diesem* anwendbar sind. 613
- oft eine salvatorische Klausel[19] 614
- gesetzliche Grundlagen: was vertraglich nicht geregelt ist und sich mittels der salvatorischen Klausel nicht auflösen läßt, unterfällt den übergeordneten gesetzlichen Regeln 615
- vorab und damit notwendigerweise unscharf 616
  - die Transportrelationen (von - nach) 617
    - ob es dabei nur um eine Richtung geht 618
    - oder um Hin- und Rücktransport
  - verschiedene Beförderungswege im grenzüberschreitenden Verkehr 619
  - Einzelheiten der verwendeten Fahrzeuge 620
    - „Bahnwagen" (vom Beförderer zu stellen)[20] 621
    - „Privatwagen" (von Dritten zu stellen)[20] 622
    - Wagengattung, Achs- oder Drehgestellwagen, Achszahl usw. 623
- Volumen- und Qualitätsangaben und Folgen von Abweichungen wie 624
  - Mengenvereinbarungen 625
    - Bonusregelungen, z. B.: vereinbarte Mindestmenge wird überschritten, Beförderer zahlt einen Bonus (rechnerisch: die Durchschnittsfracht über einen Zeitraum sinkt - nachträglich berechnet) 626
    - Malusregelungen, z. B.: vereinbarte Mindestmenge wird unterschritten, Beförderer erhebt einen Malus (rechnerisch: Durchschnittsfracht über einen Zeitraum steigt - nachträglich berechnet) 627

---

19 Zur salvatorischen Klausel ausführlicher siehe Exkurs, Rz. 631 ff.

20 „Bahnwagen" und „Privatwagen" sind pragmatisch-kurze Arbeitsbegriffe (Sprachökonomie!), die sich für das Alltagsgeschäft eignen.
Ausführlicher hierzu - AVV, Halter, Verwender usw. - siehe Erstes Buch, Rz. 326 ff.

Eigene Anmerkungen: ....

....

....

628 - Qualitätsvereinbarungen, Pönalregelungen

629 · Beförderer erreicht einen vereinbarten Pünktlichkeitsgrad in bestimmtem Zeitraum : das Leistungsversprechen ist erfüllt

630 · Beförderer ereicht den Pünktlichkeitsgrad *nicht* : das Leistungsversprechen ist *nicht* erfüllt, er zahlt Vertragsstrafe (Pönale)

Exkurs : Was ist eine salvatorische Klausel ?

631 Als salvatorische Klausel[21] bezeichnet man in der Rechtssprache die Bestimmung (Klausel) eines Vertragswerkes , welche die Rechtsfolgen regelt, wenn sich einzelne Vertragsbestandteile als unwirksam oder undurchführbar erweisen oder wenn sich herausstellt, daß der Vertrag Dinge nicht regelt, die eigentlich hätten geregelt werden müssen. Die salvatorische Klausel hat somit den Zweck, einen teilweise unwirksamen oder undurchführbaren Vertrag, insbesondere aber den wirtschaftlichen Erfolg, den der Vertrag bewirken soll, so weit wie möglich aufrechtzuerhalten.

Beispiel : *„Sollten einzelne Bestimmungen dieses Vertrages unwirksam oder undurchführbar sein oder nach Vertragsschluss unwirksam oder undurchführbar werden, so bleibt davon die Wirksamkeit des Vertrages im Übrigen unberührt. An die Stelle der unwirksamen oder undurchführbaren Bestimmung soll diejenige wirksame und durchführbare Regelung treten, deren Wirkungen der wirtschaftlichen Zielsetzung am nächsten kommt, die die Vertragsparteien mit der unwirksamen bzw. undurchführbaren Bestimmung verfolgt haben. Die vorstehenden Bestimmungen gelten entsprechend für den Fall, dass sich der Vertrag als lückenhaft erweist."*

---

21 von lat. salvatorius = „bewahrend", „erhaltend"

Eigene Anmerkungen : ....

....

....

Verkürzte Form : *„Sollte eine Bestimmung dieses Vertrages unwirksam sein, so wird die Wirksamkeit der übrigen Bestimmungen davon nicht berührt. Die Parteien verpflichten sich, anstelle der unwirksamen Bestimmung eine dieser Bestimmung möglichst nahekommende wirksame Regelung zu treffen."*

Satz 1 stellt sicher, daß die Unwirksamkeit einer einzelnen Bestim- 632
mung des Vertrages nur Teilnichtigkeit, nicht jedoch die Nichtigkeit der gesamten Vereinbarung zur Folge hat. Nach § 139 BGB führt nämlich die Teilnichtigkeit eines Vertrages grundsätzlich zur Unwirksamkeit des ganzen Vertrages[22] , es sei denn, die Vertragsparteien hätten ihn auch ohne den unwirksamen Teil abgeschlossen. Genau dies - nämlich den Willen der Parteien, auch ohne den unwirksamen Teil am Vertrag festzuhalten - bringt der erste Satz der salvatorischen Klausel zum Ausdruck.

Die Sätze 2 und 3 legen im Prinzip nur die Grundsätze der ergänzen- 633
den Vertragsauslegung fest, die auch ohne ausdrückliche Regelung im Vertrag allgemein gelten. Aus rechtlicher Sicht sind diese Sätze daher, streng genommen, überflüssig. Zur Information der Vertragsparteien ist es dennoch sinnvoll, diese Ausführungen in den Vertrag aufzunehmen.

---

22 § 139 BGB - Teilnichtigkeit - Ist ein Teil eines Rechtsgeschäfts nichtig, so ist das ganze Rechtsgeschäft nichtig, wenn nicht anzunehmen ist, dass es auch ohne den nichtigen Teil vorgenommen sein würde.

Eigene Anmerkungen : ....

....

....

2. pacta sunt servanda Verträge sind einzuhalten

634 Schon im Kindesalter pflegten wir zu lernen: „Was man verspricht, das muß man auch halten!“ - jedenfalls war das in der Jugend des Verfassers in den 70er und 80er Jahren des verflossenen Jahrhunderts noch der Fall; es war allgemein üblich, damit der „Norm“ entsprechend, also „normal“.

Deshalb war es für den Einzelnen auch wichtig, sich gut zu überlegen, was er versprach, denn es gab kein Zurück: „versprochen ist versprochen!“ Jedes Herausredenwollen, jedes „habe ich nicht so gemeint“ wurde *als Unaufrichtigkeit wahrgenommen* und war, wenn es zu oft vorkam, geradezu „sozial tödlich“ und wurde mit dem Ausschluß aus der Gemeinschaft bestraft: „Geh weg, mit dir spielen wir nicht mehr.“

Kinder sind in dieser Hinsicht äußerst sensibel und unter sich selbst (also unter Gleichen) auch gnadenlos - und diese Prägung wirkt erfahrungsgemäß im Erwachsenenalter nach. Den „Cleverles“ wird (vielleicht) eine gewisse Achtung für ihre Gerissenheit nicht versagt werden (*versagt werden können*, soweit man selbst ein guter Verlierer ist), aber sie gelten sehr schnell als Subjekte, von denen man sich zum Selbstschutz fern hält.

635 Dahinter verbirgt sich ein evolutionäres Prinzip, das zu mißachten vielleicht kurzfristigen „Gewinn“ bringt, dessen Mißachtung aber langfristig dazu führt, daß die Gene des Akteurs nicht weitergegeben werden. Der Ausschluß aus der Gemeinschaft der Gentträger (und =weitergeber) wirkt bereits beim aktuellen Individuum, und eine nächste Generation gibt es schon nicht mehr. Dieses Prinzip heißt „Reziprozität“.

Eigene Anmerkungen: ....

....

....

„Die Reziprozität. ... Vor einigen Jahrzehnten – die Hippie-Kultur stand in voller Blüte – traf man auf Bahnhöfen und Flughäfen die in rosa Gewändern umherschlurfenden Jünger der Krishna-Sekte an. Sie schenkten jedem vorbeieilenden Passanten eine kleine Blume. Die Jünger sagten nicht viel, ein Grußwort, ein Lächeln, und das war's. Auch wenn ein Geschäftsmann nicht viel Nutzen in einer kleinen Blume sah, so nahm er sie doch an – man wollte ja nicht unhöflich sein. Lehnte man das Geschenk ab, so hörte man ein sanftes ‚Nehmen Sie's, das ist unser Geschenk an Sie.' **636**

Wer die Blume in der nächsten Seitenstraße in den Mülleimer warf, stellte fest, dass da schon einige lagen. Das war aber noch nicht das Ende. Während das schlechte Gewissen laborierte, wurde man von einem Krishna-Jünger angesprochen, der um eine Spende bat. In vielen Fälle mit Erfolg. Diese Art der Spendensammlung war derart ergiebig, dass viele Flughäfen die Sekte auf ihrem Gelände verboten. Der Wissenschaftler Rovert Cialdini hat des Phänomen der *Reziprozität* genauer untersucht und festgestellt, dass der Mensch es kaum aushält, in der Schuld zu stehen. ...

Die *Reziprozität* ist ein uraltes Programm. Im Grunde sagt sie: ‚Ich helfe dir aus, du hilfst mir aus.' Wir finden Reziprozität bei all jenen Tierarten, bei denen die Nahrungsmenge hohen Schwankungen unterliegt. Angenommen, Sie sind ein Jäger und Sammler, und eines Tages haben Sie Glück und erlegen ein Reh. Das ist viel mehr, als Sie an einem Tag essen können. Kühlschränke gibt es noch nicht. Also teilen Sie das Reh mit Ihren Gruppenmitgliedern. Das gibt Ihnen die Möglichkeit, von der Beute der anderen zu profitieren, wenn Sie einmal einen Pechtag haben. Der Bauch der anderen ist Ihr Kühlschrank. Eine ausgezeichnete Überlebensstrategie. *Reziprozität ist Risikomanagement.* Ohne Reziprozität wäre die Menschheit – und unzählige Tierarten – schon längst ausgstorben.

Es gibt auch eine hässliche Seite der Reziprozität: die Vergeltung. Auf Rache folgt Gegenrache, und schon findet man sich in einem ausgewachsenen Krieg. Was Jesus gepredigt hat, nämlich den Teufelskreis zu unterbrechen, indem wir dem Angreifer auch die andere Wange hinhalten, fällt uns deshalb so schwer, weil die Reziprozität seit weit über 100 Millionen Jahren zu unserem soliden Überlebensprogramm gehört."[23]

23 Dobelli I, S. 25 ff.

Eigene Anmerkungen: ....

....

....

637 Diese Gegenseitigkeit als grundlegende Strategie des sozialen Verhaltens umschrieben die alten Römer mit do ut des = „Ich gebe, damit du gibst" oder auch quid pro quo = „dies für das". Auch die deutschen Sprichwörter „Eine Hand wäscht die andere" (lat.: manus manum lavat) oder „Wie du mir, so ich dir" gehören in diesen Kontext. Goethe dichtete dazu:

„Mann mit zugeknöpften Taschen,
Dir tut keiner was zulieb:
Hand wird nur von Hand gewaschen,
Wenn du nehmen willst, so gib!"

638 Freilich sei in diesem Zusammenhang auch erwähnt, und zwar neutral-beschreibend und ohne Wertung, daß eine weitere Facette der Reziprozität die Korruption ist. Ob diese, wertend, als als verdammenswürdig abgelehnt oder aber als (orts-)üblich und damit normal angesehen und deshalb praktisch gepflegt wird, ist indes nicht Gegenstand des vorliegenden Buches.

639 In der Fachliteratur zum deutschen Recht finden sich folgendes Ausführungen:

> Denn wenn schon auf das Wort an sich Verlaß sein muß, so mehr noch, wenn man es sich *wechselseitig* gegeben hat.
>
> **Der Vertrag steht damit Recht zeugend neben Gewohnheit und Gesetz.**
>
> Dabei empfängt der Vertragsgedanke seine Kraft nicht zuletzt aus der Gegenseitigkeit aller zwischenmenschlichen Beziehungen, aus ihrer *Reziprozität*, ...
>
> Daß aber der Vertrag zur Erfüllung verpflichtet, folgt, scheint mir, daraus, daß hier zum Prinzip der Konsequenz noch das der *Reziprozität* hinzutritt: indem sich die Partner einander wechselseitig verpflichten, opfert jeder dem anderen seine Freiheit, anders zu handeln; dieses Opfer muß jeder dem anderen durch die Erfüllung dessen entgelten, was der andere daraufhin erwarten darf, solange er die seinerseits geweckte Erwartung nicht enttäuscht.

Eigene Anmerkungen: ....

....

....

Doch hat jeder Versuch, ein Urphänomen erklären zu wollen, etwas Törichtes an sich. Der Vertrag aber ist ein Urphänomen, vielleicht *das* Urphänomen des Rechtes. Ohne den Satz *Pacta sunt servanda* könnte es Recht nicht geben, weil menschliches Zusammenleben ohne ihn nicht möglich wäre.[24]

3. Der Anspruch im rechtlichen Sinne

Der Begriff „Anspruchsdenken" ist doch eher negativ besetzt. Was hat es damit auf sich?

Juristisches Denken ist „Denken in Ansprüchen", das will sagen: 640
„Ist ein Anspruch entstanden, ist er durchsetzbar, ist er vernichtet?" 641
Das ist ein schlichtes, aber grundlegendes Denkwerkzeug.

Moralische Kategorien sind einem Werkzeug fremd: mit einer 642
Axt kann man Holzscheite oder Schädel spalten, mit einem Messer Gemüse schälen oder Gegner er- und zerlegen, mit Sprengstoff Bergwerksschächte abteufen oder Massenvernichtung betreiben. **Der Benutzer** ist es, der durch Festlegung von Ziel und Zweck und daraus folgend durch konkrete Anwendung eines - für sich neutralen - Werkzeugs die von *ihm* erwünschte Wirkung hervorruft.

Freilich: was für den Benutzer erwünscht ist, kann für jenen, *gegen* 643
den sich die Benutzung richtet, höchts unerwünscht sein. Doch dies ist nicht dem Werkzeug zuzuschreiben, sondern dessen Benutzer. *Dort* können Ethik, Anstand, (vermeintlich) ehrliche Moral oder per se heuchlerisches Moralin ansetzen; das Werkzeug an sich aber **ist**; es bleibt - benutzt oder unbenutzt - in der Welt und muß sich nicht für sein bloßes Vorhandensein ent-„schuld"-igen (lassen).

---

24 vgl. Rehfeldt, Bernhard: *Einführung in die Rechtswissenschaft.* Walter de Gruyter & Co, Berlin, 1962, S. 191 ff.

Eigene Anmerkungen: ....

....

....

644 Insofern mag es kritikwürdig sein, wenn Einzelne nur Ansprüche stellen, aber selbst keine erfüllen wollen, wenn sie nur nehmen wollen ohne zu geben - doch maßloser Egoismus ist eine persönliche Sache und keine des „Werkzeugs“ Anspruch.

645 Deshalb ist egoistisches „Anspruchsdenken“ scharf von der juristischen Arbeitstechnik „Denken in Ansprüchen“ zu unterscheiden.

Was ist dann ein ein Anspruch im rechtlichen Sinne?

646 Die Legaldefinition des Anspruchs ist § 194 I BGB zu entnehmen: „Das **Recht, von einem anderen ein Tun oder Unterlassen zu verlangen (Anspruch), ...“** Tun ist jede denkbare Handlung, z. B. Zahlung, Abgabe einer Willenserklärung, Herausgabe einer Sache. Unterlassen ist jedes denkbare Nichthandeln (Unterlassung von Wettbewerb, der Firmenführung), insbesondere auch das Dulden.

647 Daß ein Anspruch rechtlich begründet sein muß, liegt auf der Hand.

648 Den Anspruch geltend zu machen, heißt, ihn *einzufordern*. Daraus resultiert die - mehr oder weniger konkrete, belegte - *Forderung*. **Die Forderung ist also die „Verkörperung“ des Anspruchs** (selbst wenn
649 sie nur in Datenform oder mündlicher Form vorliegt). Mängel der Forderung vernichten zwar nicht den Anspruch, sie können aber seine praktische Durchsetzung hindern. Selbst Verjährung läßt den Anspruch bestehen; er ist dann nur nicht mehr durchsetzbar. Beachte aber den Unterschied zwischen Erlöschen von Ansprüchen und Verjähren:

650 Ansprüche können [rechtsvernichtend] untergehen (erlöschen), etwa durch unbeanstandete Annahme des Beförderungsgutes oder nach Fristversäumnis (z. B. § 438 III HGB: Ansprüche ... erlöschen, wenn ... nicht innerhalb von .. Tagen ... anzeigt. Dann greift die [rechtsvernichtende] Einwendung.

Eigene Anmerkungen: ....

....

....

Ansprüche können auch aus anderen Gründen erlöschen: z. B. durch Erfüllung, Unmöglichkeit der Leistung, ggf. Mitverschulden usw. 651

Anspruchsübergang durch Abtretung (Zession) [25]

Abtretung ist im Zivilrecht nach der Legaldefinition in § 398 BGB die Übertragung einer Forderung [eines Anspruchs] von dem übertragenden Gläubiger (Zedenten) auf einen empfangenden Gläubiger (Zessionar), der dann neuer Gläubiger des übernommenen Schuldners (Zessus) wird. Die Abtretung erfolgt durch einen Vertrag zwischen Zedent und Zessionar. 652

> **BGB – § 398 – Abtretung:** 653
> Eine Forderung kann von dem Gläubiger durch Vertrag mit einem anderen auf diesen übertragen werden (Abtretung). Mit dem Abschluss des Vertrags tritt der neue Gläubiger an die Stelle des bisherigen Gläubigers.

Im österreichischen Recht ist die Zession im Allgemeinen Bürgerlichen Gesetzbuch (ABGB) geregelt: 654

> **§ 1392 Cession.** Wenn eine Forderung von einer Person an die andere übertragen, und von dieser angenommen wird; so entsteht die Umänderung des Rechtes mit Hinzukunft eines neuen Gläubigers. Eine solche Handlung heißt Abtretung (Cession), und kann mit, oder ohne Entgeld geschlossen werden.
>
> **§ 1393 Gegenstände der Cession.** Alle veräußerliche Rechte sind ein Gegenstand der Abtretung. Rechte, die der Person ankleben, folglich mit ihr erlöschen, können nicht abgetreten werden. Schuldscheine, die auf den Überbringer lauten, werden schon durch die Übergabe abgetreten, und bedürfen nebst dem Besitze keines andern Beweises der Abtretung.

25 abgeleitet von lat. „cessio“ = Abtretung, Übergabe eines Besitzes

Eigene Anmerkungen: ....

....

....

§ 1394 **Wirkung.** Die Rechte des Übernehmers sind mit den Rechten des Überträgers in Rücksicht auf die überlassene Forderung eben dieselben.

§ 1395 Durch den Abtretungsvertrag entsteht nur zwischen dem Überträger (Cedent) und dem Übernehmer der Forderung (Cessionar); nicht aber zwischen dem Letzten und dem übernommenen Schuldner (Cessus) eine neue Verbindlichkeit. Daher ist der Schuldner, so lange ihm der Übernehmer nicht bekannt wird, berechtiget, den ersten Gläubiger zu bezahlen, oder sich sonst mit ihm abzufinden.

655 Im Zivilrecht der Schweiz ist die Zession im Schweizerischen Obligationenrecht (Fünfter Teil des Schweizerischen Zivilgesetzbuches) geregelt.

Art. 164 – A. Abtretung von Forderungen – I. Erfordernisse – 1. Freiwillige Abtretung – a. Zulässigkeit –

1 Der Gläubiger kann eine ihm zustehende Forderung ohne Einwilligung des Schuldners an einen andern abtreten, soweit nicht Gesetz, Vereinbarung oder Natur des Rechtsverhältnisses entgegenstehen.

2 Dem Dritten, der die Forderung im Vertrauen auf ein schriftliches Schuldbekenntnis erworben hat, das ein Verbot der Abtretung nicht enthält, kann der Schuldner die Einrede, dass die Abtretung durch Vereinbarung ausgeschlossen worden sei, nicht entgegensetzen.

656 Zweck der Zession ist es, Forderungen [Ansprüche], die bereits als solche einen Vermögenswert darstellen, ähnlich wie körperliche Sachen übertragen zu können. Durch die Übertragung verliert der Zedent[26] jede Beziehung zum Anspruch, während der Zessionar alle Rechte und Nebenrechte zum Anspruch erlangt - aber auch alle mit dem Anspruch verbundenen Pflichten und Obliegenheiten auf ihn übergehen.

26 Eselsbrücke: „Der Zedent flennt" - weil er den Anspruch verliert.

Eigene Anmerkungen: ....

....

....

Der Zessus, der Schuldner, ist von der Zession insofern betroffen, daß er nun einen anderen Gläubiger hat. **657**

Das hat die praktische Auswirkung, daß im Falle vorheriger Obliegenheitsverletzung des Zedenten (z. B. keine rechtzeitige Schadensanzeige) und dem daraus resultierenden Erlöschen von Ansprüchen nichts mehr zum Übertragen da ist; beim Zessionar lebt kein Anspruch wieder auf. Mit anderen Worten: **Eine Zession schützt nicht vor Anspruchsverlust.** **658** **659**

Die Zession ist deshalb von vornherein nutzlos, wenn der Anspruch nicht [mehr] besteht: Was nicht vorhanden ist, läßt sich nicht übertragen.

Neben der Zession durch Vertrag gibt es den Anspruchsübergang von Gesetzes wegen, die Legalzession[27]. **660**

Legalzession ist die Regel, wenn Geschädigte von einer Versicherung oder einem Versicherungsträger (Krankenkasse, Sozialhilfeträger, Berufsgenossenschaft usw.) entschädigt werden.[28]

Wann gilt „Wer fordert, muß beweisen"?

Grundsätzlich immer. Ausnahmen vom Grundsatz bestimmt das Gesetz, etwa bei der „strengen Befördererhaftung" oder bei der Gefährdungshaftung (Ansprüche aus dem Haftpflichtgesetz, aber auch aus Produkt- oder Tierhalter- oder Straßenverkehrshaftung usw.). **661**

Wo das Speziellere *keinen* Vorrang vor dem Allgemeineren hat, **662**

27 abgeleitet von lat. [die] „lex" (Einzahl, weiblich) = Gesetz, dazu „leges" = Gesetze (Mehrzahl, weiblich) und daraus abgeleitet „legal" = gesetzesmäßig, gesetzlich sowie „cessio" = Abtretung, Übergabe eines Besitzes.

28 z. B. § 86 I Satz 1 VVG [Versicherungsvertragsgesetz]: *Steht dem Versicherungsnehmer ein Ersatzanspruch gegen einen Dritten zu, geht dieser Anspruch auf den Versicherer über, soweit der Versicherer den Schaden ersetzt.* - Beachte, daß dies ein Konditonalsatz ist: nur *falls* der Versicherer [nachweisbar] gezahlt hat, geht der Anspruch auf ihn über, und dann auch nur in der gezahlten Höhe („*soweit*").

Eigene Anmerkungen: ....

....

....

weil die Voraussetzungen für die Anwendungen des Spezielleren fehlen, da greift automatisch das Allgemeinere. Dann gilt der Grundsatz: „Wer fordert, hat zu beweisen".

663 Die folgenden Ausführungen zeichnen es nach am Beispiel der außerordentlich wichtigen Unterscheidung zwischen der „strengen Befördererhaftung" und dem allgemeinen deutschen[29] Schadenersatzrecht.

664 Einleitend sei eine *Umkehrung des Prinzips* erwähnt, die bei „gesetzlichen Vermutungen", z. B. bei Gewahrsamshaftung gilt (also nur im Zivilrecht!). Die Beweislast ist *hier* umgekehrt, das heißt, der Beklagte muß haften, wenn er sich nicht entlasten kann.

Beispielsweise muß ein Beförderer für beschädigtes Gut grundsätzlich haften; das muß er jedoch nicht, wenn er beweisen kann, daß er durch einen privilegierten Haftungsausschlußgrund (höhere Gewalt etc.) von der Haftung befreit ist oder daß der Schaden durch Verschulden

---

29 Die Vertragsfreiheit gestattet es auch, daß sich die Partner bei **Rahmenverträgen** auf ein anzuwendendes Rechtssystem einigen. Bei Vertragspartnern aus verschiedenen Ländern ist es nicht ungewöhnlich, daß z. B. in Verträgen deutscher mit österreichischen Unternehmen österreichisches Recht vereinbart wird.

Daß dies deutschen Unternehmen - intern bei sich selbst - erhöhten Aufwand beschert, z. B. durch die Notwendigkeit der Erhöhung von Personalressourcen, weil ja das fremdländische Recht professionell gehandhabt werden muß, liegt auf der Hand, aber eben auch in der Eigenverantwortung jener deutschen Unternehmen. Diese sind regelmäßig ordentliche Kaufleute und [müssen] wissen, was sie tun oder lassen. Im Außenverhältnis handeln sie durch ihr - ebenfalls intern bei sich selbst eigenverantwortlich ausgewähltes und hinreichend qualifiziertes - Personal, dessen Handeln oder Unterlassen sie im Zweifel gegen sich gelten und wirken lassen müssen.

Falls und soweit dies die Rechtsposition eines deutschen Unternehmens schwächt oder dessen internen Aufwand erlösmindernd nach oben treibt, ist das nichts, womit sich der Vertragspartner befassen müßte.

Es dürfte schwer nachweisbar sein, was die Gegenseite wußte und forcierte oder wo sie nur das Glück hatte, auf Unbedarftheit zu treffen und daraus Nutzen zu ziehen. Ist es erst einmal soweit gekommen, wäre es eine Überlegung wert, wenigstens, das eigene Gesicht wahrend, den „guten Verlierer" zu geben und die Geschicklichkeit der Gegenseite nicht in Frage zu stellen - statt auch noch - Peinlichkeiten vergrößernd - zu jammern.
Empörung ist keine wirtschaftliche Kategorie und auch keine juristische.

Eigene Anmerkungen: ....

....

....

(mangelhafte Verladung od. dgl.) des Absenders verursacht wurde.

Die Fälle, in denen diese Beweislastumkehr zutrifft, sind gesetzlich 665
definiert.

Es ist denklogisch falsch, das Prinzip „Gewahrsamshaftung mit Ent- 666
lastungsmöglichkeit" auf andere Fälle von Forderungen anwenden zu wollen: die Gewahrsamshaftung der Eisenbahn *kann* nur in der Zeit von der Übernahme des Gutes bis zur Ablieferung greifen (§ 425 HGB; Art. 23 § 1 CIM). Wo es keinen Gewahrsam gab (vor der Übernahme und nach der Ablieferung), kann es auch keine Gewahrsamshaftung geben.

Auch behauptetes Verschulden oder behauptete Schlechterfüllung 667
von Verträgen fallen *nicht* unter die Gewahrsamshaftung.

Deshalb muß sich *dafür* der Beförderer nicht entlasten, sondern er darf den substantiierten Vortrag des Anspruchstellers abwarten und braucht erst auf diesen zu erwidern.

Aus diesen Denkfehlern resultieren oft unfruchtbare Diskussionen, 668
aufgeschaukelte Emotionen, unsachliche Verständnislosigkeit, ausufernde Schriftwechsel und damit im Ergebnis Arbeitszeitvergeudung.

Für Sachverhalte außerhalb der Gewahrsamshaftung (und außerhalb 669
der ähnlich strukturierten Gefährdungshaftung) gilt das Folgende:

Das kontinentaleuropäische Recht fußt auf römischem Recht, und auch bei unterschiedlichen Nuancen zwischen Ländern gelten die Grundsätze weithin. Diese besagen glasklar: **wer fordert, muß beweisen.**

Was ist denn mit dem bekannten Grundsatz „In dubio pro reo"?

Allgemein bekannt ist der Satz In dubio pro reo (iudicandum est): „Im 670
Zweifelsfalle (ist) für den Angeklagten (zu entscheiden)", die Unschuldsvermutung als Grundsatz der *Strafrechts*pflege; heute ist das Basis jedes

Eigene Anmerkungen: ....

....

....

rechtsstaatlichen Strafrechts. *Nach* dem Urteil kann *im Strafrecht* ein Souverän (Monarch, Präsident als gewählter Vertreter des Souveräns) „Gnade vor Recht" ergehen lassen. Dem Zivilrecht ist das fremd.

671 Im Zivilrecht ist der Grundsatz nur anders ausgedrückt, der Kern ist derselbe. Ob ein öffentlicher Kläger (Staatsanwalt) eine Strafe für den Angeklagten oder ob ein Privatmann Geld von einem anderen fordert, ist gleich: *wer fordert, muß beweisen*. Die direkte sprachliche Umkehrung des In dubio pro reo findet sich in dem lateinischen Rechtsgrundsatz In dubio contra actorem (Im Zweifelsfall gegen den Kläger).

672 Anders formuliert, galt im römischen Recht und gilt noch heute:

- probatio succumbit actori (Die Beweisführung trifft den Kläger.)
- actori incumbit probatio (Dem Kläger obliegt der Beweis.)
- affirmanti incumbit probatio (Dem Behauptenden obliegt der Beweis.)
- actore non probante reus absolvitur (Wenn der Kläger die Tatsachen nicht beweisen kann, obsiegt der Beklagte.)
- negativa non sunt probanda (Das Nichtbestehen von Tatsachen braucht nicht bewiesen zu werden.)
- ei incumbit probatio, qui dicit, non qui negat (Die Beweisführung obliegt dem, der einen Anspruch behauptet, nicht aber der bestreitenden Partei.).

673 Selbst eine probatio diabolica (teuflischer Beweis), das ist ein Beweis, der schwer oder gar nicht zu führen ist, obliegt dem Kläger. Warum sollte ein solcher Beweis auch dem Beklagten aufgebürdet werden?

674 Es ist also stark irreführend, wenn jemand, der einen Anspruch erhebt, *für sich* auch noch in dubio pro reo fordert. Das mag vulgäres Anspruchsdenken sein; „Denken in Ansprüchen" ist es nicht.

Der Anspruchsteller also muß seinen Anspruch beweisen - das in dubio pro reo **gilt für den, gegen den die Forderung erhoben wird.**

Eigene Anmerkungen: ....

....

....

Analogie zum Strafrecht: der Forderungsempfänger gilt so lange als 675
„unschuldig" und muß nichts zahlen, bis ihm seine „Schuld" bewiesen
worden ist. Im Zivilrecht heißt dies: „daß er etwas zu vertreten hat". 676

Ein Unterschied vom Strafrecht zum Zivilrecht ist jedoch wichtig. 677
Während - zumindest in Deutschland - das Strafgericht von Amts wegen
zur Erforschung der Wahrheit verpflichtet ist, trifft das im Zivilverfahren
nicht zu. Dort kommt es *allein* auf den Vortrag der Parteien an.

Die Parteien sind autonom und bestimmen selbst, was sie vor- 678
tragen wollen - und was nicht. Niemand darf sie zwingen, etwas zu
sagen, was sie nicht sagen wollen.

Tatsachen, die das Gericht kennt, selbst offenkundige, sogar solche, 679
die in der Zeitung standen, die ihm aber nicht vorgetragen wurden,
berücksichtigt es deshalb nicht, *darf es gar nicht berücksichtigen.*

Denn der Kläger, der Anspruchsteller, muß gewußt haben und 680
durfte autonom entscheiden, warum er diese (ggf. sogar offenkundigen)
Tatsachen nicht zu seinen Gunsten vorgetragen hat. Die Gründe können
vielfältig sein, gehen aber weder das Gericht noch den Anspruchsgeg-
ner etwas an. *(Spekulationen sind jedem erlaubt, aber sie bleiben*
rechtlich unerheblich):

- *Aus der Erörterung des vom Anspruchsteller Vorgetragenen* 681
könnten sich für Dritte gewisse Erkenntnisse ergeben, was für ihn
ungünstig wäre: Einblick in seine Interna wie Betriebsabläufe,
Kundenbeziehungen, Kalkulationen etc. Das will er nicht, des-
halb vermeidet er gezielt durch Nicht-Vortrag die für ihn nach-
teilige Erörterung.

  Das, was er verborgen halten wollte, gegen seinen Willen „ans 682
Licht zu zerren", wäre übergriffig, wäre unzulässiges Eindringen in
seine Autonomie; dem Gericht ist das schon von Gesetzes wegen

---

Eigene Anmerkungen: ....

....

....

verboten, doch auch der Anspruchsgegner sollte sich nicht seinerseits angreifbar machen durch unangemessene Übergriffigkeit.

Der Anspruchsteller darf verlangen: „Störe meine Kreise nicht, dringe nicht in meine Sphäre ein, ich denke und entscheide selbst, sag mir nicht, was ich zu tun und zu lassen habe!"

683 **Aus der Gegenperspektive betrachtet:** Der Anspruchsteller kann aber auch nicht nachträglich fordern: „Warum hast du nicht für mich gedacht, warum hast du mir nicht gesagt, was ich tun (oder lassen) muß, damit ich an dein Geld komme?"

684 **Schuldhaftes Nichtwissen ist nicht schutzbedürftig.**

- *Der Anspruchsteller müßte Aufwand treiben, um seine Forderungsberechtigung oder die Höhe seiner Forderung gerichtsfest zu beweisen*
685 - *Dieser Aufwand ist ihm schon vor- oder außergerichtlich zu*
686 *hoch (mit anderen Worten: es ist für ihn billiger, die Forderung ohne weiteres intern niederzuschlagen).*
687 - *Das Risiko, in einem Prozeß zu unterliegen, ist ihm zu hoch (auch hier ist es für ihn billiger, die Forderung nicht weiterzuverfolgen).*

688 Daraus hat sich der lateinische Rechtsgrundsatz entwickelt: quod non est in actis, non est in mundo: Was nicht in den Akten ist, ist nicht in der Welt.

689 Die Prozeßparteien sind daher gut beraten, ihre Hausaufgaben zu machen und alles Entscheidungserhebliche rechtzeitig schriftlich beizubringen. Das gilt für den Grund einer Forderung ebenso wie für ihre Höhe (haftungsbegründende und haftungsausfüllende Kausalität).

690 **Zum Beweis gehört die Darlegung in ungebrochener Kausalkette** (A führt zu B führt zu C ...), woraus sich die Forderung in der konkreten Höhe ergibt.

Eigene Anmerkungen: ....

....

....

Eine lose Schüttung unverbundener Belege reicht dazu nicht aus, denn 691
es ist nicht Aufgabe des Forderungsempfängers, die Arbeit des Forderungsstellers zu erledigen. [30]

Fehlender oder wirrer Vortrag des Fordernden *kann* deshalb nur 692
zum Ergebnis „Abweisung des Anspruchs" führen, sei es wegen rechtlicher Unbegründetheit oder wegen Unprüfbarkeit.

Prüfkriterium ist die Gerichtsfestigkeit: würde der Fordernde dort 693
voraussichtlich Erfolg haben, fängt das die prüfende Stelle vorgerichtlich ab; würde er vor Gericht voraussichtlich scheitern, ist auch ein Rechtsgrund zur Zahlung zu verneinen, die Forderung ist abzulehnen.

Sollte eine Haftung *dem Grunde nach* gegeben, aber der Höhe nach 694
(noch) nicht festgestellt sein, ist zu beachten: der Fordernde kann davon absehen, die Höhe seiner Forderung zu beweisen, z. B. durch Vorlage von Belegen, Verträgen usw. Es ist seine freie Entscheidung. Ob sie darauf beruht, daß er eigenen Aufwand scheut oder ob er Geschäftsgeheimnisse nicht offenlegen will, ist für den Forderungsempfänger nicht von Belang.

Praktisch bedeutet es, daß der Anspruchsteller mit dem Unterlassen 695
des Beweises auf diesen Teil seiner Anspruchs verzichtet: denn wie sollte ihm ein Gericht etwas zusprechen, was unbewiesen ist?

---

30 vgl. auch Rz. 86 im Ersten Buch: Rechtsberatung des Anspruchstellers, was er denn tun müsse, um seinen Anspruch durchzusetzen, ist erst recht keine Aufgabe des Forderungsempfängers.
Niemand muß gegen sich selbst ermitteln und dann noch die Ergebnisse der Gegenseite zur Verfügung stellen. Das wäre Handeln wider die eigenen Interessen, Selbstschädigung.
Für sich selbst kritische wie entlastende Tatsachen *intern* festzuhalten, um sie zur Abwehr des fremden Anspruchs zu nutzen, ist wiederum eine andere Sache, denn das geschieht zum Wohl des eigenen Unternehmens.
Sage nie alles, was du weißt, aber wisse immer, was du sagst!

Eigene Anmerkungen: ....

....

....

696 Wie sollte ihm eine Organisationseinheit, die strikt nach geltendem Recht ihre gerichtsfesten Entscheidungen zu treffen hat, etwas zugestehen, womit er vor Gericht scheitern würde?

697 Im Geschäftsverkehr kann es indes Kulanz geben, das heißt, Zahlung aus Entgegenkommen, ohne daß es dafür eine Rechtsgrundlage gäbe. Das aber ist eine rein kommerzielle Entscheidung, die nicht bei den am Recht orientierten Organisationseinheiten angesiedelt ist.[31]

Was ist eine Legaldefinition?

698 Als Legaldefinition[32] bezeichnet man die Definition eines Rechtsbegriffes in einem Gesetz. Dabei legt der Gesetzgeber in einer bestimmten Rechtsvorschrift selbst durch Definition im Gesetzestext fest, wie dieser Rechtsbegriff zu verstehen ist.

699 Viele häufig benutzte Begriffe, die von erheblicher rechtlicher Bedeutung sind, wurden aber *nicht* durch eine Legaldefinition näher bestimmt, weil der Gesetzgeber sie als bekannt voraussetzt (etwa der Begriff „Zins"). In solchen Fällen bleibt es bewußt der Rechtsprechung überlassen, für eine Auslegung zu sorgen. Beim Zinsbegriff haben das Reichsgericht und später der Bundesgerichtshof dies bereits getan.

700 Auch der Begriff „billig" und seine Ableitungen (billiges Ermessen, billige Entschädigung, billigerweise, Billigkeit, unbillig etc.) sind **nicht** legaldefiniert, obwohl sie im BGB oft auftauchen.[33]

Wenn der Gesetzgeber aber einen Begriff legaldefiniert hat, werden Umfang und Inhalt dabei für die Zwecke des Gesetzes festgeschrieben,

31 Näheres siehe Rz. 716 ff.

32 abgeleitet von lat. „definitio", bestehend aus „de" =von/ab und „finis" = Grenze, Ende sowie „legal" = gesetzlich, gesetz[es]mäßig, dieses wiederum von [die] „lex" (Einzahl, weiblich) = Gesetz und dazu „leges" = Gesetze (Mehrzahl, weiblich).

33 Näheres siehe Rz. 716 ff.

Eigene Anmerkungen: ....

....

....

in dem die Legaldefinition enthalten ist. Gesetzestechnisch kann sie

- bewußt eng gestaltet werden, was die Anwendbarkeit des betroffe- 701
nen Gesetzes im Alltag von vornherein einschränkt
- oder sie kann gezielt weit gehalten werden. 702

Daraus ergibt sich, daß manche gleichlautenden Begriffe je nach Gesetz 703
unterschiedlich legaldefiniert sind.

Eine *weite* Definition sorgt für eine umfassende Anwendbarkeit der 704
entsprechenden Bestimmungen.

Die Legaldefinition kann einen Begriff dabei bewußt anders als im 705
allgemeinen Sprachgebrauch üblich definieren[34] und so den Anwendungsbereich des Gesetzes erweitern oder einschränken.

Bei einigen Legaldefinitionen werden Begriffsmerkmale, die die All- 706
tagssprache als selbstverständlich empfindet, *nicht* übernommen.

Der Gesetzgeber benutzt das Mittel der Legaldefinition recht häufig. 707
Er geht dabei das Risiko ein, bei einer zu engen Definition nicht alle möglichen Anwendungsfälle zu erfassen, obwohl er ihre Erfassung
gewollt hätte (Gesetzeslücke) oder bei einer zu weiten Definition auch 708
jene Fälle zu erfassen, die nicht vom Gesetz erfasst werden sollten (Mitnahmeeffekt).

---

34 z. B. „Vater": während die Legaldefinition der Mutter sich noch mit allgemeinem Sprachgebrauch deckt: „Mutter eines Kindes ist die Frau, die es geboren hat." (§ 1591 BGB), ist es beim Vater etwas komplexer: „Vater eines Kindes ist der Mann,
1. der zum Zeitpunkt der Geburt mit der Mutter des Kindes verheiratet ist,
2. der die Vaterschaft anerkannt hat oder
3. dessen Vaterschaft nach § 1600d oder § 182 Abs. 1 des Gesetzes über das Verfahren in Familiensachen und in den Angelegenheiten der freiwilligen Gerichtsbarkeit gerichtlich festgestellt ist." (§ 1592 BGB).

Die alten Römer faßten es knapp zusammen: „Mater semper certa est" = Die Mutter ist immer sicher. - Weiterführende Betrachtungen zu Findel- oder sog. „Kuckucks"-Kindern seien an dieser Stelle abgebrochen. Sie würden zu weit vom Thema des vorliegenden Buches wegführen.

Eigene Anmerkungen: ....

....

....

709 Bei manchen definitionswürdigen Begriffen vermeidet der Gesetzgeber
bewußt eine Legaldefinition, weil sich deren Inhalt und Umfang im
Zeitablauf ändern kann und dadurch eine gesetzliche Regelung nicht
mehr mit der gegenwärtigen Rechtspraxis übereinstimmen würde.
710 Während in älteren Gesetzen wie dem BGB Legaldefinitionen spar=
samer verwandt wurden und bei der ersten Verwendung eines Begriffes
eingeflochten sind, ist es in neueren Gesetzen üblich, einen Katalog
711 von Definitionen voranzustellen. Letztere Gesetzgebungstechnik ist die
Folge europäischer und angloamerikanischer Einflüsse (Case law) und
erst seit dem Ende des 20. Jahrhunderts zu beobachten. [35]
712 Die Verwendung einer Legaldefinition führt dazu, daß alle am Rechts=
verkehr Beteiligten sich an den vom Gesetzgeber vorgegebenen Merk=
malen orientieren und Rechtsfolgen daraus ableiten können. Müssen
verschiedene Sachverhalte unter demselben Rechtsbegriff subsumiert[36]
713 werden, tritt nämlich für alle Fälle dieselbe Rechtsfolge ein. Durch
Inhalt und Umfang der Legaldefinition bestimmt der Gesetzgeber damit
auch, für welche Sachverhalte die Rechtsfolgen eintreten sollen und
für welche nicht.
714 Gesetzestechnisch ist eine Legaldefinition oft daran erkennbar, daß
der definierte Begriff in Klammern der gesetzlichen Definition folgt
oder vorangestellt ist.
715 Ein Beispiel aus dem deutschen Zivilrecht: *„Das Recht, von einem
anderen ein Tun oder Unterlassen zu verlangen (Anspruch), unterliegt
der Verjährung."* - § 194 I BGB - Dabei ist die Formulierung *„Das
Recht, von einem anderen ein Tun oder Unterlassen zu verlangen"* die
Legaldefinition des eingeklammerten Rechtsbegriffes *„Anspruch"*.

---

35 siehe auch bei „Rechtskreise, Rechtssysteme", Rz. 567 ff.
36 zur Subsum[p]tion siehe Rz. 748, Fußnote

Eigene Anmerkungen: ....

....

....

Wenn „billig" nicht legaldefiniert ist – was bedeutet es dann ?

Hier ist etwas Sprach- und Gesetzgebungsgeschichte nötig. Das Wort „billig" (ursprünglich mit ch: billich) bedeutete bis ins 17. Jahrhundert „angemessen". In dem Begriffspaar „recht und billig" umreißt „recht" das Geschriebene, das Kodifizierte, während „billig" das Ungschriebene, das dem allgemeinen Rechtsempfinden als angemessen Erscheinende darstellt. „Jemand billigt etwas" war also zu verstehen als: „jemand empfindet etwas als angemessen". Deshalb wurde „billige Preise" in der Kaufmannswerbung auch zunächst in dem Sinne verwendet: „nicht höher als angemessen". 716

Ein schleichender Bedeutungswandel in Handel und Gewerbe und damit in der Umgangssprache von „angemessen" hin zu „wohlfeil" zog sich durch das 18. und 19. Jahrhundert ; die spätere Entwicklung über „niedrigpreisig"[37] zur Bedeutungsverschlechterung „minderwertig" begann um die Wende zum 20. Jahrhundert und wurde massiv zu dessen Ende („Die können nur billig" oder „Qualität hat ihren Preis, das da ist bloß billig"). 717

Im ausgehenden 19. Jahrhundert, als zwischen 1874 und 1896 das BGB verfaßt wurde, war diese Bedeutungsverschlechterung noch nicht ins Rechtswesen eingedrungen. In der stark abstrahierenden Denkwelt der BGB-Verfasser bedeutete deshalb „billig" weiterhin „angemessen [auch, wenn es nicht ausdrücklich kodifiziert ist]". 718

Das zieht sich bis heute durch: „billig" im rechtlichen Sinne hat mit dem umgangssprachlichen Begriff zunehmend weniger zu tun. Es bleibt bei: angemessen (obgleich nicht gesetzlich niedergeschrieben).

37 Die gleiche umgangssprachliche Abwertung ist bei „preiswert" zu beobachten: ursprünglich „Es ist seinen Preis wert" (und dieser Preis kann durchaus hoch sein), ist auch dieses Wort im Wandel begriffen zu „niedrigpreisig" mit Tendenz zu „billig" im Sinne von „minderwertig".

Eigene Anmerkungen : ....

....

....

Ist „billig“ im rechtlichen Sinne dann das Gleiche wie „kulant“?

719 **Keineswegs!** Kulantes Verhalten (Kulanz) ist eine rein kommerzielle (kaufmännische) Angelegenheit, die sogar geltenden Recht zuwiderlaufen kann und darf.

In stark arbeitsteiligen Unternehmen wie z. B. bei der Eisenbahn geht das freilich einher mit unterschiedlichen Rollen und Befugnissen.
720 Die kommerzielle Risikobewertung spielt hinein, ebenso Aspekte der Wahrheit und Klarheit der Buchführung, des Vieraugenprinzips bei Zahlungen und der revisionssicheren Dokumentation.

721 Die strikt am Recht orientierten Abteilungen wie der Frachterstattungs- oder der Entschädigungsdienst prüfen und entscheiden ausschließlich nach rechtlichen Gesichtspunkten, andere Motive sind ihnen versagt. Wenn sie zu dem Ergebnis kommen: „es ist aus Rechtspflicht zu zahlen“, sind ohnehin alle Beteiligten zufrieden.

722 Kommen sie dagegen zu dem Schluß, daß ein Rechtsanspruch des Reklamanten *nicht* besteht, daß also seine Forderung abzulehnen wäre, dann darf der Vertrieb entscheiden, dem Reklamanten dennoch etwas zu zahlen (oder auf einen eigenen Anspruch zu verzichten[38]).

723 Die Befugnis zur und die Verantwortung für die Kulanzentscheidung liegt ausschließlich beim Vertrieb.

Wie kommt das?

724 Anders als die Billigkeit („nicht im Gesetz festgeschrieben, aber rechtlich angemessen“) basiert Kulanz auf kühlen kaufmännischen Überlegungen, auf reiner Zweckmäßigkeit. Der Zweck ist: ich will den Reklamanten

38 z. B. auf eigentlich zu erhebende Fracht. Bei einer durchgeführten Sendung, für die bei der Eisenbahn also schon Aufwand betrieben wurde, darf der Vertrieb aus Kulanz entscheiden, daß sie mit geringerer Fracht oder gar nicht abgerechnet wird. Die Abrechnungsstelle darf das nicht.

Eigene Anmerkungen: ....

....

....

als Kunden halten, auch wenn er Unrecht hat und ich im Recht bin. Denn am Ende bringt mir der Kunde Geld.

Das ist durchaus rational[39] und sollte nicht moralisierend bemäkelt werden (aber auch nicht vergötzt). Der Kaufmann will Geld verdienen, Rechthaberei darf sich hinten anstellen. Dort, wo er „Geld in die Hand nimmt", umgangssprachlich: „mit der Wurst nach der Speckseite wirft", verfolgt er seinen Unternehmenszweck: das Geldverdienen. **725**

Kulanz: *„coulant (frz., sprich kulang) steht sprachlich für fließend, gefällig, ungezwungen (in der Schreibart nachgiebig, willfährig, nicht kleinlich)"*[40] stellt also nicht auf das Rechtliche ab wie die Billigkeit. **726**

Die Beteiligten wissen, daß dem Fordernden das Geforderte eigentlich nicht zusteht, sondern daß er es nur aus Gefälligkeit erhält. **727**

Da solche Zahlungen nicht aus Rechtspflicht geleistet werden, erscheint meist im Schriftverkehr dazu auch ein entsprechender Hinweis: „ohne Anerkennung einer Rechtspflicht und ohne Präjudiz[41] für künftige, ähnlich gelagerte Fälle". **728**

Zu häufig gewährte Kulanz birgt die Gefahr, **729**

- daß sich der Anspruchsteller daran gewöhnt
- daß er seine Erwartungen steigert
- daß er allmählich wähnt, es wäre „Gewohnheitsrecht".

---

39 von lat. ratio (Substantiv, weibl.; Mz.: rationes) mit vielen Bedeutungen, u. a.: Vernunft, Einsicht, Überlegung; auch: Vorteil, Interesse, Erwägung, Berücksichtigung u. v. a. m. Ganz überwiegend wird „rational" mit „vernünftig", „von der Vernunft geleitet" verstanden.

40 Favreau, Dr. E. A. (Hrsg.): Vollständiges Fremd- und Sachwörterbuch. Dritte Auflage, vermehrt und verbessert von E. G. Hieronymi, Professor. Verlag Carl Heymann, Berlin, 1852.

41 Präjudiz: Vorwegnahme einer in der Zukunft liegenden rechtlichen Entscheidung

Eigene Anmerkungen: ....

....

....

4. Geltungsbereich und Auslegung

Gelten denn Gesetze nicht überall gleich?

730 Nein. Denn „überall" könnte man als „weltweit" mißverstehen.
Deshalb muß man unterscheiden nach

731 - Landesrecht,

732 - bei Bundesstaaten dem höherrangigen Bundesrecht und

733 - zwischenstaatlichem Recht (vereinfacht: Völkerrecht).

734 Völkerrecht bricht Bundesrecht, und Bundesrecht bricht Landesrecht.

735 Allerdings muß eine völkerrechtliche Norm durch den Bundestag ratifiziert werden; erst dadurch erlangt sie Gesetzesrang. Das ist zum Beispiel beim COTIF[42] der Fall, dem Übereinkommen über den internationalen Eisenbahnverkehr. Es ist in Europa, dem Maghreb und in Nahost anwendbar, und zwar in den Staaten, die es ratifiziert haben.

736 Der Anhang B zum COTIF ist die CIM[43], und über diesen Weg gilt
737 sie in Deutschland wie ein Gesetz. Ebenso verhält es sich mit der CMR[44] für den Straßengüterverkehr.

738 Internationale Vereinbarungen sind „Recht eigener Art" = „lex sui generis", und sie gehen dort, *wo sie anwendbar sind*, dem Bundes- bzw. Landesrecht vor (Völkerrecht bricht Bundesrecht). Dort, wo sie nichts regeln, also auch nicht angewendet werden können, greift dann
739 das Landesrecht. Das „lex sui generis" kann auch nicht nach Landesrecht ausgelegt werden, sondern es ist autonom (eigenständig) auszulegen.

---

42 Convention relative aux transports internationaux ferroviaires = Übereinkommen über den internationalen Eisenbahnverkehr.

43 Convention International concernant le transport des Merchandises par chemin de fer = Einheitlichen Rechtsvorschriften für den Vertrag über die internationale Eisenbahnbeförderung von Gütern.

44 Convention relative au contrat de transport international de marchandises par route = Internationale Vereinbarung über Beförderungsverträge auf Straßen

Eigene Anmerkungen: ....

....

....

Eine weitere Besonderheit solcher zwischenstaatlichen Vereinbarungen ist die - oft, aber nicht immer festgeschriebene - Anwendung einer im Zweifelsfalle anzuwendenden „authentischen Sprache". So heißt es z. B. im Protokoll von Vilnius von 1999, das die Basis für das heute gültige COTIF und in der Folge davon der heute anwendbaren CIM ist: *« Le présent Protocole est conclu et signé en langues française, allemande et anglaise.* ***En cas de divergence, seul le texte français fait foi.*** *»*, auf deutsch: „Dieses Protokoll ist in deutscher, englischer und französischer Sprache abgefasst und unterzeichnet. *Im Falle von Abweichungen ist der französische Wortlaut maßgebend."*[45] [46] *[Hervorhebung durch den Verfasser].* 740

Ähnlich, aber keineswegs deckungsgleich verhält es sich mit Normen der EG[47], die „in nationales Recht umzusetzen sind". Sie *basieren* zwar auf internationalen Verhandlungen und Vereinbarungen, gerinnen aber im Gesetzgebungsverfahren zu deutschem (Bundes-)Recht, das dann auch nach den deutschen Regeln auszulegen ist. 741

Außerdem gibt es *unmittelbar* geltende EG-Verordnungen (auch EG-Recht bricht Bundesrecht); für das Thema des vorliegenden Werks 742
bedeutend[48] sind daraus die Rom-I-Verordnung[49] und die Rom-II- 743
Verordnung[50]. 744

45 vgl. Zinkl, Daniela: *Französisch als internationale Kommunikationssprache in den Bereichen Bahn, Post und Olympische Spiele [Diplomarbeit].* Universität Wien, 2012, S. 39 ff.

46 Deshalb sind in diesem Buch die internationalen Bestimmungen zweisprachig abgedruckt.

47 EU (Europäische Union) ist ein politischer Begriff. Völkerrechtlich handelt es sich um die EG (Europäische Gemeinschaft). „EU-Recht" ist rechtlich unpräzise Umgangssprache.

48 Pragmatisch: wo für einen Sachverhalt bei einem internationalen Eisenbahntranspport die CIM als „lex sui generis" nicht greift, ist zu prüfen, ob nationales Recht (BGB etc.) oder die EG-Verordnungen anzuwenden sind.

49 VERORDNUNG (EG) Nr. 593/2008 DES EUROPÄISCHEN PARLAMENTS UND DES RATES vom 17. Juni 2008 über das auf **vertragliche** Schuldverhältnisse anzuwendende Recht (Rom I) - [Hervorhebung durch den Verfasser]

50 VERORDNUNG (EG) Nr. 864/2007 DES EUROPÄISCHEN PARLAMENTS UND DES RATES vom 11. Juli 2007 über das auf **außervertragliche** Schuldverhältnisse anzuwendende Recht („Rom II") - [Hervorhebung durch den Verfasser]

Eigene Anmerkungen: ....

....

....

Was ist die Auslegung von Gesetzen, Normen, Verträgen?

745 Während Laien dem Wortlaut des Gesetzes (der Norm, der Regel, des Vertrages etc.) oft große Bedeutung beimessen, ist er für Juristen nur eine von mehreren Auslegungsmethoden.

746 Ein Gesetz besteht regelmäßig aus zwei Teilen: dem Tatbestand und der Rechtsfolge. Ist der Tatbestand erfüllt, tritt die Rechtsfolge ein.

747 Da Gesetze stark abstrakt sind, müssen ihre Inhalte auf den konkreten Sachverhalt anwendbar gemacht werden (Rechtsanwendung). Dazu dient die Auslegung.

748 Untrennbar damit verbunden ist die Frage der Subsumption[51]: ob ein Tatbestand „unter dieser Norm subsumiert werden kann", ob er „unter diese Norm gezogen" werden kann, ob die Norm auf den Tatbestand anwendbar ist.[52]

749 Zur Auslegung des Gesetzes dienen heute vier klassische Auslegungsmethoden, welche durch Friedrich Carl von Savigny begründet und von anderen Rechtsgelehrten weiterentwickelt wurden.

750 1. **Grammatische Auslegung** (Wortlaut):
Der dem allgemeinen (oder auch einem besonderen gesetzlichen) Sprachgebrauch zu entnehmende Wortsinn dient der ersten Orientierung, denn mitunter läßt der allein unter grammatischen Aspekten ermittelte Wortsinn noch verschiedene Deutungsmöglichkeiten offen. Die Grenze liegt im Wortlaut:

Was jenseits des sprachlich möglichen Wortsinnes liegt, was also durch ihn eindeutig ausgeschlossen wird, kann nicht mehr im Wege der Auslegung ermittelt werden.[52]

---

51 auch ohne „p" zulässig: Subsumtion;
von lat. sub = unter und sumere = nehmen; Partizip II = sumptum

52 Die Frage, ob für eine Katze Steuern zu zahlen sind, kann nicht nach dem Hundesteuergesetz beantwortet werden, weil Katzen weder Hunde *sind* noch *als* Hunde *gelten*.

Eigene Anmerkungen: ....

....

....

2. **Historische Auslegung** einschl. der entstehungsgeschichtlichen (genetischen) Auslegung: 751

Dabei werden andere Materialien als Normtexte herangezogen, um „den Willen des historischen Gesetzgebers" zu ermitteln. Amtliche Begründungen und Parlamentsberatungen (Gesetzesmaterialien) spielen dabei eine wichtige Rolle.[53] 752

3. **Systematische Auslegung:** 753

Die systematische Auslegung beruht auf dem Gedanken, daß eine Rechtsordnung ein Ganzes bildet und deshalb jede Rechtsnorm so auszulegen ist, daß sie sich ins Ganze einfügt.

Bei der **äußeren** Systematik geht es um die Stellung einer Norm im Verhältnis zu anderen, ferner bei einzelnen Bestimmungen um das Verhältnis der Absätze und Sätze zueinander sowie um die Stellung, z. B. im Allgemeinen Teil oder im Besonderen Teil oder in einem bestimmten Abschnitt oder Titel des Gesetzes.[54] 754

Bei der **inneren** Systematik geht es um die Bewertung im Rahmen des Rechtssystems.[55] 755

---

53 Für das nationale Transportrecht z. B. die Bundestagsdrucksache 368/97 (Begründung zum Regierungsentwurf zur Novellierung des Transportrechtsgesetz).

54 z. B.: Nach § 842 BGB erstreckt sich die Pflicht zum Schadensersatz bei *Verletzung einer Person* auch auf Nachteile für den Erwerb. Besteht diese Verpflichtung auch bei Verletzung einer Vertragspflicht? Nein, denn § 842 BGB steht in „Titel 27, Unerlaubte Handlungen" und nicht in einem Abschnitt über Verträge. Diese Vorschriften des § 842 BGB beziehen sich demnach nur auf unerlaubte Handlungen, also nur auf Deliktsrecht und nicht auf Vertragsrecht.

55 z. B.: Nach § 823 I BGB muß Schadensersatz zahlen, „wer vorsätzlich oder fahrlässig das Leben, den Körper, die Gesundheit, die Freiheit, das Eigentum oder ein sonstiges Recht eines anderen widerrechtlich verletzt". Ist eine Forderung, etwa die Gehaltsforderung des Arbeitnehmers gegen den Arbeitgeber, oder das Vermögen als Ganzes ein solches „sonstiges Recht"? Die *aufgezählten* Rechte und Rechtsgüter (Freiheit, Eigentum, ...) sind absolut geschützt und von jedermann zu beachten. Aus dieser Systematik folgt, daß „sonstiges Recht" ein gleichermaßen absolut geschütztes Recht sein muss, wenn die genannten Einschränkungen nicht umgangen werden sollen. Folglich ist weder das Vermögen noch eine einzelne Forderung „sonstiges Recht" *im Sinne des § 823 I BGB.*

Eigene Anmerkungen: ....

....

....

756 Bei der systematischen Auslegung ist auch die „Normenpyramide“ zu beachten: höherrangiges Recht geht vor, die rangniedrigere Norm darf ihm nicht zuwiderlaufen[56]. Völkerrecht (soweit innerstaatlich ratifiziert) bricht Bundesrecht, Bundesrecht bricht Landesrecht, Landesrecht bricht kommunale Satzungen etc.

757 4. **Teleologische Auslegung** (nach Sinn und Zweck der Norm)[57]

Hierher gehört insbesondere die Frage nach dem „Schutzzweck der Norm“, also: wer (wessen Rechtsgut) soll durch diese Norm vor wem (z. B. dessen faktischer Übermacht) geschützt werden?

758 Mit all dem verbunden, ist eine Auslegungsmethode, die vom denkbaren Ergebnis, seinen Folgen und möglichen Rückwirkungen ausgeht. Die zwar „von hinten nach vorn denkt“[58] - doch von dort aus wieder in die Zukunft weist. So wie der τέλος, der Pfeil.

759 Der Richter kann sich nicht davor drücken, zu einer vertretbaren Entscheidung zu kommen und sie in der Urteilsbegründung festzuhalten. Dabei ist die folgende Überlegung elementar: „Wenn ich das Ergebnis für den konkreten Fall hier und heute für Recht erkläre - und später andere sagen: ‚Das muß genauso für mich gelten‘ - habe ich dann *jetzt* richtig entschieden? Im Sinne des Rechtsstaatsprinzips (es war erforderlich und geeignet und angemessen)? Im Sinne der Rechtssicherheit? Im Sinne des Rechtsfriedens? - Ist meine Entscheidung *für andere* von Willkür unterscheidbar, als an das Recht gebunden zu erkennen? **Bedenke, was du entscheidest - es könnte Allgemeingut werden. Bedenke, was du erbittest - es könnte dir gewährt werden.**

56 vgl. a. Rz. 603

57 von griechisch τέλος = eigentlich „der Pfeil“ (worauf also die Norm zielt), auch: Zweck

58 Die im Endeffekt dem Kategorischen Imperativ des Philosophen Immanuel Kant folgt: „Handle nur nach derjenigen Maxime, durch die du zugleich wollen kannst, daß sie ein allgemeines Gesetz werde.“

Eigene Anmerkungen: ....

....

....

Was ist „konkludent"?

Konkludent ist ein juristischer Fachausdruck und bedeutet **schlüssig**. 760

Er leitet sich ab vom lateinischen „conclusio" = Schlußfolgerung.

Am bekanntesten ist dies bei der logischen Figur des Syllogismus: 761
vom Obersatz (der praemissa maior) über den Untersatz (der praemissa minor) zur Schlußfolgerung (der conclusio).

– praemissa maior: Alle Menschen können sich irren. 762
– praemissa minor: Der Autor dieses Buches ist ein Mensch.
– conclusio: Der Autor dieses Buches kann sich irren.

(Er versucht, durch Sorgfalt Irrtümer zu vermeiden, ist aber nicht gegen sie gefeit.[59])

– praemissa maior: Alle Vögel können fliegen. 763
– praemissa minor: Der Spatz ist ein Vogel.
– conclusio: Der Spatz kann fliegen.

Achtung! Der Autor hat Sie, lieber Leser, hier bewußt in die Irre 764
geführt, damit Sie das Problem erkennen. **Hier** ist schon die praemissa maior unwahr - **und aus Unwahrem kann nichts Wahres erwachsen:**

– praemissa maior: Alle Vögel können fliegen. **Ach ja?!**
– praemissa minor: Der Pinguin [Strauß, Nandu] ist ein Vogel.
– conclusio: Der Pinguin [Strauß, Nandu] kann fliegen. **Wirklich?!**

Deshalb ist es unumgänglich nötig, schon die Prämissen auf 765
ihre Wahrheit hin zu prüfen!

---

59 gefeit = (durch Feenkraft) vor etwas geschützt; abgeleitet vom älteren „Fei", dann „Fee", ursprünglich aus dem lat. fata = Schicksal über normannisch / altfranzösisch (unter Verlust des t) fa'a zu fae und fay[e]; über Normannisch ins Englische (z. B. Morgan le Fay) und dort zu fairy gewandelt (fairy tales = Märchen).
Das *sehr* umgangssprachliche (eher zum Derben, gar zum Ordinären tendierende) „fairy" des US-amerikanischen Englisch mit Verbindung zu „a fairy, a faggot, a queer" ist damit nur noch locker sprachlich verbunden. Dennoch kann es im Sinne der Allgemeinbildung nicht schaden, auch diesen Zusammenhang zu kennen.

Eigene Anmerkungen: ....

....

....

766 Um auf das Rechtswesen zurückzukommen: schlüssiges Verhalten (konkludentes Verhalten) bedeutet, daß beide Parteien sich auch ohne Vorliegen einer *ausdrücklichen* Vereinbarung so verhalten, als läge eine vor.

767 Das *kann* das Leben erleichtern, hier illustriert an einem Extrembeispiel (resultierend aus der extremen Abstraktion des BGB):

1. Kunde kommt morgens zum Zeitungskiosk
   - (Kunde ist heiser, spricht nicht, winkt nur grüßend; Verkäufer ist von Hause aus maulfaul und freut sich, nicht sprechen zu müssen, sondern daß er nur zu winken braucht – *et vice versa*)
2. Verkäufer hatte seinen Aufsteller gefüllt, unter anderem mit „Deutschlands seriösester Tageszeitung"
3. Kunde sieht diese Zeitung mit Preisaufdruck „1,20 €"
4. nimmt die Zeitung aus dem Aufsteller
5. gibt an Zeitungsverkäufer zwei Münzen (2,– € + 20 Ct.) = 2,20 €
6. Zeitungsverkäufer gibt eine 1-€-Münze zurück
7. Kunde winkt grüßend und geht davon.

Ohne daß nur ein einziges Wort gesprochen wurde, sind hier zivilrechtliche Verträge geschlossen und erfüllt worden, und zwar allein durch konkludentes Verhalten:

[**BGB Buch 2: Recht der Schuldverhältnisse; Abschnitt 8: Einzelne Schuldverhältnisse; Titel 1: Kauf, Tausch; Untertitel 1: Allgemeine Vorschriften**]

§ 433 Vertragstypische Pflichten beim Kaufvertrag

(1) [1]Durch den Kaufvertrag wird der Verkäufer einer Sache verpflichtet, dem Käufer die Sache zu übergeben und das Eigentum an der Sache zu verschaffen. [2]Der Verkäufer hat dem Käufer die Sache frei von Sach- und Rechtsmängeln zu verschaffen.

Eigene Anmerkungen: ....

....

....

(2) Der Käufer ist verpflichtet, dem Verkäufer den vereinbarten Kaufpreis zu zahlen und die gekaufte Sache abzunehmen.

[BGB Buch 3: Sachenrecht; Abschnitt 3: Eigentum; Titel 3: Erwerb und Verlust des Eigentums an beweglichen Sachen; Untertitel 1: Übertragung]
§ 929 Einigung und Übergabe
[1] Zur Übertragung des Eigentums an einer beweglichen Sache ist erforderlich, dass der Eigentümer die Sache dem Erwerber übergibt und beide darüber einig sind, dass das Eigentum übergehen soll. [2] Ist der Erwerber im Besitz der Sache, so genügt die Einigung über den Übergang des Eigentums.

2. Verkäufer hat ein Angebot an jedermann (unbestimmte Menge möglicher Interessenten) zu einem Kaufvertrag unterbreitet (durch Aufstellen der Zeitung; der Angebotspreis ergibt sich aus dem Preisaufdruck „1,20 €" auf der Zeitung)
4. Kunde (konkrete natürliche Person aus der unbestimmten Menge möglicher Interessenten) akzeptiert das Angebot und gibt seine Willenserklärung ab, den Kaufvertrag abzuschließen, d. h. den Preis zu bezahlen und die angebotene Ware anzunehmen (indem er die Zeitung aus dem Aufsteller und seinem Portemonnaie die zur Bezahlung des Kaufpreises mehr als ausreichenden Münzen entnimmt) *Kunde hätte rein theoretisch (nach dem Entnehmen der Zeitung aus dem Aufsteller) noch die Möglichkeit, seine Willenserklärung vor Annahme des Angebots zu ändern auf: „Ich nähme die Zeitung ja gern, aber nicht für den ausgewiesenen Preis von 1,20 €, sondern nur für 90 Cent". Das heißt, er gäbe ein Gegengebot zum Angebot ab, das der Verkäufer annehmen oder ablehnen könnte.*

Eigene Anmerkungen: ....

....

....

Das ist indes eine rein akademische Gedankenspielerei: der eine kann nicht reden (heiser), der andere will nicht (maulfaul), und überdies halten beide unausgesprochen [konkludent!] den aufgedruckten Preis für nicht verhandelbar.

5. Kunde übergibt die Münzen (mehr als den [konkludent!] vereinbarten, aufgedruckten Kaufpreis – in der [konkludenten!] Erwartung, den überschüssigen Geldbetrag zurückzuerhalten)
6. Verkäufer gibt heraus
7. Der schuldrechtliche Kaufvertrag ist erfüllt; die sachenrechtliche Einigung und Übergabe des Eigentums (der Zeitung einerseits und der Münzen – mehr als gefordert und Rückgabe des Mehrbetrages) ist erfüllt.

768 Was hier an einem sehr einfachen Kaufvertrag illustriert wurde funktioniert in anderen Konstellationen nur bedingt.

769 Wenn z. B. die Parteien noch über einen Vertrag verhandeln, mag es sein, daß sie **Teile** davon vor Vertragsabschluß konkludent erfüllen, aber dadurch wird **nicht das gesamte Vertragswerk** gültig. Vielmehr entsteht Potential für Streit.[60] Solcher Streit ist vermeidbar, wenn beide Parteien erst zu Ende verhandeln, den fixierten Vertrag zeichnen und dann an die Erfüllung gehen.

Mangelnde Sorgfalt aus Ungeduld oder vorgeschobenem Zeitmangel sollten unterbleiben – oder späteres Jammern über die Folgen.

---

60 z. B. in folgender Konstellation: die Parteien verhandeln noch darüber, ob die Höchsthaftung bei Beschädigung auf 40 SZR/kg erhöht werden soll. Der Verkehr wird bereits aufgenommen, etliche Sendungen laufen ordnungsgemäß und werden auch zu den vereinbarten Frachtkonditionen abgerechnet. Nun wird eine Sendung so stark beschädigt, daß die Höchsthaftung ins Spiel kommt. Die höhere Haftungsgrenze ist aber noch nicht vereinbart (der Vertrag noch nicht gezeichnet), es bleibt bei der gesetzlichen Höchsthaftung. Konkludentes Verhalten liegt hier nur beim Teil „Ortsveränderung ./. Frachtzahlung“ vor.

Eigene Anmerkungen: ....

....

....

5. Die Hilfspersonen

Was ist ein Erfüllungsgehilfe?-

Erfüllungegehilfe ist, wer mit Wissen und Wollen des Schuldners bei Erfüllung einer dem Schuldner obliegenden Verbindlichkeit tätig wird. 770

In den Gesetzestexten, die für das vorliegende Buch wichtig sind, heißt es wörtlich:

BGB § 278 Verantwortlichkeit des Schuldners für Dritte 771

[1] Der Schuldner hat ein Verschulden seines gesetzlichen Vertreters und der Personen, deren er sich zur Erfüllung seiner Verbindlichkeit bedient, in gleichem Umfang zu vertreten wie eigenes Verschulden. [2] Die Vorschrift des § 276 Abs. 3 findet keine Anwendung.[61]

HGB § 428 Haftung für andere 772

[1] Der Frachtführer hat Handlungen und Unterlassungen seiner Leute in gleichem Umfange zu vertreten wie eigene Handlungen und Unterlassungen, wenn die Leute in Ausübung ihrer Verrichtungen handeln. [2] Gleiches gilt für Handlungen und Unterlassungen anderer Personen, deren er sich bei Ausführung der Beförderung bedient.

CIM Artikel 40 – Personen, für die der Beförderer haftet 773

[1] Der Beförderer haftet für seine Bediensteten und für andere Personen, deren er sich bei der Durchführung der Beförderung bedient, soweit diese Bediensteten und anderen Personen in Ausübung ihrer Verrichtungen handeln. [2] Die Betreiber der Eisenbahninfrastruktur, auf der die Beförderung erfolgt, gelten als Personen, deren sich der Beförderer bei der Durchführung der Beförderung bedient.

---

61 § 276 III BGB: „Die Haftung wegen Vorsatzes kann dem Schuldner nicht im Voraus erlassen werden." - wird hier nicht weiter vertieft, da zu wenig praxisrelevant.

Eigene Anmerkungen: ....

....

....

774 Umgangssprachlich: Erfüllungegehilfe ist jemand, der das tut, was der Schuldner tun müßte.

Das kann zutreffen,

775 1. wenn der Schuldner eine Leistung erbringen muß (also Leistungsschuldner ist), etwa die Beförderung eines bestimmten Gutes von A nach B oder

776 2. wenn der Schuldner etwas zahlen muß (also Geldschuldner ist), etwa der Absender die Fracht an den vertraglichen Beförderer.

777 Im ersten Fall kann der Leistungsschuldner (der vertragliche Beförderer, die Eisenbahn) Erfüllungsgehilfen auf Teilstrecken einsetzen (ausführende Beförderer, „Unterfrachtführer", auch Umschlagsunternehmen [„Terminals"] im Kombinierten Verkehr[62]).

778 Im zweiten Fall kann der Absender die Zahlung der Fracht [63]

- direkt durch einen Dritten erledigen lassen (Frachtzahlung durch Dritte; Sendung läuft „frei ..." bzw. „franko ...")
- „auf den Empfänger überweisen" (Sendung läuft „unfrei" bzw. „unfrankiert") - dann wird der Empfänger in bezug auf die Geldschuld zum Erfüllungsgehilfen des Absenders
  - der Empfänger kann seinerseits die Frachtzahlung durch einen Dritten erledigen lassen, bleibt aber in bezug auf die Geldschuld des Absenders dessen Erfüllungsgehilfe.

Dies ist die Basis. Das sind die Tabestände, die erfüllt sein müssen, damit die Rechtsfolge „Haftung" eintritt.

---

62 Das trifft nur zu, wenn die Eisenbahn die Terminmalleistung im Zuge einer „Transportkette" mitverkauft hat. Falls aber der Absender die Umschlagsleistung selbst direkt beim Terminalbetreiber eingekauft hat, ist dieser **kein** Erfüllungsgehilfe der Eisenbahn.
Der Gewahrsam (und damit die Gewahrsamshaftung) der Eisenbahn beginnt und endet in diesen Fällen an der Übergabestelle vom und zum Terminal.

63 Das ist **seine** Hauptpflicht aus dem Fracht-/Beförderungsvertrag.

Eigene Anmerkungen: ....

....

....

§ 278 BGB ist keine eigene Anspruchsgrundlage, sondern nur eine 779
Zurechnungsnorm. - Der Schuldner haftet für das Verschulden seines Erfüllungsgehilfen wie für sich selbst. Es ist eine **Haftung für fremdes** 780
Verschulden.

Der Erfüllungsgehilfe ist dabei **nicht** an Weisungen des „Geschäfts= 781
herrn" gebunden, er darf und soll vielmehr *eigenverantwortlich* als Gehilfe dessen Geschäfte erfüllen. Eben deshalb kann auch *ein anderer Unternehmer* Erfüllungsgehilfe sein.

Der Gläubiger muß sich mit dem Innenverhältnis zwischen seinem 782
Schuldner und dessen Erfüllungsgehilfen nicht befassen; er darf sich allein an den Schuldner halten.

Im oben skizzierten Fall, daß ein Absender (seine Hauptschuld: 783
Geldschuld = an den Beförderer zu zahlende Fracht)

- mittels Frankaturvermerk „unfrankiert" auf den Empfänger über=weist
  - und dieser qua Frachtzahlung dadurch zum Erfüllungsgehilfen des Absenders wird
    - und der Empfänger wiederum seinerseits einen Dritten mit der Frachtzahlung betraut
      - so daß dieser Dritte im Verhältnis zum Beförderer Erfül=lungsgehilfe des Erfüllungsgehilfen wird

dann muß sich im Falle, daß der Empfänger oder der Dritte die ge=schuldete Fracht nicht zahlt, derm Beförderer (die Eisenbahn) nicht mit dieser Kaskade aufhalten, sondern kann sich direkt an ihren Gegenpart im Beförderungsvertrag halten, nämlich den Absender.

Das greift sogar dann, wenn sie *Details* der Frachtzahlung mit dem 784
Empfänger oder dem Dritten vereinbart hat, denn diese spezielleren Vereinbarungen lassen die allgemeinen Regelungen unberührt.

Eigene Anmerkungen: ....

....

....

Was ist dann ein Verrichtungsgehilfe –
und worin unterscheidet er sich vom Erfüllungsgehilfen?

785 Verrichtungshilfe ist, wer von Weisungen des Geschäftsherrn abhängig ist. Typischerweise ist das bei Arbeitsverhältnissen der Fall; das Gesetz spricht hier von „Leuten" oder „Bediensteten", und diese sind nun einmal in der Hierarchie des Geschäftsherrn weisungsgebunden.

786 Das Rechtskonstrukt des Verrichtungsgehilfen ist dagegen nicht ohne weiteres anwendbar bei selbständigen Unternehmen, denn diese sind wegen der *fehlenden* Weisungsgebundenheit Erfüllungs- und keine Verrichtungsgehilfen.

787 § 831 BGB ist eine **eigene Anspruchsgrundlage** (und nicht nur eine Zurechnungsnorm wie § 278 BGB).

788 Der Schuldner haftet **für eigenes Verschulden**, kann sich aber auch entlasten (exkulpieren).

789 **BGB § 831 Haftung für den Verrichtungsgehilfen**

(1) [1] Wer einen anderen zu einer Verrichtung bestellt, ist zum Ersatz des Schadens verpflichtet, den der andere in Ausführung der Verrichtung einem Dritten widerrechtlich zufügt. [2] Die Ersatzpflicht tritt nicht ein, wenn der Geschäftsherr bei der Auswahl der bestellten Person und, sofern er Vorrichtungen oder Gerätschaften zu beschaffen oder die Ausführung der Verrichtung zu leiten hat, bei der Beschaffung oder der Leitung die im Verkehr erforderliche Sorgfalt beobachtet oder wenn der Schaden auch bei Anwendung dieser Sorgfalt entstanden sein würde.

(2) [1] Die gleiche Verantwortlichkeit trifft denjenigen, welcher für den Geschäftsherrn die Besorgung eines der im Absatz 1 Satz 2 bezeichneten Geschäfte durch Vertrag übernimmt.

Eigene Anmerkungen: ....

....

....

Der Geschäftsherr haftet also (nur) für die falsche Auswahl, Anleitung und Beaufsichtigung des Gehilfen.[64] 790

Kann er beweisen, daß er diesen Pflichten ordnungsgemäß nachgekommen ist, hat er sich exkulpiert[65] und ist von der Haftung frei. 791

Insofern kann es für den Anspruchsteller nachteilig sein, wenn er auf Verschulden eines Verrichtungsgehilfen statt auf das eines Erfüllungsgehilfen abstellt, weil sich dann sein Anspruchsgegner entlasten kann. 792

Wie der Anspruchsteller argumentiert, ist dessen Sache; irrt er, darf der Anspruchsgegner daraus Nutzen ziehen. Das entpricht dem Prinzip der Waffengleichheit vor Gericht und dem Bild der Waage der Justitia. 793

---

64 lat.: cura (Mz.: curae) = Pflicht(en)
und bei Verstoß dagegen culpa (Mz.: culpae) = Verschulden bei ...
cura / culpa in eligendo = bei der Auswahl
cura / culpa in instruendo = bei der Anleitung, Erklärung, Ausbildung, Instruktion
cura / culpa in custodiendo = bei der Überwachung.
Als generalisierender Begriff findet sich (nicht auf die Anwendung des § 831 BGB beschränkt) die culpa in organisando = das Organisationsverschulden: Der Betreffende (der „Idealkaufmann", der „Idealfrachtführer" oder „Idealbeförderer") war nicht gehindert, alle Sorgfalt anzuwenden, um schädigende Ereignisse zu vermeiden oder ihre Auswirkungen zu mindern. Hat er dies unterlasssen, trifft ihn die volle culpa ... - es sei denn, er kann mitwirkendes Verschulden (§ 254 BGB) der Gegenseite beweisen, dann wird der Schaden „gequotelt".
Das greift indes nur bei Unternehmen, bei ordentlichen Kaufleuten im Sinne des HGB, weil sie aus ihrer Geschäftstätigkeit Nutzen ziehen und deshalb zu besonderer Sorgfalt (den curae) verpflichtet sind. Dem „einfachen Mann", dem Verbraucher, der natürlichen Privatperson, hat der Gesetzgeber diese sehr weitgehenden Pflichten nicht auferlegt.

65 § 831 I Satz 1 kodifiziert insofern eine Haftung für *vermutetes Verschulden*.
Satz 2 nennt die Ausnahmen, die das gesetzlich vermutete Verschulden beseitigen.
Die Beweislast liegt bei dem, der sich entlasten (exkulpieren) will. Gelingt ihm dieser Beweis nicht, greift automatisch Satz 1.

Eigene Anmerkungen: ....

....

....

794 **Gibt es noch andere Rechtsbeziehungen eines „Geschäftsherrn" ?**

Ja, und zwar zwischen „Geschäftsherrn" und „Geschäftsführer" bei der „Geschäftsführung ohne Auftrag" nach § 677 ff. BGB. [66]

Was gibt es bei Gefälligkeitshandlungen zu beachten?

795 Gefälligkeitshandlungen sind grundsätzlich unentgeltlich. Geht allerdings etwas schief und entsteht *dadurch* ein echter Schaden, *kann* der aus Gefälligkeit Handelnde zum Schadenersatz verpflichtet sein.

796 Andererseits kann jener, der sich die unentgeltliche Gefälligkeit hat erweisen lassen, nicht die gleichen Ansprüche stellen, die er aus einem entgeltlichen Vertrag (und dessen Verletzung) ableiten könnte.[67]

---

66 Allerdings kann dies im vorliegenden Buch nicht näher besprochen werden, weil es dessen Umfang sprengen würde. Hier kann der Autor nur auf Spezialliteratur verweisen.

67 Auch bei diesem Thema muß der Autor auf weiterführende Fachliteratur verweisen, denn es entfernt sich zu weit vom „Schaden im Güterverkehr".

Eigene Anmerkungen: ....

....

....

Drittes Buch.

Allerlei Nützliches.

1. Handwerkliches (Bürokunde).

Warum ist „Schriftgutorganisation“ im „papierlosen Büro“ nötig?

1. Weil erstens das „papierlose Büro“ ein Aberglaube ist. Ein leider sehr weit verbreiteter, durchaus „moderner“, aber doch ein Aberglaube. 797
2. Weil zweitens „Schriftgut“ nicht körperlich zu existieren braucht, damit man es professionell handhaben muß. Denn auch „unkörperliche“ Daten bedürfen der „Organisation“; hier geht es um das Denk- und Arbeits**prinzip**, um die Struktur - und nicht um das Medium, auf dem die Information konserviert ist. 798

Fallakten, die in mancher Organisationseinheit den Hauptanteil des Schriftgutes ausmachen, sind eine Sonderform der Sachakte. Die Haupt*sache* (Steuer- oder Schadensangelegenheiten, Ermittlungs- oder Gerichtsverfahren) liegt schon fest; wegen der Vielzahl gleichartiger Akten 799

Eigene Anmerkungen: ....

....

....

sind sie - in zweiter Ebene, zur Ableitung - numerisch, alphanumerisch oder chronologisch *gereiht*.

800 Bei der Arbeit mit Akten sind meist Registraturhilfsmittel wie Sachregister, Stichwortverzeichnisse, Querverweis- und Konkordanztabellen erforderlich.

Schriftstück, Vorgang, Akte

801 Vorweg: der Vorgang im hier besprochenen Sinne meint *nicht* ein chronologisches Vorgehen, sondern eine Anzahl von Schriftstücken.

802 Gern übersehen, aber wichtig ist die Tatsache, daß die Zuordnung von Sachverhalten immer Sache der bearbeitenden Stelle ist, denn sowohl der Betrachtungswinkel als auch die innere Organisation von Absender und Empfänger sind nie deckungsgleich. Ein Produktionsbetrieb ist nun einmal anders strukturiert als eine Behörde oder eine Anwaltskanzlei.

803 Ein Schriftstück bezieht sich im Idealfall auf *einen* Sachverhalt und nicht auf mehrere.[1] Dieser Sachverhalt kann neu sein, dann entsteht daraus ein neuer Vorgang. Das Schriftstück kann sich aber auch auf einen bekannten, bereits bearbeiteten Sachverhalt beziehen, dann dürfte es dazu schon einen Vorgang geben. Dann wird das neue Schriftstück „z. Vg." (zum Vorgang) genommen.

---

1 Ein Schriftstück = ein Vorgang (= ein Aktenzeichen) läßt sich nur anstreben, wird sich aber nie ganz erreichen lassen. Sei es, daß es der Einsender nicht besser weiß (und ohnehin nicht gezwungen werden kann), sei es, daß er einen anderen Betrachtungswinkel hat: was für ihn *eine* Sache ist, kann beim Empfänger durchaus mehrere OE betreffen und dort verschiedene Sachverhalte = Vorgänge bilden.
Ähnliches gibt es übrigens in der Buchhaltung: die eine Seite komprimiert und saldiert nach *ihren* Bedürfnissen und kommt zu *einer* Banküberweisung, während die andere Seite verzweifelt versucht, den Betrag wieder zu zerlegen und den Vorgängen auf ihrer Seite zuzuordnen. Bei der extremen Formalisierung der Datensätze und längenbegrenzten Eingabefeldern, z. B. für Referenzen, ist das für die Buchhaltung nicht immer erfreulich.

Eigene Anmerkungen: ....

....

....

Ein Vorgang wiederum kann selbst genug Stoff enthalten, daß daraus am Ende eine eigene Akte gebildet wird, oder aber mehrere sachlich zusammenhängende Vorgänge werden zu einer Akte vereint.

Sehen wir es uns einmal an folgenden Beispielen an:

Ein Stammkunde hat etwas bestellt, das auf mehrere Teillieferungen **804**
aufgeteilt werden muß. Eine dieser Lieferungen ist überfällig, er erkundigt sich beim Lieferanten nach dem Verbleib - das ist das Schriftstück. Dazu gibt es schon einen Vorgang, nämlich die aktuelle Bestellung. Dieser Vorgang ist Bestandteil der schon vorhandenen Kundenakte.

Ein Bürger beklagt sich bei den Verkehrsbetrieben, daß neuerdings **805**
die Straßenbahn nahe seiner Wohnung in den Kurven laut quietscht - das ist das Schriftstück. Den Verkehrsbetrieben ist das neu (der Sachverhalt ist bisher unbekannt), hieraus entsteht ein neuer Vorgang. Weitere Bürger beschweren sich über den ungewohnten Lärm (weitere Schriftstücke) - der Sachverhalt ist inzwischen bekannt, die Schriftstücke werden zu diesem Vorgang genommen. Beschwerden aus anderen Stadtvierteln (weitere Schriftstücke) kommen herein, das wird zunächst als eigener Vorgang behandelt. Die Vorgänge landen schließlich vereint in einer gemeinsamen Akte.

Die Verkehrsbetriebe beauftragen einen Gutachter mit der Ursachenforschung und Lösungssuche. *Für ihn* sind die Schriftstücke, Vorgänge und Akten der Verkehrsbetriebe unerheblich, denn aus *seinem* Betrachtungswinkel ist nur die technische Seite interessant. Er wird deshalb das Material nach *seinen* Befürfnissen ordnen, registrieren und ablegen.

Bei einer Eisenbahnbeförderung wird Ware beschädigt, der Kunde **806**
verlangt Schadenersatz - das ist das Schriftstück. Beim Entschädigungsdienst wird dies sofort als eigener Vorgang = eigene [Fall-]Akte registriert - hier sind also Vorgang und Akte erst einmal deckungsgleich.

Eigene Anmerkungen: ....

....

....

807 Ist der Kunde mit einer Entscheidung nicht einverstanden, z. B. mit der der Kürzung seiner Forderung, macht er das in einem neuen Schriftstück deutlich, das zu *diesem* Vorgang (und so zu *dieser* Akte) kommt.

808 Ein anderer Schaden desselben Kunden dagegen ist ein anderer Sachverhalt, gehört zu einem anderen Vorgang und damit zu einer anderen Akte - und wird selbstverständlich unter einem *eigenen* Aktenzeichen registriert.

809 Ablauforganisatorisch ergibt sich also, daß Schriftstücke zum Vorgang und Vorgänge zu den Akten genommen werden.

810 Pragmatisch folgt daraus, daß alle Beteiligten etwas davon haben, sowohl das eigene als auch das fremde Fundmerkmal in **jedem** Schriftverkehr zum Sachverhalt zu nennen (Ihr Zeichen ./. unser Zeichen). So kann man zum Beispiel vermeiden, daß der Empfänger das neue Schriftstück erst einmal auf den Stapel der Neueingänge legt („das registriere ich später und bearbeite es dann").

811 Es setzt voraus, daß man selbst mit solchen Ordnungsmerkmalen arbeitet. Hält man das für die eigene Organisation für unnötig, sollte man wenigstens aus Höflichkeit der anderen Seite *ihr* Fundmerkmal mitliefern - und das läßt sich papierbasiert ebenso machen wie papierlos.

Ein modernes Ärgernis: zu bequeme E-Mail-Weiterleitung

812 Eine Tendenz der Neuzeit - durch bequeme Weiterleitung von E-Mails und Dateien - zeigt sich besonders in solchen Organisationen, die keine wirkliche elektronische Vorgangsbearbeitung haben, in denen aber die Strukturkenntnisse der klassischen papierbasierten Arbeit schon verkümmert sind.

813 Zum Beispiel so: eine Information kommt per E-Mail herein, man beginnt mit einer Bearbeitung, speichert schon einiges Zwischenmaterial,

Eigene Anmerkungen: ....

....

....

z. B. Ermittlungsergebnisse oder Belege, stellt dann fest, daß eine andere Stelle sachlich zuständig ist - und handelt ab hier inkonsequent.

Wenn eine andere Abteilung zuständig ist, ist das Zwischenmaterial entbehrlich, belastet nur die eigene Dateiablage, macht sie unübersichtlich. Es gibt keinen Grund, es gespeichert zu lassen. Dennoch wird so etwas gern „aufbewahrt", um nach geraumer Zeit nochmals mit Arbeitszeiteinsatz gesichtet, als überflüssig erkannt und dann beseitigt zu werden.

Die sachlich zuständige Stelle aber wird nicht etwa mit den schon zusammengetragenen Dateien versorgt, sondern erhält nur die bequem weitergeleitete Urnachricht. Mit viel Glück wird ihr eine kurze Begründung mitgeliefert; oft aber auch das nicht - wozu auch, bloßes Weiterleiten mit: „bitte übernehmen" ist ja am bequemsten. Also beginnt *dort* das Ermitteln und Zusammentragen von Informationen neu, denn es gibt ja in der weitergeleiteten E-Mail keine Hinweise auf die Vorarbeiten.

Ein weiterer Zeitfresser ist der sinnlos aufgblähte E-Mail-Verteiler. 814

Unnütze E-Mails sind virtuelle Umweltverschmutzung!

Sie verbrauchen Speicherplatz und Übertragungskapazität, sie kosten Zeit beim Verfassen und beim Lesen. Die vergeudete Zeit fürs Lesen steigt mit jedem Kopie-Empfänger, der nicht zwingend mit der Sache zu tun hat.

So etwas mag weit verbreitet und deshalb „normal" sein, zweck- 815
mäßig ist es nicht. Eher zeugt es von Rücksichtslosigkeit gegenüber der anderen Stelle, der man die Mehrarbeit ersparen könnte und im Endeffekt auch gegenüber dem eigenen Unternehmen, dem man so durch vermeidbaren Aufwand Arbeitszeit stiehlt.

Eigene Anmerkungen: ....

....

....

2. Sprache als feingeschliffenes Werkzeug

Einführung

816 Die Sprache, genauer: die Muttersprache, ist das Werkzeug schlechthin für jeden Geistesarbeiter - sei er nun Jurist oder Kaufmann, Chef oder Mitarbeiter, Anbieter oder Käufer, Lieferant oder Empfänger, Anspruchsteller oder Anspruchsgegner, Ingenieur oder Verwalter.

Bei der Benutzung dieses Werkzeugs sind allerdings Mißverständnisse an der Tagesordnung, weil einzelne Begriffe - je nach Alter, örtlicher Herkunft, Bildung, Übung - vom jeweiligen „Sender" und „Empfänger" unterschiedlich aufgefaßt werden können,

- sachlich (Inhalt, Trennschärfe, Fachbegriff vs. Umgangssprache) oder
- gefühlt (Konnotation).

817 Manche Mißverständnisse sind vermeidbar, andere müssen ausgeräumt werden. Zur Vorbeugung, um sie also zu vermeiden, sind tiefergehende Kenntnisse - neben dem nötigen Interesse - sehr hilfreich.

trennscharfe Begriffe vs. literarischer Ausdruck

818 In der Schule lernen wir (?)[2], daß „Eintönigkeit" einem schönen Ausdruck abträglich sei und daß deshalb jeweils andere Begriffe verwendet werden sollten. So weit, so gut, so hinnehmbar, solange es literarische Arbeiten betrifft, Schöngeistiges, ideo-, polito-, theo- oder soziologische Themen betrifft, kurz, solange der Verfasser des Aufsatzes eher dem Diffusen als dem Konkreten zuneigt.

2 In der Schulzeit des Verfassers in den 70er/80er Jahren des verflossenen Jahrhunderts war das noch so. Die Güte heutiger Schriftsätze läßt Zweifel aufkommen, ob dergleichen überhaupt noch an den Schulen gelehrt wird.

Eigene Anmerkungen: ....

....

....

Sobald es aber um Ausrichtung am Ergebnis geht, um harte Fakten 819
und Eindeutigkeit, führt dies in die Irre. Beispielhaft seien hier Natur- und Ingenieurwissenschaften genannt und auch das Rechtswesen.

Für die flüssige, zeitsparende, irrtumsarme Zusammenarbeit zwischen 820
allen Beteiligten ist die Verwendung eines gemeinsamen Bestandes an eineindeutigen, mit einem anderen Wort: trennscharfen Begriffen von Vorteil. Falls nicht „großräumig“ und als „Gesamtbestand“ verfügbar, können zumindest behelfsweise einzelne trennscharfe Begriffe nützlich sein.

Trennscharfe Begriffe sind ein extrem wichtiges Werkzeug. 821
Denn eine umgangssprachliche Begriffsunschärfe führt oft dazu, daß man aneinander vorbeiredet, weil man gar nicht erkennt, was die andere Seite wirklich meint. Das führt in der Folge zu Zeitaufwand (und Personalzeit kostet Geld!), nur um herauszuarbeiten, wovon beide Seiten jetzt gerade *nicht* reden - oder wo es zufällig und glücklicherweise doch deckungsgleiche Begriffsinhalte gibt.

Doch das wäre allein zu einfach, denn wo wären wir ohne das Gegen- 822
stück, ohne die andere Seite der Medaille, ohne die Synonyma: das sind Bedeutungsgleichheiten für dasselbe „Ding“ bei anderer Benennung, z. B. im Reiseverkehr Fahrkarte, Fahrschein, Fahrausweis, Ticket.

Aber Vorsicht: genau das ist irreführend, wenn nämlich diese Syn- 823
onyma *nur scheinbar* [3] dasselbe „Ding“ bezeichnen, sich beim näheren Hinsehen aber - letztlich doch wichtige - Unterschiede in Details herauskristallisieren, weil am Schluß nur ein ähnliches „Ding“ bezeichnet

3 „Anscheinend“ und „scheinbar“ werden in der Umgangssprache oft begrifflich nicht getrennt, obwohl es einen Bedeutungsunterschied gibt: „anscheinend“ = es hat den Anschein, es ist plausibel, es wird wohl so sein, wahrscheinlich ist es so.
Dagegen: „scheinbar“ = es scheint nur so, es sieht nur so aus als ob, ist aber anders.
Man kann sich behelfen, indem man in Gedanken ein „nur“ davorsetzt (wie oben im Text).

Eigene Anmerkungen: ....

....

....

wird, aber keineswegs das Gleiche und noch viel weniger (ein und) dasselbe.[4]

824 Details und konkrete Beispiele finden sich im jeweiligen Fachkapitel, hier seien lediglich erste Unschärfen aufgelöst und ein Einblick gegeben.

825 Ein Frachtbrief ist etwas anderes als ein Frachtbriefdoppel, ein Versandschein oder eine Frachtkarte und erst recht als ein Datenabbild eines Frachtbriefs, und sie alle unterscheiden sich wiederum vom Wagenbrief und dessen Datenabbild - obwohl alle sehr ähnlich aussehen.

826 Der Auftragstag kann sich vom Abfertigungstag, dem Versandtag und dem Abfahrtstag kraß unterscheiden.

827 Ein Absender muß nicht identisch mit dem Frachtzahler sein und ist wieder etwas anderes als ein vom Wagenhalter befugter Dritter.

828 Eine Schadensanzeige ist von einer Haftbarhaltung zu unterscheiden, und beide sind kein (bezifferter) Entschädigungsantrag, auch kein Frachterstattungsantrag (aber sie alle können eine „Reklamation" sein).

829 Die Textform ist etwas anderes als die Schriftform, eine Einwendung etwas anderes als eine Einrede, Besitz nicht gleich Eigentum, Vertretenmüssen ist nicht dasselbe wie Verschulden, unerlaubt ist nicht gleichbedeutend mit verboten.

830 Beim *echten* Synonym, beim *gleichbedeutenden* Begriff für ein anders benanntes „Ding" haben wir den inhaltlichen Gleichlauf von „Frachtführer" aus dem Handelsgesetzbuch (HGB) als nationalem Recht und dem „Beförderer" aus dem internationalem Recht (CIM). Spricht man über das jeweilige Fachgebiet, also über das innerstaatliche (nationale) oder über das zwischenstaatliche (internationale) Recht, dann ist

---

4 „Das Gleiche" und „dasselbe" wird auch gern verwechselt; auch hier hilft der Trick, sich bei „dasselbe" ein „ein und" dazuzudenken.
„Das Gleiche" = es gleicht dem anderen nur (ist aber nicht identisch).
„Dasselbe" = es ist identisch, es ist „ein und dasselbe".

Eigene Anmerkungen: ....

....

....

die Verwendung der verschiedenen Begriffe sachgerecht - aber sobald man sich eine Ebene höher begibt, stärker abstrahiert und *beide* Fachgebiete abdecken will, beginnen die sonst trennscharfen Begriffe zu verschwimmen. Auf dieser Ebene macht es keinen Unterschied mehr, ob man vom „Beförderer" oder vom „Frachtführer" redet. **831**

Ähnlich ist es bei der synonymen Verwendung der Begriffe „Schadenersatz" und „Entschädigung". Sowohl das HGB als auch die CIM verwenden sie wahlweise gleichbedeutend. Die Feinunterscheidung aus anderen Rechtsgebieten, die zwischen dem bis zum letzten Cent nachgewiesenen Schadenersatz und einer eben nicht exakt bezifferbaren Entschädigung („nach billigem Ermessen") trennt, findet im Transportrecht nicht statt. **832**

Dies mag auch damit zusammenhängen, daß die Sprachen der CIM (traditionell „authentisch": Französisch; daneben Deutsch und neuerdings auch Englisch) ihrerseits Überschneidungen aufweisen.[5] Für „Entschädigung" finden sich im französischen Text sowohl „*indemnité*" als auch „*dédommagement*" (im englischen Text dagegen durchgängig „*compensation*"). Für „Schadenersatz" heißt es im französischen Text synonym sowohl „*indemnité*" als auch „*dommage-intérêts*" (im englischen Text „*damages*", wobei das wiederum sowohl „Schäden" als auch „Schadenersatz" heißen kann; daneben auch „*compensation*"). **833**

In BGB-Kommentaren ist öfter die Rede von „Haftpflicht", obwohl die Haftung gar nicht auf dem Haftpflichtgesetz[6] beruht. **834**

---

5 vgl. Zinkl, Daniela: *Französisch als internationale Kommunikationssprache in den Bereichen Bahn, Post und Olympische Spiele [Diplomarbeit]*. Wien, 2012. Universität Wien.

6 Haftpflichtgesetz - HaftPflG - Ausfertigungsdatum: 07.06.1871 idF v. 17.7.2017
§ 1 - Haftung des Bahnbetriebsunternehmers - - (1) Wird bei dem Betrieb einer Schienenbahn oder einer Schwebebahn ein Mensch getötet, der Körper oder die Gesundheit eines Menschen verletzt oder eine Sache beschädigt, so ist der Betriebsunternehmer dem Geschädigten zum Ersatz des daraus entstehenden Schadens verpflichtet.

Eigene Anmerkungen: ....

....

....

835 Auch das Standardwerk „Der Haftpflichtprozeß" von Reinhard Geigel[7] nennt neben dem Haftpflichtgesetz weitere, eine Haftpflicht begründende Rechtsgrundlagen, etwa aus Produkt= oder Arzt= oder Tierhalterhaftung. Soweit im vorliegenden Buch von Haftpflicht die Rede ist, so sind stets Sachverhalte nach dem Haftpflichtgesetz gemeint; bei der „BGB=Haftung" aus Vertrag oder Delikt spricht der Autor dagegen von Schadenersatz oder Entschädigung. Andere haftungsbegründende Tatbestände sind im vorliegenden Buche nicht behandelt.

836 Besonders wichtig ist Trennschärfe bei den *gleichnamigen* Begriffen für unterschiedliche „Dinge", bei den Homonyma[8]: das Wort „Datum" existiert in zwei Bedeutungen: einmal (umgangssprachlich) als „der Tag, an dem ..." und zum zweiten (techniklastig und logisch dominiert) als „technische Information in einer EDV=Anwendung". Dort, in Datenbanken, kann das „Datum" statt einer Tagesangabe auch eine Wagennummer sein, eine Auftragsnummer, eine Versandnummer oder die
837 Zeichenfolge einer Referenz. Um Mißverständnissen vorzubeugen, verwendet der Verfasser das Wort „Datum" im technischen Sinne und

---

7 Begründet 1934, inzwischen in der 28. Auflage [2020] von den Nachfolgern herausgegeben; im Rechtswesen umgangssprachlich „der Geigel".

8 Aus sprachwissenschaftlicher Sicht ist der Gegenpart des Synonyms das Homonym, Mehrzahl Homonyma (eingedeutscht auch Homonyme).
Das ist der nur gleich**namige** Begriff für ein anderes „Ding", gelegentlich wenigstens noch durch das Pronomen unterscheidbar - etwa der Bauer (Landmann) ./. das Bauer (Vogelkäfig); das Mark (Knocheninneres) ./. die Mark (Gegend, z B Altmark, Mark Brandenburg oder Ostmark und wiederum davon abgeleitet Markgraf, aber auch der „Münzfuß" als Basis einer Währung - Kölnische Mark, Reichsmark, D=Mark); der Kunde (Handelspartner, Käufer, Auftraggeber; Neukunde, Stammkunde) ./. die Kunde (Wissen auf einem Fachgebiet; meist in Zusammensetzungen: Warenkunde, Erdkunde, Bürokunde).
Auf die Spitze getrieben, leider unwiederbringlich verloren und nur noch sprachlicher Nostalgie zugänglich ist die Erinerung an die gleich**tönenden** Begriffe, die es aber im Schriftbild erlaubten, **auf den ersten Blick** den Unterschied zu erkennen: das Tau (starkes Seil) ./. der Thau (morgendliche Feuchtigkeit); der Ton (Akustik, Geräusch) ./. der Thon (Erdart, Rohstoff für thönerne = irdene [von der Erde stammende] Waren wie Krüge oder Ziegel).

Eigene Anmerkungen: ....

....

....

spricht ansonsten vom „...tag", selbst wenn es sich hier und da unschön liest. An diesen Stellen geht die Trennschärfe des Begriffs der angenehm zu lesenden Formulierung vor, dort drängt die Funktion die Ästhetik zurück.

Fachsprache mit ihren trennscharfen Begriffen ist nicht immer schön, aber sie ist praktisch und hilft beim Zeit- und damit beim Geldsparen. 838

Und selbst die trennschärfsten Begriffe bergen noch im jeweiligen 839
fachlichen Kontext ihren eigenen Stoff für Mißverständnisse: [9]

- *Prüfsachverständiger*: „Ich nehme das Signal in Duissern, Gleis 1, morgen ab" *(dann bleibt es nach erfolgreicher Prüfung dauerhaft hängen).*
- *Montageinspektor*: „Ich nehme das Signal in Duissern, Gleis 1, morgen ab" *(dann ist es übermorgen weg und wird ggf. verschrottet).*

Diese Ausnahmen ändern indes nichts am grundsätzlichen praktischen Wert der trennscharfen Begriffe.

Fachausdrücke vs. Umgangssprache

Juristische Fachsprache gilt Rechtslaien oft als unverständlich oder ver- 840
wirrend. Das hat verschiedene Gründe: zum einen sind die Rechtsbegriffe ungewohnt, zum anderen hat sich gerade dort veralteter Sprachgebrauch lange gehalten. Viele Formulierungen in Gesetzen sind über
100 Jahre alt, das BGB und das HGB zum Beispiel traten 1900 in Kraft, 841
das österreichische ABGB schon 1812. 842

9 Diesen Hinweis verdankt der Autor Herrn Dr. Hans H. Kron, Eisenbahn-Signalingenieur, dem 1. Vorsitzendem des Arbeitskreises Stellwerk e.V., D-41569 Rommerskirchen.
Allein für das Verfassen oder Erwidern von Klageschriften o. ä. Schriftsätzen ist es für „den Juristen an sich" hilfreich, solche *nicht direkt* zu seiner *Denkwelt gehörenden* Aspekte zu kennen, um sie - dem Zwecke dienend - beachten zu können.

Eigene Anmerkungen: ....

....

....

843 Die juristische Fachsprache ist im Alltag stärker vertreten als etwa die mathematische oder naturwissenschaftliche. Dadurch ist sie näher an der Umgangssprache. Das führt aber auch dazu, dass Rechtslaien meinen, eine Wendung oder eine Norm zu verstehen, weil sie die Worte kennen, nicht aber deren fachsprachliche Bedeutung. Dieses Phänomen tritt bei anderen Fachsprachen seltener auf, weil viele ihrer Benennungen in der Umgangssprache völlig unbekannt sind und vom Leser direkt als „unverständlich" erkannt werden.

Hier seien einige Beispiele für Überschneidungen zwischen Rechts- und Umgangssprache genannt.

844 - **Grundsätzlich** bedeutet juristisch gesehen *vom Grundsatz her* in der Bedeutung von **im** *Prinzip*, **in der Regel** (Ausnahmen sind möglich!), während es in der Umgangssprache eher in der Bedeutung *immer*, **aus** *Prinzip* (keine Ausnahmen) verwendet wird. Hierfür findet sich oft in deutschen Gesetzen *stets*, in Verwaltungsvorschriften *ausnahmslos*, in der Rechtsprechung *regelmäßig*.

845 - **Unverzüglich** bedeutet juristisch **ohne schuldhaftes Zögern**[10], was auch eine Reaktionszeit von mehreren Tagen bedeuten kann; in der Umgangssprache wird darunter eher *sofort* verstanden.

846 - **Billig** ist in der Juristensprache mit **angemessen** vergleichbar, während in der Alltagssprache damit eher preiswert oder *niedrigpreisig* oder *minderwertig* („billige Kopie") gemeint ist.[11]

847 - **Unmittelbar** bezieht sich auf einen rechtliche Beziehung zwischen zwei (natürlichen oder juristischen) Personen **ohne Beteiligung**

10 Legaldefinition gem. § 121 BGB

11 „Billige Preise" bedeutete ursprünglich „angemessene Preise". Auch das Wort „preiswert" war ursprünglich die Kurzform zu „seinen Preis wert" (und das mußte kein niedriger Preis sein!). Beides hat sich erst später in der Umgangssprache - bedeutungsverschlechternd - zu „niedrigpreisig" mit Tendenz zu „minderwertig" abgeschliffen.

Eigene Anmerkungen: ....

....

....

eines Dritten. Das Gegenteil hierzu ist mittelbar. In der Umgangssprache steht das Wort unmittelbar meist für *sofort.*

In Verwaltungshierarchien, auch beim Militär, wird zwischen dem unmittelbaren und dem direkten Vorgesetzten unterschieden: beim unmittelbaren Vorgesetzten gibt es keine Zwischenstufe (etwa vom Sachbearbeiter zu seinem Abteilungsleiter), beim direkten Vorgesetzten kann es Zwischenstufen geben. So ist zum Beispiel der Hauptabteilungsleiter (als Vorgesetzter mehrerer Abteilungsleiter) zwar direkter Vorgesetzter des Sachbearbeiters, aber kein unmittelbarer. 848

Eine Eigenart der Rechtssprache besteht darin, dass ein und dieselbe Bezeichnung je nach Rechtsgebiet oder Zusammenhang eine unterschiedliche Bedeutung haben kann. So hat z. B. das Wort „Schuld" im Zivilrecht und im Strafrecht einen unterschiedlichen Inhalt. Auch der Bedeutungsinhalt des Wortes „Fahrlässigkeit" unterscheidet sich je nach Rechtsgebiet. 849

Recht kann nur durch Sprache zum Ausdruck gebracht werden.

Die juristische Fachsprache kennzeichnet sich aus durch einen hohen Anteil an Fachwörtern, eine strenge Regelung des Satzbaus und einen schwachen Gebrauch an künstlichen Symbolen. 850

Die juristische Fachsprache richtet sich an unterschiedliche Adressaten, auch an Nicht-Juristen, und unterliegt den drei Geboten:

- Gebot der Präzision
- Gebot der Transparenz
- Gebot der Wirtschaftlichkeit

Um die Vielfalt an Gesetzen und Fällen abzudecken, benützt die juristische Sprache möglichst *keine* konkreten, fallbezogene Formeln, sondern allgemeine Ausdrücke. Das zeigt sich an dem schmucklosen Gebrauch 851

Eigene Anmerkungen: ....

....

....

verallgemeinernder und typisierender Begriffe, an blassen Verben und einem betont sachlichen und nüchternen Stil. Diese Verallgemeinerung nennt man Abstraktion.

852 Der Wunsch nach einer knappen, tatbestandsgenauen juristischen Fachsprache führt zu einer starken Hauptwortbildung (Substantivierung, Nominalisierung) von Tätigkeitswörtern (Verben), was wiederum zu einem erhöhten Rückgriff auf Adjektive (nicht auf Adverbien) führt.

853 Unabhängig von der Fachsprache vermeiden viele Juristen und (mehr noch) Behörden die Wörter „ich" und „wir", meistens durch Passiv-Konstruktionen.[12]

854 Ein weiteres Merkmal der juristischen Fachsprache ist, daß sie **abstrakte Informationen sehr stark verdichtet** und auf Laien deshalb inhaltlich „überfrachtet" wirkt. Außerdem kann es mitunter auf jedes Wort und jedes Satzzeichen ankommen, auf die Satzstellung oder auch darauf, welcher Konjunktiv verwendet wird.

Es kann auf jedes Satzzeichen ankommen!

855 Konstruiert, aber anschaulich: in alter Zeit wird einem König ein Text vorgelegt, dem er durch ein simples Komma den letztgültigen Sinn gibt:

1. Hängen kann man nicht, laufen lassen!
2. Hängen, kann man nicht laufen lassen!

Welche Kommasetzung wird wohl der Delinquent bevorzugen?

12 Um den vorigen Satz einmal ins Aktiv umzuformulieren: Die Benutzer der juristischen Fachsprache haben den Wunsch, daß diese knapp sei und die Tatbestände genau bezeichne. Deshalb neigen sie dazu, Tätigkeitswörter zu Hauptwörtern umzuschreiben und außerdem auf viele erklärende Beiwörter zurückzugreifen.
Das ist „griffiger" als die Passivkonstruktion, aber auch länger und weniger präzise. Außerdem rückt es die „Akteure", nämlich die Benutzer, stärker in den Vordergrund, als es bei der rein passiven, beschreibenden Form, nötig wäre.

Eigene Anmerkungen: ....

....

....

Unterschied zwischen einem Zitat und seiner satirischen Abwandlung:

1. Der brave Mann denkt an sich selbst zuletzt.
2. Der brave Mann denkt an sich, selbst zuletzt.

Den ersten Satz schrieb Schiller im „Wilhelm Tell" (1. Akt, 1. Szene), der zweite stellt ihn vom Sinn her auf den Kopf - ähnlich dem ebenso sarkastisch-ätzenden „Wenn jeder an sich denkt, ist an alle gedacht".

Was hat es mit den verschiedenen Konjunktivformen auf sich?

Durch die bloße Wahl des Konjunktivs I (conjunctivus **realis**) oder 857
des Konjunktivs II (conjunctivus **irrealis**) bringt der Schreiber oder Redner zum Ausdruck, ob er das Gesagte für wahr hält oder nicht.

Wann nimmt man nun den Konjunktiv I (Realis)?

Der „Realis" (Konjunktiv I) wird in zwei Formen angewandt: 858

1. „„neutral" bei der Wiedergabe fremder Rede: der Berichterstatter legt 859
sich nicht fest, ob er das Gesagte für wahr hält oder daran zweifelt (denn er tritt freiwillig in den Hintergrund; seine Meinung ist unerheblich; wichtig ist nur das, *was* gesagt wurde - aber von einem anderen als dem Berichterstatter - also behandelt er es mit professioneller Distanz);
2. um auszudrücken, daß der Schreiber an die Richtigkeit des Geschrie- 860
benen glaubt.

- Er sagt, daß er nicht am Tatort gewesen **sei** und nichts Näheres **wisse.**
- Sie sagt, daß sie die Vase schon zurückgegeben **habe.**

Eigene Anmerkungen: ....

....

....

Und wo ist der Konjunktiv II (Irrealis) am Platz?

861 Der „Irrealis" (Konjunktiv II) wird dann verwendet, wenn der Sprecher oder Schreiber ausdrücken will, daß er am Wahrheitsgehalt der Aussage zweifelt oder daß er die Aussage für unwahr hält.

862 Darüber hinaus ist er in juristischen Schriftsätzen anzutreffen, wo er eine möglich gewesene, aber nicht realisierte Variante des Geschehens umreißt. Dabei sind Konstruktionen mit den Hilfsverben „haben", „sein" und „werden" und ihren Ableitungen häufig. Üblicherweise ist das Ganze in der Konditionalform gehalten (*gedachtes* „wenn - dann"). Dies ist sprachliche Kompression in Höchstform, das Eindampfen auf das Allernotwendigste, das Geizen mit jeder Silbe.

(861) - Er sagt, daß er nicht am Tatort gewesen **wäre**, nichts Näheres **wüßte** und deshalb nichts dazu sagen **könnte**.

- Sie sagt, daß sie die Vase schon zurückgegeben **hätte**.

(862) - **Hätte** der Empfänger einen Schaden bemerkt, *[dann/so]* **würde** er *[den Beförderer]*[13] um *[die]*[14] Ausstellung einer TA[15] ersucht **haben**.

- **Würde** der Empfänger einen Schaden bemerkt **haben**, *[dann/so]* **hätte** er um eine[16] TA ersucht.

- **Wäre** das [Transport-[17]] Gut beschädigt **gewesen**, *[dann/so]* **würde** es der Empfänger bemerkt *[haben]*[18] und *[den Beförderer]* um eine TA ersucht **haben**.

---

13 Wen sonst? - Ist aus dem Zusammenhang selbstverständlich, kann wegleiben, bleibt weg.

14 Sprachökonomie: kann wegleiben, bleibt weg.

15 TA = Tatbestandsaufnahme; siehe Erstes Buch, u. a. Rzz. 47, 62, 175.

16 Selbst „Ausstellung einer (TA)" kann zu „eine" verkürzt werden. Damit der Beförderer sie dem Empfänger geben kann, muß er sie ausfertigen.

17 Da es um einen Transport geht: was für ein anderes Gut als ein Transportgut?

18 Dieses erste „haben" wird aus Sprachökonomie und zur Vermeidung einer unschönen Dopplung „weggekürzt" - das am Satzende stehende „haben" bezieht sich also auch auf den vorderen Satzteil.

Eigene Anmerkungen: ....

....

....

Zu Tatform und Leideform, zu Aktiv und Passiv

Das Passiv betont eine Handlung (Vorgangspassiv) oder einen Zustand (Zustandspassiv). Wer oder was die Handlung oder den Zustand verursacht hat, ist unwichtig, unbekannt oder wird als allgemein bekannt vorausgesetzt. **863**

Das Aktiv betont, wer die Handlung ausführt. Weil das für die Tatsachenermittlung und rechtliche Folgerungen wichtig ist, sind Passivkonstruktionen in Berichten zu konkreten Fällen oft ein Ärgernis. **864**

- Ihre Nachricht [...] *wurde uns* zur Bearbeitung zugeleitet. (Es ist unwichtig, von wem.) - *Wechsel ins Aktiv*: Wir **haben** den Vorgang unter dem Aktenzeichen XXX registriert und bitten darum, dieses im Schriftverkehr zum gegenständlichen Fall stets zu nennen. **865**
- „Der Zug wurde storniert." (Ungenügend! Der Bearbeiter muß nämlich wissen, wer das aktiv getan hat: Kunde oder Eisenbahn.) **866**

  Hier wäre das Aktiv von Anfang an die bessere Wahl gewesen: „Der Kunde hat den Zug storniert." (Das zieht andere Folgen nach sich als wenn die Eisenbahn den Zug „storniert" hätte.) [19]
- „Der Kunde wurde informiert." (Noch schlimmer! Das **muß** zu Rückfragen führen, die Zeit und damit Geld kosten: Wer hat wen wann worüber genau auf welche Weise informiert? War der „Kunde" Absender, Empfänger, bloßer Frachtzahler, sonstiger Dritter mit noch zu klärendem Rechtsverhältnis? Hat die Eisenbahn ihn selbst informiert, oder hat sie das durch einen Dritten [Erfüllungsgehilfen] erledigen lassen?). **867**

---

19 Schon der Begriff „storniert" ist unscharf und führt zu Rückfragen: Nur der Kunde kann etwas Bestelltes wieder abbestellen; die Eisenbahn ggf einen Zug absagen oder auslegen.
Auch rein technische Begriffe können irreführend sein: was sich in einer Datenbank o. ä. „abbestellt" nennt, muß nicht der wirklichen Willenserklärung eines Akteurs entsprechen.

Eigene Anmerkungen: ....

....

....

Was ist von der Vermischung von Sprachen zu halten?

868 Viele Fachsprachen verwenden fremdsprachige Elemente, z. B.

- Recht, Medizin, Chemie und Pharmazie: Latein und Griechisch
- Diplomatie, Kochkunst, Post und Eisenbahn: Französisch
- Luft= und Schiffahrt und internationaler Handel: Englisch
- Musik: Italienisch

869 Was für die Fachleute eine Hilfe ist, kann jene frustrieren, die mit den Begriffen nicht sofort etwas anfangen können. Deshalb sei empfohlen, solche Begriffe *gezielt* einzusetzen, aber dabei **nicht zu vergessen, an wen sich die Rede richtet.**

870 Der folgende Aufsatz aus dem Jahre 2001 möge es umreißen:

Gesundes Wachstum oder Krebsgeschwür?
Gedanken über das Eindringen und Aufnehmen von Fremdwörtern

Der Bauer steht vor seinem Feld und zieht die Stirne kraus in Falten:
„Ich hab den Acker wohl bestellt, auf reine Aussaat streng gehalten.
Nun seh mir eins das Unkraut an! Das hat der böse Feind getan!“
Da kommt sein Knabe, hochbeglückt, mit bunten Blüten reich beladen,
Im Felde hat er sie gepflückt; Kornblumen sind es, Mohn und Raden.
Er jauchzt: „Sieh, Vater, nur die Pracht! Die hat der liebe Gott gemacht.“

Sind Fremdwörter und grammatische Teilstücke aus anderen Sprachen nun Teufelswerk oder willkommene Bereicherung einer lebenden Sprache? Wie so häufig kommt es auf die Masse an, auf den Ort der Verwendung und nicht zuletzt auf die Zielgruppe des gesprochenen oder geschriebenen Wortes.

Eine gesunde Sprache zeichnet sich nicht dadurch aus, daß sie Fremdwörter um jeden Preis abwehrt, sondern daß sie sie verschlingt und den eigenen Regeln angleicht. Vergeht genügend Zeit, werden aus diesen Fremdwörtern entweder Lehnwörter, oder aber sie müssen dem heimischen Ausdruck derart überlegen sein, daß sie auch als Fremdwort bestehen bleiben und doch allgemein angenommen werden. Lehnwörter, denen man heute ihre Herkunft gar nicht mehr ansieht, sind z.B. Mauer (*murus*), Fenster (*fenestra*), Münze (*moneta*) und viele andere Dinge des täglichen Lebens. In Biegung und Ableitung

Eigene Anmerkungen: ....

....

....

sind sie derart fest mit der aufnehmenden Sprache verwachsen, daß ihre einst fremde Herkunft gar nicht mehr wahrgenommen wird.

Auf demselben Wege sind Fremdwörter wie Büro (bureau), die Stoffart Krepp (*crêpe*) im Unterschied zum feinen Eierkuchen, der noch heute Crêpe geschrieben wird, Hotel (*hostel/hôtel*) oder aus dem Englischen Schal (*shawl*) und Sport, dem man mit dem Begriff Körperertüchtigung nicht gerecht würde. *Wodka* (russ. Wässerchen) oder *Curry* (aus dem Indischen) sind längst vom Eigennamen mit Fremdworteigenschaft zu deutschen Gattungsbegriffen geworden, und dem *Schach* sieht auch niemand mehr an, daß es aus dem Arabischen stammt.

Auch manche deutsche Worte machen sich auf die Reise und gehen in andere Sprachen ein: die Engländer fanden den *kindergarden* wohl so treffend, daß sie keinen Übersetzungsversuch unternahmen. An ihre Sprachgewohnheiten haben sie ihn angepaßt, das ist alles. Das Russische kennt *Butterbrot* und *Rucksack*, und sicher wird es auch in anderen Sprachen „Germanismen“ geben.

Wirkliche Gesundheit beweist eine Sprache, wenn sie den fremden Ausdrücken eigene entgegenstellt. Setzt sich eines von beiden Wörtern durch, so war es stark genug dazu, und dabei wollen wir es belassen.

Die andere Möglichkeit aber ist die bessere, denn sie schafft oft Begriffsabschattungen oder auch nur größere Auswahlmöglichkeiten.

Auch daß sich manche der Vorschläge nicht durchsetzen, ist nicht tragisch: wenn wir auf den *Zerknalltreibling* zugunsten des *Explosionsmotors* verzichten oder es bei der *Drogerie* statt der *Trockenkräuterei* belassen, oder wenn das *Nonnenkloster* nicht zum *Jungfernzwinger* wird. Schade ist es eigentlich um die *Meuchelpuffe* statt der *Pistole*. Aber den Versuch war es wert, denn ohne solche - am Ende doch erfolgreichen - Versuche hätten wir nicht die Feinheiten unterschiedlicher Begriffe wie Kanzlei *und* Schreibstube *und* Büro, Fernsprecher *und* Telephon, Kraftwagen *und* Automobil, Fahrrad *und* Velociped *und* (für Proleten) Bike - ja inzwischen Computer *und* Rechner, Monitor *und* Bildschirm.

Doch spätestens hier, bei der Sprachentwicklung der letzten fünfzig Jahre, beginnen für den aufmerksamen Beobachter sorgenvolle Gedanken. Die Anzeichen zunehmender Schwäche der Sprache werden nämlich unübersehbar, und diese Anzeichen (*Symptome*) deuten auf ein viel tiefer liegendes Übel.

Während die Bestrebungen zur Eindeutschung von Fremdwörtern nicht in erster Linie der Abwehr dienten, sondern der Verständlichmachung auch für Menschen ohne Fremdsprachenkenntnisse, machen sich heute viele Leute überhaupt keine Gedanken mehr darüber. Die Zielgruppe ihrer Rede oder Schreibe ist ihnen völlig gleichgültig; entweder sie versteht auch die Worte und Wendungen außerhalb der Muttersprache, oder sie hat eben Pech gehabt.

Eigene Anmerkungen: ....

....

....

Das ist ein trefflicher Anlaß, über die Ehrlichkeit - oder Arroganz - von Leuten nachzudenken, die einerseits die Ausrichtung am Kunden im Munde führen und andererseits rücksichtslos genug sind, eben diese Kunden mit fremdsprachigen Brocken zu belästigen.

So wie die Schrift nicht zum Schreiben da ist, so ist die Rede nicht dazu da, gehalten zu werden. Schrift und Sprache haben zuallererst *dienende* Funktion. Sie haben dem Gegenüber Inhalte (*Informationen*) zu vermitteln, und zwar leichtverständlich und gut lesbar.

Wer damit zufrieden ist, sich selbst reden zu hören, der sollte das vor dem Spiegel tun. Sobald er zu anderen spricht, ist es eine Frage der Höflichkeit, eben nicht beim Anderen die umfassende Kenntnis der eigenen Fach- oder Fremdwörter vorauszusetzen. Wer sich in Fachsprachen oder Gruppenjargon übt, kann nicht auf allgemeine Zustimmung, ja nicht einmal auf allgemeines Verständnis hoffen.

Offensichtlich sind aber schon viele Redner oder Schreiber mit der Überlegung um ihre Zielgruppe hoffnungslos überfordert. Sie können oder wollen nicht einsehen, daß jemand anderes sie nicht versteht. Das ist das erwähnte tiefsitzende Übel: die weitverbreitete **Rücksichtslosigkeit**, deren *eine* sichtbare Auswirkung die zunehmende Verluderung der Sprache ist.

Denken wir noch einmal an das Gedicht, das diesem Aufsatze voransteht. Ein paar Korn- oder Mohnblumen machen den Acker etwas bunter, erfreuen das Auge und fallen im Erntegut nicht weiter auf. Ein gänzlich blaues oder rotes Feld aber wäre - zu Recht - ein Alptraum für den Landwirt.[20]

Alles in seiner Muttersprache ausdrücken zu können,
bekundet höchste Geistes- und Seelenbildung.
Friedrich Hegel

871 Es ist also ein großer Unterschied, ob ein Jurist an einen Juristen schreibt oder an einen Außenstehenden, ein Ingenieur einem anderen Ingenieur oder einem Laien, jemand aus der Informatikbranche an jemanden aus dem gleichen Fachgebiet oder an einen Fachfremden. So wertvoll Fremdsprachenkenntnisse sind, so nachteilig ist die *unbedachte* Sprachvermischung, wenn man die Zielgruppe außer Acht läßt.

20 Rösler, Harald in: *Die deutsche Schrift (Vierteljahreshefte des Bundes für deutsche Schrift und Sprache)*. Ahlhorn/Hannover Nr. 2/2001 (68. Jahrgang, 138. Folge) S. 10 f.

Eigene Anmerkungen: ....

....

....

Von den fachsprachlichen Abkürzungen allgemein

Jede Fachsprache kennt ihre besonders hartgesottenen Anwender Fach= **872**
abkürzungen als spezielle Form des noch stärkeren Eindampfens der Begriffe, zum Zwecke einer aufs Äußerste gesteigerten sprachlichen

Effizienz. Der Begriff der „Abkürzung" ist dabei weit auszulegen und umfaßt auch sogenannte Kunstwörter:

- Post: Büwa = Bücher=/Warensendung
- Politik: UNO, UNESCO
- Militär: Stov = Standortverwaltung
- allgemein: Aküfi, Aküwa = Abkürzungsfimmel, =wahn

Auch bei ihrer Verwendung sollte man auf die Zielgruppe der Rede **873**
oder des Schriftsatzes achten: was im eigenen Fachgebiet der Zeitersparnis und der Eindeutigkeit dient, ärgert Fachfremde.

Je größer und je stärker arbeitsteilig eine Organisation ist, desto **874**
weniger wird sie organisationsweit eigene Abkürzungen haben; hier verschiebt sich das Gewicht in Richtung der Fachabteilungen. Die kauf=männischen Abteilungen reden anders als die Buchhaltung, der Rechts=dienst anders als die Bauabteilung, bei der Eisenbahn das Personal des Reiseverkehrs anders als das des Güterverkehrs, der Betrieb anders als die allgemeine Verwaltung.

Von Abkürzungen im Eisenbahnbetrieb

Neben den eng umrissenen Betriebsstellenabkürzungen[21] finden sich **875**
im Eisenbahn=Betriebsdienst die ebenso exakt definierten Abkürzungen für Signalbegriffe aus der Eisenbahn=Signalordnung (dem Signalbuch)

21 siehe unten, Rz. 906 ff.

Eigene Anmerkungen: ....

....

....

876 und die Abkürzungen aus der Fahrdienstvorschrift.
Eine historisch gewachsene Besonderheit ist übrigens, daß sie meist **ohne Abkürzungspunkt** geschrieben werden. Das stammt vermutlich aus der Zeit der Morsetelegraphen[22], bei denen jedes Zeichen Tinte und Schreibstreifenpapier kostete und das Gerät ein wenig abnutzte. Damals rechnete man *sehr* spitz, und allein durch das Weglassen der Punkte (Morsezeichen: ----) kam einiges an Ersparnis zusammen. Bei der Post war das Gleiche zu beobachten, z. B. an Ortszusätzen, die ohne Klammern und Punkt dem Ortsnamen folgten.[23]

Abkürzungen für Signalbegriffe nach dem Signalbuch sind z. B.:

- Hp 0 = Halt
- Zs 1 = Ersatzsignal
- Sh 3 = Sofort halten (Kreissignal)
- Zp 9 = Abfahren
- El 6 = Halt für Fahrzeuge mit gehobenen Stromabnehmern

Abkürzungen aus der Fahrdienstvorschrift sind z. B.:

- Anst = Anschlußstelle   Awanst = Ausweichanschlußstelle
- Bf = Bahnhof   Bft = Bahnhofsteil
- Betra = Betriebs- und Bauanweisung
- Fdl = Fahrdienstleiter
- Fplo = Fahrplananordnung
- Lü = Lademaßüberschreitung
- Tf = Triebfahrzeugführer   Tfz = Triebfahrzeug
- Wg = Wagen
- Zub = Zugbegleiter, Zugbegleitpersonal.

---

22 Telegraph von griechisch tele = fern und graphein = schreiben; Samuel Morse hat nicht das Gerät erfunden, sondern das Morse-Alphabet aus Punkten und Strichen geschaffen.

23 z. B. Osterburg Altm oder Singen Hohentw oder Hagen Westf für Osterburg in der Altmark, Singen am Hohentwiel und Hagen in Westfalen.

Eigene Anmerkungen: ....

....

....

Außerdem sind im Zusammenhang mit dem Güter*verkehr* häufig:

- EWV = Einzelwagenverkehr
- Fbr = Frachtbrief
- Gag = Ganzzug
- KV (nicht: KLV) = Kombinierter Verkehr
- Sdz = Sonderzug
- WLV = Wagenladungsverkehr
- ZAB = Zentrale Auftragsbearbeitung.

Von juristischen Abkürzungen und Zitiergewohnheiten

Juristische Abkürzungsverzeichnisse können recht umfangreich sein, besonders dann, wenn sie Norm- und Literaturtitel[24] aufführen. 877

Das *Weglassen der Abkürzungspunkte* (und der Abstände zwischen den Buchstaben) hat nicht den historischen Hintergrund wie bei Eisenbahn und Post (Telegraphie), sondern basiert auf dem Buchdruck und wohl auch dem Wunsch nach Effizienz beim vorherigen Verfassen der Manuskripte.[25] [26] 878

Außerdem kostete nicht nur jedes Zeichen Zeit (und damit Geld) beim Satz, sondern verlängerte auch den Gesamttext. Bei einem sehr umfangreichen Werk konnte allein das Komprimieren des Schriftbildes

24 Normen umfassen völkerrechtliche Abkommen und Verträge, Gesetze, Ausführungsbestimmungen, Verordnungen usw.; zur Literatur gehören u. a. Kommentare, Sammelwerke wie Entscheidungssammlungen, Fachzeitschriften.

25 von lat. manus = Hand und scriptum = Geschriebenes. „Handschriftliches Manuskript" wäre insofern „doppelt gemoppelt", ein Pleonasmus.
Ist die Vorlage für den Schriftsetzer nicht mit der Hand, sondern mit der Schreibmaschine geschrieben, spricht man vom Typoskript (vgl. a. engl. typewriter).

26 Es heißt, daß als Abkürzung für die lateinische Rechtsquelle Pandekten/Digesten von den Juristen das griechische Pi - π -verwendet wurde. Flüchtig geschrieben, den oberen Balken etwas nach unten gezogen, sah dies leicht aus wie *ff*. Daraus soll sich die Redewendung entwickelt haben: „Er kennt es wie aus dem Effeff". Wer die umfangreichen und komplizierten Digesten/Pandekten kannte, war sicher und glaubwürdig auf seinem Fachgebiet.

Eigene Anmerkungen: ....

....

....

zur Einsparung ganzer Druckbögen (zu je 16 „Nutzen" = Seiten) führen.

879 Neben den Abkürzungen für Normen und Literatur finden sich so in juristischen Schriftsätzen oft folgende Abkürzungen (meist, aber nicht immer *ohne* Abkürzungspunkte).

- Bek = Bekanntmachung
- h. M. = herrschende Meinung (in Rechtsprechung und Literatur)
- Hs. = Halbsatz (in Fundstellenangaben)
- idF = in der Fassung
- ieS = im engeren Sinne iwS = im weiteren Sinne
- iHv = in Höhe von (bei Betragsnennungen)
- lt = laut ; gemäß [Norm] gem = gemäß ; laut [Norm]
- lit. = littera = Buchstabe (in Fundstellenangaben)
- mwN = mit weiteren Nachweisen (bei Zitaten)
- mWv = mit Wirkung vom
- RA = Rechtsanwalt RAe = Rechtsanwälte

880 **Normfundstellen** werden grundsätzlich gleich, aber mit *Nuancen in der Form* verschieden zitiert. Zum einen kann die Norm selbst vor oder hinter der Fundstelle stehen, zum anderen ist der Grad der Verkürzung nicht immer einheitlich. Absätze von Paragraphen werden traditionell mit römischen Ziffern dargestellt, Einzelsätze mit arabischen Ziffern.

a) § 312 Absatz 1 Satz 1 Nummer 1 BGB = BGB § 312 Absatz 1 Satz 1 Nummer 1

b) = § 312 Abs. 1 S. 1 Nr. 1 BGB = BGB § 312 Abs. 1 S. 1 Nr. 1

c) = § 312 I 1 Nr 1 BGB = BGB § 312 I 1 Nr 1

a) Artikel 47 § 2 Buchstabe b) Nummer 2 CIM = CIM Artikel 47 § 2 Buchstabe b) Nummer 2

b) = Art. 47 § 2 lit. b) Nr. 2 CIM = CIM Art. 47 § 2 lit. b) Nr. 2

c) = Art 47 § 2 b 2 CIM = CIM Art 47 § 2 b 2

Eigene Anmerkungen: ....

....

....

3. Geordnetes Denken bei der Eisenbahn

Überblick

Beginnen wir mit einem mäßig erfreuten Blick vom Jetztzustand aus in die Vergangenheit. Der Übermut, das aus praktischer Erfahrung heraus Gewachsene zu zerschlagen, ist mitunter erschreckend. Das mag daraus resultieren, daß es heute als unpassend gilt, sich mit der Vergangenheit zu befassen; daß viele wähnen, nicht mehr aus älteren Quellen schöpfen zu müssen; daß Vorwärtsdenken keines Rückblicks bedürfte. 881

Nach der Erfahrung des Autors ist das ein schädlicher Irrtum. Ohne in ein „früher war alles besser" zu verfallen (das war es nämlich nicht; nur vieles war anders - und mußte anders gelöst werden), will nicht einleuchten, warum Bewährtes ersatzlos beseitigt, warum „täglich das Rad neu erfunden wird", wenn es schon anwendbare Lösungsansätze gibt.

Wir sind heute ausgestattet mit starken Werkzeugen wie riesigen, sehr schnellen Datenbanken. Deren Gestaltung und Verwendung ist allerdings oft überraschend kleinteilig, beschränkt, kurzsichtig und engstirnig, keinem übergeordneten Prinzip erkennbar zugeordnet und deshalb einem allgemeineren Überblick unzugänglich. 882

Viele der technischen Möglichkeiten waren vor 1900 und bis in die 60er, 70er Jahre des 20. Jahrhunderts nicht vorhanden, und deshalb gab es andere Denkstrukturen als heute. Die Leute mußten mit wenig Technik zu vernünftigen, systemverknüpfenden Ergebnissen kommen, und das ging nur mit „Hirnschmalz". 883

Einer der bedeutendsten Unterschiede war vielleicht dieser: Listen durften Lücken enthalten („bleibt frei"), und bestimmte Stellen von Ordnungsmerkmalen (Zug-, Wagen- oder Bahnhofsnummern) enthielten Informationen aus einem *anderen* System. 884

Eigene Anmerkungen: ....

....

....

885 Der Konzeption „moderner" Datenbanken, die ein *begrenztes* Fachthema abdecken sollen, die nur hochzählen, in denen Lücken nicht vorgesehen sind, ist das - zunächst - fremd. Wenn sie dann auch noch numerische *Zeichenfolgen*, die also *nur wie Zahlen aussehen, als Zahlen behandeln*, ist der Ärger komplett, denn es ignoriert einen wichtigen Aspekt:

886 **Bei der Eisenbahn spielen führende Nullen oft eine bedeutende Rolle.** Beispielsweise bei der Betriebsstellennummer:

Vom Zusammenspiel der Verkehrsgeographie mit der Eisenbahngeschichte: Die Systematik der Betriebsstellennummern und der betrieblichen Abkürzungen

887 Nach der Auflösung der Ländereisenbahnen und der Schaffung der Deutschen Reichsbahn=Gesellschaft 1920 entstand das Bedürfnis nach Vereinheitlichung in einigen Bereichen, unter anderem für Zwecke der Statistik, Abrechnung und Planung. Allgemeine technische Entwick=lungen trugen dazu bei, unter anderem durch Neuerungen bei den damals noch relativ jungen Lochkarten. Die Zeit war reif für mehr zah=lenbasierte Arbeit, z. B. auch bei der Nummerung von Betriebsstellen.

888 Die Herkunft der noch heute verwendeten Betriebsstellennummern ist inzwischen verblaßt, denn in den knapp 100 Jahren seit ihrer ersten Festlegung gab es Namens=, Gebiets= und Zuständigkeitsänderungen. Nur mit geographischen und geschichtlichen Kenntnissen läßt sich die Logik des Systems noch erhellen. Es *basiert auf dem Alphabet* und der danach vorgenommenen Numerierung der Eisenbahndirektionen. Allerdings haben die Umbenennung von Cassel in Kassel 1926, die Gründung Wuppertals und der damit verbundene Wegfall des eigen=ständigen Namens Elberfeld 1930, die Eingemeindung Altonas mit dem Groß=Hamburg=Gesetz 1937 oder auch die Abtrennung Schlesiens mit Breslau und Oppeln nach dem II. Weltkrieg die alphabetische Basis

Eigene Anmerkungen: ....

....

....

ebenso verstellt wie die mehrmaligen Änderungen im Saargebiet und dem Trierer Raum.

Die Auflösungen der Bundesbahndirektionen Augsburg, Kassel, Mainz, Münster, Regensburg und Wuppertal Anfang der 70er Jahre und die über 40jährige Trennung von der Deutschen Reichsbahn in der DDR haben auch dazu beigetragen, das ursprüngliche System weitgehend in Vergessenheit geraten zu lassen. Wenn im Laufe der Zeit die tagesaktuellen Listen von Direktionen rein alphabetisch waren, kam wohl kaum jemand auf die Idee, daß es einen Zusammenhang von Direktion und Betriebsstellennummer geben könne.

Die Übersicht auf den folgenden Seiten macht das ursprüngliche Nummernsystem und die alphabetische Basis wieder sichtbar; die Wechsel von den Reichsbahndirektionen (DRG, DR) zu Bundesbahndirektionen (DB) wird dabei nicht weiter vertieft.

Die ersten beiden Stellen der Bahnhofsnummer nennen die ehe= 889
malige Direktion. Für die Privat= und Kleinbahnen standen dreistellige Nummern von 400 bis 599 an der Stelle der Direktionnummern der Reichsbahn / Bundesbahn.

Die ursprünglich fünfstelligen Bahnhofsnummern erhielten später 890
im Zuge zunehmender elektronischer Verarbeitung Prüfziffern.

Der 1933 noch existierende Bahnhof Altona Hbf mit der Nummer 01 093 bekam zwar mit der Eingemeindung Altonas nach Hamburg im Jahre 1937 durch das Groß=Hamburg=Gesetz den Namen Hamburg=Altona, behielt aber seine Bahnhofsnummer. Heute lautet sie 01 093=4.

München Hbf hatte von Anfang an die Nummer 20 347, heute ist es, nur um die Prüfziffer ergänzt, 20 347=1.

Kamen bei der Auflösung etlicher Bundesbahndirektionen Anfang 891
der 70er Jahre Betriebsstellen zu einer anderen Direktion, wurden sie

---

Eigene Anmerkungen: ....

....

....

Nr.	Name	DS 100	Morsezeichen	Details
1	**Altona** ab 1937: **Hamburg**	A	hmb ···· -- -···	GDW (1941) für RBD'en Hamburg, Hannover, Münster und Schwerin
2	**Augsburg**	—	au ·- ··-	1971 aufgelöst und der BDMünchen zugeschlagen ehem Direktionsgebäude jetzt Sitz des Landratsamtes
3	**Berlin**	B	bln -··· ·-·· -·	GDW (1941) für RBD'en Berlin, Osten, Posen und Stettin
4	**Breslau**	—	bsl -··· ··· ·-··	GDW (1941) für RBD'en Breslau und Oppeln deutsch gebliebene Strecken nach 1945 zur Rbd Cottbus
5	**Cassel** ab 1926: Kassel	—	ksl -·- ··· ·-··	GDW (1941) für RBD'en Kassel, Frankfurt am Main und Mainz
6	**Dresden** Normalspur	D	dre -·· ·-· ·	GDW (1941) für RBD'en Dresden, Erfurt und Halle (Saale)
7	Dresden Schmalspur			
8	**Elberfeld** ab 1930: **Wuppertal**	—	wt ·-- -	1974 aufgelöst und an BD'en Essen und Köln gefallen
9	**Erfurt** ab 1992: Nr. 16	U	erf · ·-· ··-·	DR (DDR) Rbd Nr. 4
10	**Essen**	E	esn · ··· -·	während der französischen Ruhrgebietsbesetzung Sitz in Hamm (Westf); ab 1974 zzgl Teilen der BD Wuppertal
11	**Frankfurt am Main**	F	frt ··-· ·-· -	ab 1975 vermehrt um Strecken der aufgelösten BD'en Kassel und Mainz
12	**Halle an der Saale** ab 1992: Nr. 24 + 25	L	hl ···· ·-··	DR (DDR) Rbd Nr. 6; ab 1992 neu genummert: Nr 24 für Ex-Rbd Magdeburg, Nr 25 für Ex-Rbd Halle
13	**Hannover**	H	han ···· ·- -·	ab 1975 vermehrt um Strecken der aufgelösten BD Münster
14 37	**Karlsruhe** ab 1940: (ex Elsaß)	R	kar -·- ·- ·-·	ab 1936 vermehrt um Teile der aufgelösten RBD Lu'hafen, ab 1940 Verwaltung der besetzten frz. Bahnen des Elsaß
15	**Köln**	K	köl -·- ---· ·-··	GDW (1941) für RBD'en Köln, Essen und Wuppertal
16	**Königsberg (Pr)** *Nr. 16 ab 1992: Erfurt*	—	kbg -·- -··· --·	GDW (1941) für RBD'en Königsberg und Danzig heute russische Exklave (Kaliningrad); russ. Breitspur
17	**Ludwigshafen** 1938: Linz (Donau)	—	(li) (1938) ·-·· ··	ab 1936 schrittweise aufgelöst und an RBD'en Mainz, Karlsruhe und Saarbrücken gefallen
18	**Magdeburg** ab 1992 zu Nr. 24: Halle	—	—	1931 aufgelöst und an RBD'en Halle, Berlin, Hamburg und Hannover gefallen; DR (DDR): Rbd Nr. 7; ab 1992 neu genummert als Nr. 24 (nördlicher Teil der Ex-Rbd Halle)

Eigene Anmerkungen: ....

....

....

Nr.	Name	DS 100	Morse-zeichen	Details
19	**Mainz**	—	mnz -- -. --..	aufgelöst ab 1971 und an BD'en (kurzzeitig Wuppertal), Köln, Frankfurt und Saarbrücken gefallen
20	**München**	M	mch -- ----	GDW (1941) für RBD'en München, Augsburg, Nürnberg und Regensburg
21	**Münster**	—	mst -- ... -	1935 vermehrt um RDB Oldenburg; 1974 selbst aufgelöst und an BD'en Hannover und Essen gefallen
22	**Nürnberg**	—	nür -. ..-- .-.	
23	**Oldenburg (Odbg)** 1938: Villach; ab 1992: Ex-Rbd Halle	—	(vl) (1938) ...- .-..	1935 aufgelöst und weitestgehend der RBD Münster zugeschlagen; Sitz der Verkehrskontrolle II für den Wagenladungsverkehr
24	**Oppeln** ab 1992: Nr. 24 für Ex-Rbd Magdeburg	—	op --- .--.	1922 errichtet für die nach dem I. Weltkrieg deutsch gebliebene Strecken der ED Kattowitz 1945 aufgelöst
25	**Osten [in Frankfurt an der Oder]** ab 1957 Nr 25 für Sbr	—	ost --- ... -	ab 1920 für die nicht im I. Weltkrieg an Polen verlorenen Strecken der ED'en Bromberg, Danzig, Kattowitz und Posen; zzgl. kürzere Strecken der ED'en Breslau, Stettin und (ab 1931) Halle; formell aufgelöst 1946
26	**Regensburg**	—	re .-. .	1976 aufgelöst und an BD München gefallen
27	**Schwerin** ab 1992: Nrn. 27 + 28	W	sch ... ----	DR (DDR): Rbd Nr. 8; ab 1992 vermehrt um die Strecken der aufgelösten Rbd (Nr. 5) Greifswald mit Nr. 28
28	**Stettin** DR (DDR): Rbd Greifswald; 1992 zu Sch	—	stn ... - -.	für die deutsch gebliebenen Strecken ab 1945 kurzzeitig Sitz in Pasewalk, dann Errichtung der Rbd Greifswald
29	**Stuttgart**	T	sgt ... --. -	GDW (1941) für RBD'en Stuttgart, Karlsruhe und Saarbrücken
30	**Trier** (ab 1922) ab 1935: **Saarbrücken** ab 1957: Nr. 25	S	sbr ... -... .-.	Trier wurde dann Sitz (im alten Direktionsgebäude) einer Verkehrskontrolle (im Laufe der Jahre diverse Gebiets- und Zuständigkeitsänderungen). Endgült. aufgelöst 2010.
31	**Wien** (ab 1938)	—	wn .-- -.	GDW (1941) für RBD'en Wien, Linz und Villach
32				

Eigene Anmerkungen: ....

....

....

nicht umgenummert. So läßt sich zum Beispiel noch heute erkennen, daß Düsseldorf Hbf (08 094-5) zur Direktion Wuppertal gehörte oder Appelhülsen (21 007-0) zur Direktion Münster.

892 Etwas anders sah es bei der Wiedervereinigung von Deutscher Reichsbahn (DDR) und Deutscher Bundesbahn aus: einige Direktionen bekamen ihre alten Nummern zurück, etwa Berlin die 03 und Dresden die 06, andere erhielten nach dem II. Weltkrieg freigewordene Nummernkreise, zum Beispiel Halle die 23 und die 24 oder Erfurt die 16.

893 Wenn in IT-Anwendungen nun eine sechsstellige *Zeichenfolge* wie eine Bahnhofsnummer *als Zahl behandelt* wird[27] und dadurch die führende Null „verliert", ist das ein Ärgernis: erneut wird das System für den *ersten Blick* verstellt.

Die betrieblichen Abkürzungen nach der DS 100[28]

894 Bis in die frühen 80er Jahre hinein folgten die Abkürzungen für die Betriebsstellen einer Systematik, die auf einzelnen Strecken basierte und von diesen die Morse- bzw. Fernschreibkennungen der Zugmeldestellen verwendete. Jede Direktion gab ihr Verzeichnis der Abkürzungen des Fernschreibdienstes bekannt. Weitgehend gleiche Abkürzungen wurden in der DV/DS 407 III genutzt, dem für jede Direktion vorhandenen Anhang III zur Dienstvorschrift für die Ermittlung der Betriebsleistungen. Dies geschah - ungeachtet der Trennung nach 1945 - bei der Deutschen Bundesbahn und der Deutschen Reichsbahn (DDR)

27 Das Problem den Programmierern anzulasten, wäre ungerecht. Verursacht wird es durch jene, die die Vorgaben machen, die sog. „Anforderungsmanager". Wenn schon sie zu denkfaul sind, auf solche simplen, selbstverständlichen Aspekte wie den Unterschied zwischen Zeichenfolge und Zahl zu achten, kann das Ergebnis nur unbefriedigend sein. Ein Betriebseisenbahner merkte dazu einmal sarkastisch an: „Ich werde wohl kaum auf die Idee kommen, am Ende des Monats das Zugmeldebuch aufzurechnen."

28 DS 100 = Verzeichnis der Abkürzungen

Eigene Anmerkungen: ....

....

....

überwiegend gleich, soweit nicht ohnehin die Vorkriegssystematik weiter angewandt werden konnte.

Dabei gab es Dopplungen: wenn auch nicht auf einer Strecke oder **895**
einer Telegraphenlinie, so doch mit anderen Direktionen.
So wurde z. B. die Abkürzung „Bn" sowohl für Bentheim Nord als auch für Borken (Westf) WLE verwendet [beide in der Direktion Münster], aber auch für den großen Rangierbahnhof Hamburg=Billwerder Rbf [Direktion Hamburg]; in der Direktion Magdeburg galt „Bn" für den Bahnhof Brandenburg Hbf und in der Direktion Cottbus für die Aus=weichanschlußstelle Block Buchwäldchen.

Andererseits war nicht immer Eindeutigkeit gewährleistet, sondern **896**
je nach Strecke konnte eine Betriebsstelle eine andere Abkürzung tragen, etwa Lünen Hbf [BD Münster] einmal Ln [Strecke Lünen Hbf - Gronau (Westf)] und einmal Lhb [Strecke Lünen Hbf - Münster (Westf) Hbf]. Das kann am *zuständigen* Stellwerk für die Strecke gelegen haben.

Exkurs: Stellwerksbezeichnungen

Mit der damaligen Technik war es bei größeren Bahnhöfen durchaus **897**
üblich, daß es mehrere Fahrdienstleiterstellwerke (Befehlsstellwerke) gab. „Die ‚Anweisung für das Entwerfen von Eisenbahnstationen mit besonderer Berücksichtigung der Stellwerke (Anw Entw), Neudruck der Ausgabe 1905 mit den bis 1. 6. 1927 eingetretenen Änderungen" erläutert dazu: „§ 41 (Stellwerksgebäude) [...] § 42 (Lageplan) Abs. 2 [...] Jeder Bezirk erhält eine Buchstabenbezeichnung. Bei Befehlsstell=werken entspricht sie dem telegraphischen Rufzeichen der Station. Wo Station und Befehlsstellwerk verschiedene Rufzeichen haben, erhält das Befehlsstellwerk die Bezeichnung seines eigenen Rufzeichens. Die übrigen Stellwerke werden in der Regel bezeichnet mit dem ersten

Eigene Anmerkungen: ....

....

....

Buchstaben vom telegraphischen Rufzeichen der Station und einem zweiten oder dritten Buchstaben, der die Lage oder Bedeutung des Stellwerks kennzeichnet, z. B. Gw = Großheringen West, Bot = Breslau Ostturm, Mg = Münster Güterschuppen."[29]
Der Internetseite „Drehscheibe online" war zu entnehmen, daß die „letzte Veröffentlichung der alten Abkürzungen [..] sich im ‚Abkürzungsverzeichnis des Betriebsmaschinendienstes für Bahnhofsnamen und Betriebsstellen' vom 27.05.1979 ZTL 210.2102 Zlo [finden]".[30]

898 Die Bezeichnung der Stellwerke wurde regional und zeitlich unterschiedlich gehandhabt[31], so daß die folgenden Ausführungen Indizien liefern können, aber nicht für immer und überall in Deutschland gelten. Aus eigener Erfahrung kann der Autor für den Nordteil der Rbd Magdeburg und für die Bundesbahndirektionen Köln und Essen sprechen. Durch die zunehmende Zahl großer Fernstell- und Fernsteuerbereiche[32], die von Betriebszentralen aus bedient werden, sind viele Stellwerke

29 https://www.drehscheibe-online.de/foren/read.php?017,5704222

30 https://www.drehscheibe-online.de/foren/read.php?017,4695661

31 http://stellwerke.de/liste/seite3_a.html

32 **ferngestellt**: es gibt kein Stellwerk mehr, die Weichen, Signale usw. werden von einem anderen Ort aus bedient;
ferngesteuert: es gibt noch ein Stellwerk, aber es ist im Regelfall nicht mehr besetzt; die Bedienhandlungen werden an einem anderen Ort erledigt. Bei Bauarbeiten oder Störungen kann das Stellwerk aber wieder besetzt werden (dann wird die Fernsteuerung für diese Zeit aufgehoben). So wird z. B. das Stellwerk Sf in Schwelm vom Fahrdienstleiterstellwerk Of in Wuppertal-Oberbarmen ferngesteuert.
Wenn das ferngesteuerte Stellwerk lange Zeit nicht aufgesucht wird, kann es zu Kuriositäten kommen wie 2015 in Blankenberg an der Sieg: *„Dienstagnachmittag, 18. August. Es kam im ferngesteuerten Stellwerk Blankenberg, nahe Eitorf zur Störung. Gemeldet wurde ein Kabelschaden. Personal wurde dorthin geschickt. Die Mitarbeiter Der DB entdeckten dann im Stellwerksgebäude ein Siebenschläferpaar. Schon der Gestank war nach Angaben atemberaubend, so dass der Raum nicht betreten werden konnte. Da aber die tierischen Untermieter im Stellwerk der Deutschen Bahn streng unter Artenschutz stehen, konnte auch nichts unternommen werden ..."*
Quelle: https://www.ak-kurier.de/akkurier/www/artikel/40839-kabelschaden-und-siebenschlaefer-legen-rhein-sieg-strecke-lahm

Eigene Anmerkungen: ....

....

....

nicht mehr nötig. Sie wurden abgebrochen oder sich selbst überlassen und sind im Verfall begriffen. Teils werden sie inzwischen anders genutzt, wenn der Zugang ohne Querung der betriebenen Gleise möglich ist.

Bei Bahnhöfen mit mehreren Stellwerken deutete, wenn es möglich **899**
und sinnvoll war, der *letzte* Buchstabe an, ob es sich um ein Fahrdienstleiter= oder ein Weichenwärter= oder ein Rangierstellwerk[33] handelte; bei dreibuchstabigen Abkürzungen wies der *mittlere* Buchstabe oft darauf, ob ein Stellwerk zum Personen= oder zum Güterbahnhof gehörte: Hagen Hbf hatte früher die Stellwerke Hpf und Hpw (Hagen Personenbahnhof Fahrdienstleiter bzw. Weichenwärter), in der Nachbarschaft standen Hgf (Hagen Güterbahnhof Fahrdienstleiter) und Hgw (Hagen Güterbahnhof Weichenwärter). Im Rangierbahnhof Hagen=Vorhalle heißen die Fahrdienstleiterstellwerke noch heute Vof und Vwf, und in Wuppertal=Vohwinkel konnte man bis vor wenigen Jahren das Stellwerk Vpf für Vohwinkel Personenbahnhof Fahrdienstleiter=stellwerk ausmachen.

Manchmal war die geographische Lage in die Bezeichnung einbezogen, **900**
etwa bei On = Osterburg Nord (das südlich gelegene Befehlsstellwerk hieß Ob) oder Msf und Mnf = Magdeburg Süd Fahrdienstleiter bzw. Magdeburg Nord Fahrdienstleiter; in Hagen=Vorhalle Vof = Vorhalle

---

33 Die Unterscheidung ist betrieblich: Befehls= (Fdl=) und (Weichen=) wärterstellwerke regeln im Sinne der EBO u. a. den **Zugbetrieb** über fest**gelegte** und nur durch Fremdeinwirkung wieder auflösbare **Fahrstraßen** von der oder auf die freie Strecke übergehender **Zugfahrten**. Die innerhalb der (betrieblichen) Bahnhöfe gelegenen Rangiertellwerke dagegen hatten keine so starken Einschränkungen, sondern durften in ihrem Zuständigkeitsbereich *Rangierabteilungen* über technisch **ungesicherte** Rangierwege leiten.

Um der Chronistenpflicht zu genügen: in Magdeburg Hbf konnten bis in die 90er Jahre von Süden kommende **Zugfahrten** von der „Leipziger Seite" (Gleise 1 bis 5) zum Ostwärts=Fahren nicht auf gesicherten Zugfahrstraßen auf die „Berliner Seite" (Gleise 6 bis 11) gelangen. Deshalb wurden sogar besetzte Reisezüge auf ungesicherten Rangierwegen quer durch den Magdeburger Hbf geleitet. Dafür gab es örtliche Sonderregelungen. Durch einen umfassenden Umbau von Magdeburg Hbf hat sich auch das stellwerkstechnische Problem erledigt.

Eigene Anmerkungen: ....

....

....

Ost Fahrdienstleiter und Vwf = Vorhalle West Fahrdienstleiter.

901 Mitunter erhielten Stellwerke, die in Turm*form* gebaut waren, als *letzten* Buchstaben ein „t". In Wanne-Eickel gab es z. B. die Stellwerke Nwt 1 und 2 (Nordwestturm), Sot Südostturm), Swt (Südwestturm).

902 Nach größeren Umbauten bei der Deutschen Bundesbahn, die nur ein Stellwerk übrig ließen, gab es oft die Kombination aus Beginn des Ortsnamens und dem „f" für Fahrdienstleiter.

903 Die Zusammenlegungen politischer Gemeinden wurden dabei eher *nicht* nachvollzogen: so hießen z. B. in Wuppertal die Stellwerke weiterhin Of (Oberbarmen Fahrdienstleiter), Ef (Elberfeld Fahrdienstleiter) und Vpf (Vohwinkel Personenbahnhof Fahrdienstleiter), und das, obwohl die Städte Barmen, Elberfeld, Cronenberg und Vohwinkel schon 1929 zusammengeschlossen, 1930 die neue Stadt in Wuppertal umbenannt wurde und der Bahnhof Wuppertal-Elberfeld seit Mitte der 90er Jahre Wuppertal Hbf heißt.

Bis vor wenigen Jahren stand in Krefeld-Uerdingen auf dem Gelände der Chemiefabrik von Bayer [34] (von der Eisenbahn durch den

34 1863 in Barmen, im heutigen Wuppertaler Stadtbezirk Heckinghausen, von Friedr. Bayer und Joh. Friedr. Weskott unter der Firma „Friedr. Bayer et comp." gegründet; 1878 auf ein größeres Gelände in Elberfeld verlegt; um 1900 Hauptsitz wiederum verlegt, diesmal nach Wiesdorf am Rhein auf das Gelände der Alizarinfabrik von Carl Leverkus & Söhnen (dem späteren Namensgeber der Stadt Leverkusen). Es folgten Zukäufe anderer Unternehmen, u. a. einer Schwefelsäurefabrik in Dormagen und der Chemiefabrik Weiler-ter Meer in Hohenbudberg nache Uerdingen am Rhein.
Die Gemeinde Hohenbudberg wurde durch das wachsende Bayerwerk weitgehend verdrängt. Der Rangierbahnhof Hohenbudberg (1906 - 1986) war in seiner Blütezeit einer der größten Deutschlands. 1927 schloß sich Hohenbudberg der Stadt Uerdingen am Rhein an. Der Name Bayer ist inzwischen aus den Namen von Eisenbahnstationen verschwunden (Leverkusen, Hohenbudberg und Dormagen Bayerwerk Hp - heute „Chempark") und fristet nur noch ein Schattendasein in den betrieblichen Abkürzungen KBAY für den Haltepunkt an einer Überleitstelle in Leverkusen (08 482-2 - und durch die führende 08 als Betriebsstelle der RBD/BD Wuppertal erkennbar) und KLBY für den NE-Bahnhof 505 05-7 „Leverkusen Bayerwerk".

Eigene Anmerkungen: ....

....

....

Werkszaun getrennt) noch ein Stellwerk aus der Reichsbahnzeit mit der Frakturinschrift „Uerdingen am Rhein" und der Bezeichnung Uo. Inzwischen ist es abgebrochen. Insgesamt behielten die Uerdinger Stellwerke ihre mit „U" beginnende Kurzbezeichnung auch nach dem Zusammenschluß mit der Stadt Krefeld.[35] Das ursprünglich mit „Umf" bezeichnete Stellwerk (Uerdingen Mitte Fahrdienstleiter) wurde später umbenannt in „Uf" (Uerdingen Fdl ; ohne „Krefeld-" davor), wahrscheinlich durch Wefgall des im Südwesten gelegenen Wärterstellerks „Uw" nach einem Umbau des Bahnhofs Krefeld-Uerdingen um 1975. Dadurch stand „Umf" nicht mehr in der Mitte und „verlor" sein „m". Stellwerk „Uf" ist nachweislich das nördlich von der großen Bahnhofsstraßen-Brücke stehende Stellwerk mitten zwischen den Hauptgleisen.[36] Es steht noch, bietet aber, mit vermauerten Fenstern und durch Graffiti stark verunziert, einen beklagenswerten Anblick. Aufgelassen (im Eisenbahndeutsch bedeutet das „geschlossen") wurde es Anfang des 21. Jahrunderts im Zuge des Baus einer Betriebszentrale in Duisburg. Seitdem wird die *ganze Strecke von dort aus ferngesteuert*[37] und ist nicht mehr örtlich besetzt ; das Stellwerk wurde also technisch außer Betrieb genommen.

Auch die Eingemeindung von Vorhalle nach Hagen 1929 schlug sich nicht in den Stellwerksbezeichnungen nieder, siehe oben ; ebensowenig die von Rheindahlen und Rheydt nach Möndengladbach mit

35 Von 1929 bis 1975 waren Krefeld und Uerdingen zwar verbunden, als Sonderkonstrukt aber recht selbständig (eigener Bürgermeister, eigene Ortssatzung usw.). Um den Umfang des vorliegenden Buches nicht zu sprengen, sei an dieser Stelle auf die heimatkundliche Spezialliteratur verwiesen.

36 Der Autor dankt ausdrücklich Dr. Hans H. Kron, Eisenbahn-Signalingenieur, 1. Vorsitzender des Arbeitskreises Stellwerk e.V., Rommerskirchen, für diese Hinweise zu den Krefelder Gegebenheiten. Weiterführende Informationen unter : https://stellwerke.info/stw/

37 Ein **Unterschied** zu oben, Rz. 898 , Fn. 32 : **dieses** endgültig außer Betrieb genommene Stellwerk kann auch bei Bauzuständen usw. nicht wieder eingeschaltet werden.

Eigene Anmerkungen : ....

....

....

den Stellwerken Mf = Mönchengladbach [Hbf] Fahrdienstleiter, aber weiter Rf = Rheindahlen Fahrdienstleiter und Ro = Rheindahlen Ost sowie Rheydt Hbf mit Rpf = Rheydt Personenbahnhof Fahrdienstleiter und Rpn = Rheydt Personenbahnhof Nord [Wärterstellwerk] und Rheydt-Odenkirchen mit Of. [38]

904 Im Bereich der Deutschen Reichsbahn (DDR) wurden oft die Stellwerke innerhalb eines Bahnhofs durchnumeriert und *die Funktion* als Buchstabe *davorgesetzt*, z. B. W 1 = Wärterstellwerk [1], R 2 = Rangierstellwek [2], B 3 = Befehlsstellwerk (Fdl-Stellwerk) [3].

905 Es existierten also weit mehr Stellwerke als Betriebsstellen (Bahnhöfe, Haltepunkte, Abzweigstellen usw.), und die Abkürzungen für diese Betriebsstellen waren uneinheitlich.

Neugestaltung des Abkürzungssystems Anfang der 80er Jahre

906 Bei der Deutschen Bundesbahn gab es Anfang der 80er Jahre ein Projekt namens „Integrierte Transportsteuerung" (ITS), das seiner Zeit gemäß auf die voranschreitende elektronische Datenverarbeitung (EDV) setzte.

907 Dafür war eine *eindeutige, überschneidungsfreie* Benennung aller Betriebsstellen nötig, und dem genügte das alte System nicht mehr. Deshalb wurden die - heute noch gültigen - Abkürzungen geschaffen, die **mit dem Kennbuchstaben der damaligen Direktion beginnen.** Große bzw. bedeutende Betriebsstellen erhielten kurze Buchstabenkombinationen, kleinere hatten daher mehr Buchstaben, zum Beispiel:

---

38 Odenkirchen wurde 1929 zusammen mit Rheydt, München-Gladbach, Giesenkirchen und Schelsen zur neuen kreisfreien Stadt Gladbach-Rheydt vereinigt. Die Stadt wurde 1933 auf Betreiben des in Rheydt geborenen Dr. Joseph Goebbels wieder aufgelöst, jedoch verblieben Odenkirchen, Giesenkirchen und Schelsen bei Rheydt, und der Bahnhof wurde in Rheydt-Odenkirchen umbenannt. Dieser Name wurde mit der erneuten Eingemeindung von Rheydt nach Mönchengladbach (seit 1960 nicht mehr München-Gladbach) zum 1. Januar 1975 aber nicht wieder geändert.

Eigene Anmerkungen: ....

....

....

- AA Hamburg=Altona
- AH Hamburg Hbf
- AM Maschen Rbf
- ABLZO Buchholz (Nordheide) Vorbahnhof
- EE Essen Hbf
- EDO Dortmund Hbf
- EDG Duisburg Hbf
- EDWD Duisburg=Wedau
- EDMEA Abzw Duisburg=Meiderich Süd
- MH München Hbf
- MOR München Ost Rbf
- MMAL München=Allach.

Für wichtige Bahnstellen im Ausland (man wollte ja *alle* Betriebsstellen in der EDV verarbeiten können) verwendete man die führenden Buchstaben X und später auch Z. **908**

Der *zweite* Buchstabe gab das Land an, z. B.

- XAL Österreich [Austria] / Linz Hbf
- XBM Belgien / Montzen
- XCM Sowjetunion / Moskau
- XID Italien / Domodossola
- XLBET Luxemburg / Bettembourg
- XNMT Niederlande / Maastricht
- XPWP Polen / Warszawa Praga
- ZIGS Irland / Greystones
- ZKU Kasachstan / Uralsk
- ZLV Litauen / Vilnius
- ZUD [ehem. UdSSR] Rußland] / Dnepropetrowsk.

Eigene Anmerkungen: ....

....

....

909 Betriebsstellen der Nichtbundeseigenen Eisenbahnen (NE=Bahnen) waren für den Wechselverkehr DB - NE wichtig und erhielten ihre Abkürzungen nach der geographischen Lage der zugehörigen Bundesbahndirektion, z. B.

- ENHW Neheim=Hüsten West
- HCN Celle Nord
- RHLB Bad Herrenalb
- TDH Dettenhausen.

910 Im Zuge der Wiedervereinigung von Deutscher Bundesbahn und Deutscher Reichsbahn (DDR) erhielten auch die Reichsbahnbetriebsstellen Abkürzungen nach dieser neueren Systematik. Weil etliche Buchstaben für die Direktionen schon vergeben waren, etwa E für Essen, H für Hannover und S für Saarbrücken, erhielten die Rbd Halle das L, die Rbd Erfurt das U und die Rbd Schwerin das W. Die Reichsbahndirektionen Berlin und Dresden konnten mit den noch freien Buchstaben B und D versorgt werden; die Reichsbahndirektionen Cottbus, Greifswald und Magdeburg wurden aufgelöst.

911 Ein X an *letzter* Stelle der Abkürzung deutet ein „Werk" an (ehem. Bw oder Bww), z. B. LDX = ehem. Direktion Halle, Werk Dessau oder KKROX = ehem Direktion Köln, Werk Krefeld=Oppum.

912 Schon die Vorkriegsdirektionen der Deutschen Reichsbahn waren territorial nicht deckungsgleich mit Regierungsbezirken oder Ländern, das hat sich später nicht geändert. Deshalb war und ist es auch nicht möglich, in solche Abkürzungen die Zugehörigkeit zu politischen Gebieten einzuarbeiten. Die Systematik ist aus dem Eisenbahnbetrieb für den Eisenbahnbetrieb gewachsen.

913 Das derzeit gültige Regelwerk der Deutschen Bahn AG gibt keine direkten Hinweise mehr auf die ehemaligen Direktionen, es heißt nur

Eigene Anmerkungen: ....

....

....

farblos „Örtlichkeit in ... [Baden, Sachsen o. ä.], ehem. RB DB Netz ...", wobei die Regionalbereiche Netz anscheinend zunächst die ursprünglichen Direktionsbezirke umfaßt haben. Durch Neugliederungen ist auch diese zeitweise Zuordnung heute nur noch Geschichte.

Zum Unterschied von Betrieb und Verkehr

Die vorstehenden Ausführungen beziehen sich auf betriebliche Belange. **914**
So ist auch der Begriff des Bahnhofs im Sinne der Eisenbahn-Bau- und **915**
Betriebsordnung (EBO) bzw. der Fahrdienstvorschrift (DV/DS 408) zu verstehen, als *Bahnanlage mit mindestens einer Weiche, auf der Züge beginnen, enden, kreuzen, überholen oder mit Gleiswechsel (Spitzkehre) wenden dürfen.* Das ist etwas anderes als etwa ein architektonischer oder ein verkehrlicher Bahnhofsbegriff. In der Architektur ist meist das Empfangsgebäude gemeint, während im verkehrlichen Sinne auch ein Haltepunkt (also eine Bahnanlage ohne Weichen) als Bahnhof bezeichnet werden kann.[39]

Deshalb folgt auch das IBNR, das Internationale Verzeichnis der **916**
Bahnhofsnummern, einer anderen, eigenen Systematik nach verkehrlichen Gesichtspunkten. Im IBNR finden sich zum Beispiel Bushaltestellen, die mit der Eisenbahn gar nichts (mehr) zu tun haben. Sofern dort früher einmal Eisenbahnverkehr betrieben wurde, ist er eingestellt und die Bahnanlagen können längst abgebaut sein.

Wenn auf Fahrkarten des Reiseverkehrs der Weg durch abgekürzte **917**
Ortsnamen angdedeutet ist, werden dazu nicht die betrieblichen Abkürzungen verwendet, sondern Kfz-Kennzeichen oder Eigenkreationen der Verkehrsträger.

39 Gevelsberg Hbf und Mülheim (Ruhr) Hbf haben keine Weichen, sind also *betrieblich* Haltepunkte.

Eigene Anmerkungen: ....

....

....

918 Das DIUM[40] ist zwar bei seinen Bahnhofsnummern oft gleichlaufend mit den betrieblichen Bahnstellennummern, aber nicht immer. Im Zweifel haben verkehrliche Belange (etwa der „Verrechnungsbahnhof") Vorrang.

Streckennummern – verschiedene Systeme

919 Für die Numerierung von Eisenbahnstrecken existieren verschiedene Systeme - je nach Blickwinkel des Nutzers und deshalb unterschiedlich. Hier seien die bekanntesten erwähnt.

920 Betrieblich sind die vierstelligen **VzG-Streckennummern der STREDA** sehr wichtig. STREDA steht dabei für Streckendatenbank und VzG für *Verzeichnis der örtlich zulässigen Geschwindigkeiten*. Auch geplante, im Bau befindliche, stillgelegte, abgebaute, veräußerte und nicht gebaute Strecken sind enthalten, soweit für die Eisenbahn Rechte oder Rechtsverpflichtungen bestehen. Die VzG-Streckennummern sind eindeutig und verändern sich im Gegensatz zu den Kursbuchstreckennummern nicht im Laufe der Zeit. Sie werden deshalb auch außerhalb der Deutschen Bahn AG bei Ausschreibungen von Bauleistungen, Planung von Bauten, Raumordnung usw. verwendet.

921 Die meist dreistelligen **Kursbuchstreckennummern** folgten dagegen verkehrlichen Belangen. Sie sollten dem Kursbuchnutzer die Orientierung in den Fahrplantabellen erleichtern, sie deuteten Magistralen an und die örtliche Lage. Von wichtigen Verkehrsknoten ausgehend, führten die Strecken sternförmig (im Uhrzeigersinn geordnet) zu anderen bedeutenden Zielpunkten. Die Grundstrecken erhielten die Endziffer 0.

Die abgehenden Seitenstrecken trugen in der ersten und zweiten

40 Distancier international uniforme marchandises: liste des gares ... = Einheitlicher Entfernungszeiger für den internationalen Güterverkehr: Verzeichnis der Güterverkehrsstellen...

Eigene Anmerkungen: ....

....

....

Stelle die gleichen Ziffern wie die Grundstrecke, in der dritten Stelle wurde die laufende Numerierung der Abzweigungen fortgesetzt. Beispiel: **München** - Ingolstadt - Donauwörth (- Stuttgart) 910 ; - Ingol=stadt - Würzburg 920 ; - Landshut - Regensburg 930 ; - Mühldorf 940, - Rosenheim - Salzburg 950 ; - Weilheim - Innsbruck 960 ; in Weilheim abzweigend nach Schongau 962.

Inzwischen gibt es keine gedruckten Kursbücher mehr. Zwar existieren **922**
die Kursbuchstreckennummern noch in Datenbanken, aber sie sind bei weitem nicht mehr so präsent wie in den papiernen Fahrplantabellen. Immerhin sind Tabellen in der Gestaltung der Kursbuchtabellen elek=tronisch verfügbar, wenn man sie sucht.

Sowohl betriebliche als auch verkehrliche Aspekte (z. B. Zugläufe) **923**
sind in den **La=Streckennummern** verarbeitet. „La" steht dabei für die „Zusammenstellung der vorübergehenden Langsamfahrstellen und an=deren Besonderheiten."

Grundsätze und Richtlinien zur Schreibweise von Bahnhofsnamen

Dieser Beitrag stammt von Erich Preuß (1940 - 2014) und erschien **924**
unter anderem in dem Sammelwerk „Das große Archiv der deutschen Bahnhöfe" im Gera=Nova=Verlag, München, 1995 ff. Freundlicher=weise hat Herr Preuß vor seinem Tode dem Verfasser des vorliegenden Buches noch die Verwendung des vollständigen Aufsatzes gestattet.

- **Punkte** werden hinter Bahnhofsnamen und Zusätzen nicht gesetzt. **925**
  Es heißt also „München Hbf" und nicht „München Hbf.".
- **Bindestriche** kommen nur bei Doppelnamen in Frage, sofern es **926**
  sich um zwei verschiedene Orte handelt, auch wenn im Laufe der Zeit infolge der Ausdehnung der Orte eine räumliche Trennung nicht mehr besteht, zum Beispiel : Schirgiswalde-Kirschau.

Eigene Anmerkungen : ....

....

....

927 - **Vor** dem Ortsnamen stehende Zusätze wie Bad, Ostseebad usw. werden **nicht** durch Bindestriche mit dem Ortsnamen verbunden. Es heißt daher richtig Bad Breisig oder Lutherstadt Eisleben.

Der falsche Bindestrich ist der häufigste Fehler.

Bei Dresden-Neustadt ist er indes richtig, weil Neustadt ein Ortsteil in Dresden ist. Bei Hildesheim-Ost ist er zuviel, denn Ost ist kein Stadtteil, sondern eine Himmelsrichtung. Genauso falsch ist es, Hauptbahnhof oder Haltepunkt durch einen Bindestrich mit dem Ortsnamen zu verbinden. So hatte man zu schreiben Berlin Ostbahnhof und nicht Berlin-Ostbahnhof. Als auf den Bahnsteigen Bänke mit entsprechender Holzanschrift aufgestellt worden waren, mußte der Bindestrich abgeschlagen werden, zumal die Fügung Berlin-Ost in der offiziellen Lesart verpönt war.

928 - **Zusätze** hinter Ortsnamen zur Unterscheidung von gleichnamigen Orten werden in runde Klammern gesetzt. Hierbei ist zu beachten, daß Abkürzungen wie „b“ (bei), „Kr“ (Kreis) sowie die in Klammern stehenden Abkürzungen von Ortsnamen, Namen von Flüssen usw. **keinen** Punkt erhalten, also Hoppenrade (Meckl) und nicht Fürth (Odenw.), Coswig (Bez Dresden) oder Bernau (a Chiemsee).

Häufig wird unzulässig abgekürzt wie Frankfurt (O), Halle (S) Hbf. Im Bahnhofsverzeichnis des Kursbuches der Deutschen Bahn AG finden wir Uneinheitliches, wie oft auch die Schreibweise der Bahnhofsnamen nicht mit der in der Fahrplantabelle übereingeht. In der Mehrzahl werden die Abkürzungen korrekt gedruckt wie z.B. Heidkrug (b Delmenh). Daneben finden wir aber auch Mühlen (b. Horb).

929 - **Der Zusatz zum Zusatz** wird durch ein Komma getrennt.

Nicht totzukriegen ist die Schreibweise Moßbach (b Neustadt/Orla).

Eigene Anmerkungen: ....

....

....

Bereits 1959 wurde sie in einer DDR=Fachzeitschrift kritisiert und findet sich noch ganz genau so im Kursbuch 1996/97.

Richtig wäre Moßbach (b Neustadt, Orla). Der Verzicht auf den Schrägstrich soll die Lesbarkeit derart langer Fügungen erleichtern. Der Schrägstrich innerhalb der Klammer hingegen macht den Teil zu wichtig, der nur den Ortsnamen ergänzen soll.

Bei der Deutschen Bahn AG herrschen für solche Fügungen - zum Teil falsche! - Schreibweisen vor: Reuth (b Plauen/Vogtl), Raindorf (b Fürth Bay), Steinach (b Rod T), Struthuten (Neunkirchen, Kr. Siegen), Oberau (b. Garmisch=P).

- **Zusätze zur näheren Bezeichnung** bei mehreren Bahnhöfen an einem Ort wie Hbf, Süd, Vorstadt werden **nicht** durch Bindestriche mit dem Ortsnamen verbunden. 930
- Für einige Zusätze gelten **feststehende Abkürzungen** wie Hbf, ob Bf, unt Bf - **nie kürzt die Eisenbahn Bahnhof mit „Bhf" ab!** 931
- **Ortsnamen mit ß** dürfen **nicht** mit ss geschrieben werden, also nicht Weissenfels. Doch es sind zwischenzeitliche Änderungen zu beachten. Beispielsweise schrieb sich Sassnitz einst mit Doppel=s, dann mit ß und seit 1992 wieder mit ss. 932

Dienstvorschrift (DV) oder Druckschrift (DS)?

Dienstvorschriften, Anordnungen und Weisungen, Verzeichnisse, Schriften von unterrichtendem oder erläuterndem Inhalt usw. folgen einem thematischen System, welches nicht decklungsgleich mit dem System der Schriftgutverwaltung ist, das zur Vorbereitung der fertigen Veröffentlichung greift. An der Erstellung eine Dienstvorschrift usw. sind oft mehrere Abteilungen beteiligt, damit auch mehrere aktenführende Stellen, die ihr Material nach ihren eigenen Bedürfnissen registrieren 933

Eigene Anmerkungen: ....

....

....

und verwalten, also auch ihre eigenen Aktenzeichen verwenden. Die zwischen den Abteilungen abgestimmten Vorarbeiten fließen dann in das Endprodukt bei der federführenden Stelle ein.

934 Darüber hinaus hat man bei der Eisenbahn frühzeitig entschieden, daß die Vorschriften usw. numeriert werden sollten, die Numerierung aber durchaus Lücken aufweisen durfte. Dadurch finden sich Spuren der Schriftgutverwaltung nur in den Geschäftszeichen der Einführungs=verfügungen.

935 Ein „Verzeichnis der Dienstvorschriften“ gibt es leider nicht, nur Drucksachen= bzw. Druckschriftenverzeichnisse.

936 In diesem Zusammenhang steht auch die Umbenennung von „DV“ in „DS“ im Jahre 1979.

Im Amtsblatt der Deutschen Bundesbahn 24/1979 wurde die Umstel=lung des Begriffs „Dienstvorschrift“ (DV) in „Druckschrift“ (DS) verfügt:

„236 - Vorschriftenwesen der DB

Änderung des Sammelbegriffs „Vorschrift“ in „Druckschrift“

Nach den Bestimmungen für die Gestaltung von Vorschriften (Anhang III zur Drucksachenvorschrift) werden unter dem Sammelbegriff „Vorschriften“ sämtliche für das Unternehmen DB zur einheitlichen, rationellen Regelung des Dienstbetriebes notwendigen und für den gesamten DB=Bereich geltenden Druckschriften in der Drucksachenkartei der geschäftsführenden BD Hannover katalogisiert. Daraus ergibt sich, daß derzeit alle geltenden Druckschriften unter dem Sammelbegriff „Vorschriften“ mit der Kennzeichnung „DV“ - Drucksachenverzeichnis charakterisiert werden, effektive Vorschriften jedoch nur ein Teil aller Druckschriften sind und Geschäftsanweisungen, Richtlinien, Verzeich=nisse, Bedienungsanweisungen, Beschreibungen usw. hingegen den

Eigene Anmerkungen: ....

....

....

größeren Teil der Druckschriften ausmachen.

Um die Anzahl der effektiven Vorschriften - sie sind aus Titel und Gliederung eindeutig erkennbar - als Teilbereich neben dem anderen größeren Teil der Druckschriften zu verdeutlichen, ist anstelle des Sammelbegriffs „Vorschrift" mit Kennzeichnung „DV" = Drucksachenverzeichnis künftig der Sammelbegriff „Druckschrift" mit Abkürzung „DS" anzuwenden.

Bei der Neuausgabe der z. Z. in Überarbeitung befindlichen Bestimmungen für die Gestaltung von Vorschriften - DV 209/III - (künftig: Bestimmungen für die Gestaltung von Druckschriften - DS 209 1111 -) wird dies entsprechend Berücksichtigung finden.

HVB vom 15. Mai 1979 - 2A.828 Oav 65 - An alle Stellen"[41]

Das numerische System der Dienstvorschriften

Dienstvorschriften im engeren Sinne waren als Themengruppen in 937
zehn numerische Blöcke unterteilt; zur einfachen Unterscheidung hatten sie verschiedenfärbige Umschläge. Die Nummern der Grundvorschriften waren in der Regel dreistellig, Teilhefte erhielten kleine Buchstaben zur Unterscheidung, Anhänge römische Zahlen.

---

41 Das Geschäftszeichen aufgelöst: HVB = Hauptverwaltung der Deutschen Bundesbahn; Ausfertigungsdatum; verfügende Stelle: Dezernat 2A (vor dem Punkt), der Dezernent 2A hat die Verfügung unterzeichnet; vorbereitet wurde sie vom Sachbearbeiter mit dem Arbeitsanteil 828 (hinter dem Punkt); das **Aktenzeichen** lautet: Oav 65 = Organisation, Allgemeines, Verwaltungsvorschriften der Deutschen Reichsbahn(!), laufende Nummer der Akte (oder des „Vorgangs" innerhalb der Akte Oav): 65.
Kuriosum am Rande: Die Aktenpläne der Deutschen Bundesbahn ab 1950 enthielten gar keine Aktenplanposition „Oav" mehr, diese Akte wurde anscheinend nach der älteren Systematik (gültig ab 1928) weitergeführt, nun als „Unterakte" in der Aktenplangruppe „Oa" = Organisation, Allgemeines.

Eigene Anmerkungen: ....

....

....

938 **Hauptgruppen der Dienstvorschriften und Umschlagfarbe**

- 001 bis 099 - grau - Personal
- 100 bis 199 - grün - Allgemeine Verwaltung
- 200 bis 299 - braun - Finanzen
- 300 bis 399 - rot - Betrieb (Gesetze, Vorschriften des VDEV/VMEV[42])
- 400 bis 499 - rot - Betrieb (andere Vorschriften)
- 500 bis 599 - blau - Verkehr und Tarif (Gesetze usw. wie oben)
- 600 bis 699 - blau - Verkehr und Tarif (Kundmachungen des DEVV[43])
- 700 bis 799 - blau - Verkehr und Tarif (andere Vorschriften)[44]
- 800 bis 899 - violett - Bau
- 900 bis 999 - gelb - Maschinentechnik und Werkstätten

Einige Dienstvorschriften lagen außerhalb dieses Systems, etwa die allgemeine Verschlußsachenanweisung (DV 1100 a) oder die NfD-Vorschrift (DV 1100 c).

939 **Auswahl aus Dienstvorschriften / Druckschriften**

- 019 ADA — Allgemeine Dienstanweisung für die [Reichs-/Bundes-...] ...bahnbeamten
- 101 Smlg HPfl — Sammlung von Verfügungen in Haftpflichtangelegenheiten
- 101/I Haftpflichtr. — Richtlinien für Ermittlungen in Haftpflichtschadensfällen

---

42 VDEV/VMEV = ursprünglich Verein deutscher Eisenbahnverwaltungen, später Verein Mitteleuropäischer Eisenbahnverwaltungen.

43 DEVV = Deutscher Eisenbahn-Verkehrsverband.

44 Weil das vorliegende Buch thematisch überwiegend verkehrliche Aspekte behandelt, hat es einen blauen Umschlag erhalten.

Eigene Anmerkungen: ....

....

....

-	140	AktVo	Dienstvorschrift über das Aktenwesen
-	140 I	Aktenplan	[für die Zentral= und Direktionsebene]
-	174/I	(o. Abk.)	Aktenplan für die Generalvertretungen der Bundesbahndirektionen, Bundesbahnämter und Bundesbahn=Ausbesserungwerke [1980]
-	176	Schriftvo	Dienstvorschrift für den Schriftverkehr der Dienststellen[45]
-	186	Dilo	Dienst= und Lohnordnung für die Arbeiter der Deutschen Reichsbahn
-	187	AO/Arb	Arbeitsordnung für die Arbeiter der Deutschen Bundesbahn
-	301	Signalbuch	Signalbuch
-	407	VBL	Vorschrift zur Ermittlung der Betriebsleistungen
-	408	FV	Fahrdienstvorschrift[en]
-	417	Naweba	Dienstvorschrift über Namen und Wegweiser auf den Bahnhöfen
-	423	Buvo	Betriebsunfallvorschrift
-	455	(o. Abk.)	Richtlinien für die Bearbeitung der Fahrtberichte
-	464	Brevo	Vorschriften für den Bremsdienst
-	476	Fernschreibv.	Dienstvorschrift über den [Reichs=/Bundes=...] ...bahn=Fernschreibdienst
-	600	PAV	Personenabfertigungsvorschrift
-	601	PBV	Personenbeförderungsvorschrift

45 DV 176, Schriftvo, von 1932 bis 1960 gültig; abgelöst durch die DV für den Schriftverkehr der Dienststellen des Außendienstes (DV Schriftverkehr), die von 1960 bis 1992 galt, nie außer Kraft gesetzt wurde, aber durch Zeitablauf ungültig wurde.
Vollabdruck in: Rösler: *Eisenbahn=Aktenkunde*, S. 893 ff.

Eigene Anmerkungen: ....

....

....

-	607	GBV (W)	Güterbeförderungsvorschriften für den Wagenladungsverkehr
-	620	ErmV	Ermittlungsvorschriften (Kundmachung 11 des DEVV)
-	630	Verb Ü	Übereinkommen der Eisenbahnverwaltungen des Deutschen Eisenbahn-Verkehrsverbandes (Verbandsübereinkommen)
-	704	EntschV	Dienstvorschrift [für die Abfertigungsstellen] über die Erledigung von Entschädigungsanträgen aus dem Frachtvertrag
-	847	He Schu	Dienstvorschrift für die Herstellung und Unterhaltung von lebenden Hecken und Schutzzäunen
-	935	Feufa	Feuerlöscher in den Fahrzeugen

Dieses bis in die letzten Feinheiten durchdachte System ist Geschichte.
940 Die ehemaligen Vor= und Druckschriften haben andere Bezeichnungen erhalten und damit gleichzeitig die bewährten Abkürzungen oder Kurzwörter verloren. Eine Konkordanz im Sinne von „früher DS ...“ oder z. B. „früher Buvo“ gibt es nicht. Volltextsuchen bringen Massen an irrelevanten Suchergebnissen, die Suche nach altbekannten Begriffen bleibt dagegen ergebnislos, weil diese Begriffe einer zwanghaften Umbenennung zum Opfer gefallen sind. Die „DS“ selbst sind nicht mehr durchgehend in die Themenblöcke einsortiert, sondern können irgendeine „freigewordene“ Nummer erhalten. Zudem sind sie in „Module“ zerhackt, und der Versuch, eine Gesamtausgabe aus den verstreuten Daten zu generieren, ist zum Glücksspiel geworden. Das Überblickswissen ist dahin - aber dies muß wohl heute so gewünscht sein.

Eigene Anmerkungen: ....

....

....

Die Telefonie der Eisenbahn (Basa)

Die Eisenbahn unterhielt ein eigenes Fernsprechnetz. In diesem Netz unterschied man das erweiterte Betriebsfernsprechnetz, das Betriebs=fernsprechnetz im engeren Sinne (Betriebsfernsprechverbindungen) und das Netz für die elektrische Zugförderung (Starkstromnetz). Zum Betriebsfernsprechnetz im engeren Sinne gehörten die Fahrdienstver=bindungen (Fd), die Streckenfernsprechverbindungen (Fs) und die Bahnhofsverbindungen (Fo). Das erweiterte Betriebsfernsprechnetz (Basa) umfaßte Hauptverbindungen (Fh), Fernverbindngen (Ff), Nah=verbindungen (Fn), Bezirksverbindungen (Fb) und Anschlußverbin=dungen (Fa) sowie Postanschlußverbindungen (Fp), letztere auch zur Vermittlung vom Basa= ins Postfernsprechnetz. 941

Das Kürzel „Basa" steht für „Bahn=Selbstanschlußanlage". Mit dieser Fernsprechtechnik war die Deutsche Reichsbahn seit den 20er Jahren ein Vorreiter in Sachen Selbstwählferndienst. Während die Reichspost noch weitgehend Ferngespräche mit der Hand vermittelte, konnten Mitarbeiter der Eisenbahn ihre Gesprächsteilnehmer ohne Vermittlung durch Selbstwahl erreichen, auch in ferngelegenen Regionen. Eine ver=gleichbare Technik schuf sich die Wasserwirtschaft entlang der Flüsse und Kanäle mit ihrer Wasa (Wasserwirtschafts=Selbstanschlußanlage). 942

Weil es in der Basa - anders als im öffentlichen Fernsprechnetz der Post - keine Gebührenzähler gab, war die Zugangsberechtigung stark reglementiert. 943

Die hier skizzierte Basa=Technik wurde bis Anfang der 1990er Jahre betrieben und danach durch neuere Entwicklungen abgelöst. 944

Im Gegensatz zum Fernsprechnetz der Deutschen Bundespost, das für jeden Ort von überall her die gleiche Vorwahl hat, mußten Basa=Verbindungen schrittweise über Knotenvermittlungsstellen aufgebaut 945

Eigene Anmerkungen: ....

....

....

werden (Staffelwahl). Die Staffelwahl wurde übrigens auch in anderen Sondernetzen verwendet (Polizei, Militär).

946 Das Basa-Netz basierte auf Haupt-, Stern- und Querverbindungen, mit denen im Weit- oder im Bezirksverkehr die Teilnehmer erreichbar waren. Im Weitverkehr sprach man mit Teilnehmern außerhalb des eigenen Direktionsbezirks, im Bezirksverkehr innerhalb. Dem Weitverkehr dienten die Basa des Großnetzes an den Sitzen des Verkehrsministeriums, der Reichs-/Bundesbahndirektionen, der Zentralämter usw. mit dreistelligen, mit 9 beginnenden Kennzahlen. Die Basa an den Standorten der Anfang der 70er Jahre aufgelösten Bundesbahndirektionen behielten ihre mit der 9 beginnende Kennzahl und bekamen zusätzlich eine mit 8 beginnende Kennzahl des Bezirksverkehrs der aufnehmenden Direktion.

947 Das Basa-Netz der Deutschen Reichsbahn (DDR) arbeitete mit zweistelligen, auch mit der 9 beginnenden Kennzahlen für ihr Großnetz.[46] Nach 1990 erielten die Direktionsitze wieder dreistellige Kennzahlen.

948 Im Bezirksverkehr hatten die Hauptbasa dreistellige, mit 8 beginnende Kennzahlen und konnten ohne den Umweg über die Großbasa der eigenen Direktion direkt angewählt werden. Unterbasa wurden über die Hauptbasa angewählt. Von der Unterbasa in die eigene Hauptbasa gelangte man in der Regel durch Tastendruck.

949 Den eigenen Direktionssitz (sowohl für Teilnehmer dort als auch zum Großknoten) erreichte man in der Regel mit der Kennzahl 812,

---

46 Es gab Querverbindungen zwischen den Sondernetzen. Die Einwahlnummern waren vertraulich (vgl. z. B. Verkehrswesen der DDR, DV 0111, Nachrichtenordnung, Vertrauliche Dienstsache, Berlin 1984). So war es möglich, sich von der Basa in die Wasa einzuwählen (Wasserwirtschafts-Selbstanschlußanlage), in das Fernsprechnetz der Autobahnen und auch in das „S-1-Netz" (sog. „Sondernetz 1", offiziell „Integriertes Stabsnetz der Partei- und Staatsführung der DDR und der bewaffneten Organe").
Damit existierte ein vom Postnetz unabhängiges Fernsprechnetz zwischen „Dienststellen" aller Art, das auch über separate Wege des Verbindungsaufbaus führte - und bei Überlastung oder Ausfall der Postfernsprechleitungen eine willkommene Rückfallebene war.

Eigene Anmerkungen: ....

....

....

gelegentlich außerdem mit der Großbasavorwahl mit einer 8 statt der
9 an erster Stelle: Köln 843 (oder 812); Großbasa-Kennzahl 943.

Die Vorwahlen der Unterbasa begannen regelmäßig mit einer 7.
Darüber hinaus gab es Querverbindungen zwischen örtlich nahen 950
Basa auch über Direktionsgrenzen hinweg. Dadurch war es z. B. bei
überlasteten oder gestörten Leitungen des Weitverkehrs möglich, den
gewünschten Teilnehmer - nur eben über einen anderen Weg - zu er-
reichen. Diese Querverbindungen begannen ebenfalls meist mit der 7.

Länderübergreifend kam das UIC-Fernsprechnetz hinzu, dessen Netz- 951
mittelpunkte (Wien, Prag, Utrecht, Brüssel, Bern usw.) mit vierstelligen
Vorwahlen erreichbar waren (9043 Österreich, 9042 [damals] Tschecho-
slowakei, 9031 Niederlande, 9033 Belgien, 9041 Schweiz usw.).

Groß- und Hauptbasa wurden angesagt („Frankfurt", „Hamburg", 952
„Puttgarden"), die Unterbasa sandten als Kennung Morsezeichen. Die
Kenntnis von Morsezeichen war daher sehr nützlich. Man machte auch
zweckmäßigerweise beim Wählen kurze Pausen, um sich zu vergewis-
sern, ob man noch auf dem richtigen Wege war.

Einige Beispiele sollen die Staffelwahl verdeutlichen. 953

Ein Anrufer aus Köln (Direktionssitz, Großbasa-Kennzahl 943) konnte einen Gesprächspartner in Minden (Sitz eines Bundesbahn-Zentralamts, Großbasa-Kennzahl 948) erreichen, indem er 948 - *Teilnehmer* wählte. Ein Anrufer aus Düsseldorf-Unterrath dagegen (im Bezirk Köln, Hauptbasa Düsseldorf 821, Unterbasa .724) mußte zunächst mit Tastendruck in seine Hauptbasa Düsseldorf, dann den Großbasaknoten Köln anwählen (aus der eigenen Direktion 812), dann weiter den Großbasaknoten Minden und dort den Anschluß, also 812 - 948 - *Teilnehmer*. Wollte der Mindener BZA-Mitarbeiter seinen Gesprächspartner in Düsseldorf-Unterrath zurückrufen, wählte er 943 - 821.724 - *Teilnehmer*.

Eigene Anmerkungen: ....

....

....

Ein Anrufer aus Frankfurt (M) Flughafen konnte jemanden auf dem Fährschiff „Deutschland" durch 812 - 947 - 868 . 711 - *Teilnehmer* anwählen: Großbasa am eigenen Direktionssitz - Großbasa Hamburg - Hauptbasa Puttgarden . Unterbasa Fährschiff „Deutschland - *Teilnehmer.*

954 Zwischen benachbarten Orten gab es oft Querverbindungen über Direktionsgrenzen hinweg; in der Regel war die Kennzahl zweistellig und begann mit einer 7. So konnte man etwa, wenn die Verbindung von Hagen zur Knotenbasa am Direktionssitz Essen gestört war, mit der Querwahl 73 nach Schwelm (Direktion Köln, ex Wuppertal) gelangen oder auch mit der Querwahl 74 in den „alten" Großbasaknoten der längst aufgelösten Direktion Wuppertal und von dort aus über 848 direkt nach Aachen. Der Regelweg wäre 812 - 943 - 848 - Teilnehmer gewesen (Essen - Köln - Aachen).

955 Die Eisenbahnen der anderen Länder betrieben ähnlich aufgebaute Fernsprechnetze mit Staffelwahl. Zwischen grenznahen Betriebsstellen existierten in der Regel Querverbindungen, über die eine Einwahl in das Netz der anderen Eisenbahn möglich war. Deshalb funktionierte die Eisenbahn-Telefonie über Ländergrenzen hinweg, zum Beispiel von Aachen aus mit der 70 nach Montzen, mit der 71 nach Welkenraedt (beide in Belgien) und mit der 72 nach Maastricht in den Niederlanden oder von Garmisch-Partenkirchen nach Innsbruck in Österreich mit der 71 und von Rosenheim nach Kufstein in Österreich mit der 78.

956 In der Basa der Bundesbahn waren einige Rufnummern nach Funktionen vergeben, zum Beispiel die 1000 und die 11 oder 1111 mit der Vermittlung / Auskunft / Entstörung (damit man notfalls sogar bei Ausfall der Wählscheibe durch „Gabelwählen" noch die Verbindung herstellen konnte). Die 8111 war die Zeitansage, die 365 (ggf. 1365 oder 3365) führte zur Lokleitung, die 391 zum Leiter des Bahnhofs, die 395

Eigene Anmerkungen: ....

....

....

zum Leiter der Bahnmeisterei usw.[47]

Zur Benutzung des Basa-Netzes waren deshalb neben Fernsprech- **957**
wegweisern verkehrsgeographische Kenntnisse bis hin zur Lage der Bahnstellen in den (ggf. aufgelösten) Direktionen sehr hilfreich.

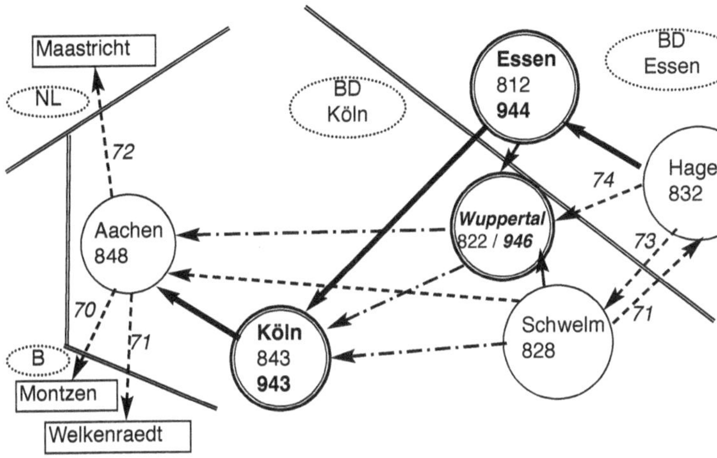

47 Auch hier findet sich wieder das „verborgene System aus dem übergeordneten System", das Datenbanken für Einzellösungen (z. B. Rufnummernvergabe) nicht abbilden können, vielleicht gar nicht abbilden „wollen" (oder sollen ?). Sie zählen nur hoch.
Nur wenn die Planer der Datenbankanwendung das „System hinter dem System" kennen, können sie es auch einbauen. Durch das Wegbrechen des Wissens um die ursprüngliche Systematik, auch und gerade bei den Auftraggebern, verstärkt sich die Tendenz, daß dies nicht mehr geschieht. Das Ergebnis: „Insellösungen" ohne den „Blick über den Tellerrand" verhindern die zeitsparenden Denkabkürzungen und zwingen zum Wechsel zwischen Einzelanwendungen. Statt weniger wird mehr Arbeitszeit verbraucht. Geld spart das nicht.

Eigene Anmerkungen: ....

....

....

Die Zugnummernsystematik

958 Vorweg bemerkt: im Rahmen des vorliegenden Buches kann der Autor hier nur einen groben Überblick skizzieren.

Bei Zugnummern gibt die *Länge* den *ersten* Hinweis :

- sehr kurz (ein= oder zweistellig) : internationaler Reisezug
- kurz (drei= oder vierstellig): Reisezug, Langläufer,
  - kann international oder national sein
- fünfstellig bis 49999: Reisezug, eher „regional"
- fünfstellig ab 50000: Güterzug
- fünfstellig ab 99900: Zug für Sonderzwecke.

Züge werden als Zugpaare geplant, Zug 1 gibt es nicht, also beginnt die Reihe mit dem Zugpaar 2/3. Die Nummern müssen nicht direkt aufeinander folgen.

959 Die *letzte Stelle* der Zugnummer zeigt die Verkehrsrichtung an, das ist der *zweite* Hinweis.[48]

z. B. **gerade von Ost nach West und von Süd nach Nord:**

- der frühere „Ost=West=Expreß" 240 Moskau - Paris
- der ICE 644 / 654 Berlin - Köln[49]
- der frühere „Nord=Expreß" 232 Köln - Kopenhagen
- der ICE 590 München - Hamburg
- Züge der Linie RE 1 von Hamm nach Aachen 26802, 26804 usw.
- Züge der Linie RE 9 von Siegen [etwas südlicher] nach Aachen [etwas nördlicher] 10902, 10904 usw.

---

48 Eselsbrücke: „Von Ost nach West bzw. von Süd nach Nord, also zu den Buchstaben der Windrose mit den **geraden** Strichen hin = gerade Zugnummer; von Nord nach Süd bzw. West nach Ost, also zu den Buchstaben mit den Rundungen hin = **un**gerade Zugnummer."

49 vgl. a. Erstes Buch, Rz. 100 ff.

Eigene Anmerkungen: ....

....

....

z. B. **ungerade von West nach Ost und von Nord nach Süd**

- der frühere „Ost=West=Expreß" 241 Paris - Moskau
- der ICE 645 / 655 [Bonn -] Köln - Berlin[49]
- der frühere „Nord=Expreß" 233 Kopenhagen - Köln
- der ICE 591 Hamburg - München
- Züge der Linie RE 1 von Aachen nach Hamm 26801, 26803 usw.
- Züge der Linie RE 9 von Aachen nach Siegen 10901, 10903 usw.

Diese *auf den ersten Blick erkennbare* - und *dadurch* zeitsparende - **960**
Information zur Verkehrsrichtung fehlt, wenn etwa Zugnummern bei kurzfristig eingelegten Sonderzügen die Zugnummern einfach nur hochgezählt werden.

Außer diesen beiden Hinweisen sind weitere in der Zugnummer **961**
„versteckt", z. B. Liniennummern des Regionalverkehrs, Zuggattungen (Ganzzug, Zug des Einzelwagenverkehrs, Wagenladungs= oder Kom=binierter Verkehr etc.). Um diese Details aufzulösen, bedarf es aller=dings speziellen Wissens, und die Darstellung würde den Rahmen des vorliegenden Buches sprengen.

Statt direkter Zugpaare wie im Fernreiseverkehr ist es im Regional= **962**
verkehr durchaus üblich, für eine pendelnde Zuggarnitur zu planen „10202 wendet auf 10213, dieser wendet auf 10218, dieser wendet auf 10227" usw. Die Verkehrsrichtungssystematik (gerade / ungerade) bleibt dabei erhalten.

Die Wagennummernsystematik

Aus verschiedenen Stellen einer Wagennummer ließen sich über lange **963**
Zeit Informationen ziehen. Teils ist das jetzt noch der Fall, teils ist es ohne Not und ohne erkennbaren Vorteil beseitigt worden.

Eigene Anmerkungen: ....

....

....

964 Die **erste Ziffer** der Wagennummer ließ das internationale Austausch=verfahren erkennen (RIV; Gemeinschaftsbetrieb oder nicht) und ob es sich um Wagen mit Einzelachsen oder mit Drehgestellen handelt.

965 Die **zweite Ziffer** der Wagennummer zeigte das Eigentumsmerkmal: 0, 1 und 2 = bahneigene Wagen („Bahnwagen"), 3 und 4 = Privat=wagen (heute: „Wagen anderer Halter"), 5 bis 8 vermietete Wagen.

966 Beim Eigentümerwechsel wurden die Wagen früher „umgezeichnet", erhielten also eine neue Nummer. Das ist heute nicht mehr der Fall.[50]

967 Die **dritte und vierte Ziffer** der Wagennummer gibt das Land an, in dem der Wagen registriert ist, z. B. 55 = Ungarn, 79 = Slowenien, 80 = Deutschland, 81 = Österreich, 82 = Luxemburg, ... 87 = Frank=reich und 88 = Belgien. Daneben gibt es den Sonderfall 68 = AAE.[51]

968 In der **fünften bis achten Ziffer** der Wagennummer sind die Bauart und die Unterbauart verschlüsselt (Gattungskennzahlen).

969 Die **neunte bis elfte Ziffer** der Wagennummer sind die laufende Nummer des Wagens (dieser Gattung in diesem Land).

970 Schließlich folgt als **zwölfte Ziffer** der Wagennummer eine Selbst=kontrollziffer (Prüfziffer) zur Plausibilitätsprüfung in elektronischen Systemen.

971 Sie wird nach dem Luhn=Algorithmus (modulo 10) berechnet.

972 Übrigens werden praktisch alle Prüfziffern bei der Eisenbahn danach ermittelt: für Bahnhofs=, Versand=, Tarif= und Auftragsnummern.

---

50 Die praktische Auswirkung ist, daß jeder Wagen einzeln auf seine Eigentumsverhältnisse hin geprüft werden muß - mit entsprechendem Arbeitszeitaufwand. Außerdem sind daten=bankmäßige Verbindungen weggefallen, die mit „einfachem Nachsehen an der zweiten Stelle der Wagennummer" funktionierten. Auch die Neuprogrammierungen waren nicht kostenlos. Ob dem ein wirtschaftlicher Vorteil gegenübersteht, ist ungewiß.

51 Die Besonderheit stammt aus der Zeit der „Staatsbahnen". In Deutschland gab es neben der Deutschen Bundesbahn (80) als großen Wageneinsteller die eigenständige „Gemein=schaft der Bentheimer Eisenbahn und der Ahaus=Alstätter Eisenbahn" (AAE) mit ihrer eigenen Nummer 68. Ein „Land" 68 hat es also nie gegeben.

Eigene Anmerkungen: ....

....

....

Von der Abwertung der Umleitungsstrecken

Betrieblich wird nach Haupt- und Neben**bahnen** unterschieden; die Unterscheidung nach Haupt- und Neben**strecken** ist **verkehrlich.** 973

Eine verkehrliche Hauptstrecke als betriebliche Nebenbahn zu bauen, 974 wäre widersprüchlich gewesen, aber verkehrliche Nebenstrecken konnten durchaus als Hauptbahnen gebaut werden. Teils waren sie sogar in Bau und Unterhaltung aufwendiger als die Hauptbahnen der Hauptstrecken. Der Grund dafür läßt sich geschichtlich nachzeichnen.

Als in der zweiten Hälfte des 19. und im ersten Viertel des 20. Jahrhunderts in großem Stil Eisenbahnen gebaut wurden, gab es noch keine nennenswerte Konkurrenz durch Kraftfahrzeuge, insbesondere Lastkraftwagen. Das begann erst in den 1930er Jahren.

Ein zweiter Umstand ist die Vorherrschaft der Dampflokomotive bis zur größerflächigen Elektrifizierung von Strecken in der zweiten Hälfte des 20. Jahrhunderts.

Der Bau von Eisenbahnen hatte zum einen militärische Hintergründe, zum anderen sollten sie aus Staatsinteresse dazu beitragen, rückständige Gegenden wirtschaftlich zu beleben. Das galt vor allem dann, wenn diese Strecken betriebswirtschaftlich unrentabel waren, sie also von gewinnorientierten Unternehmen nie gebaut worden wären. Hier mußte eine politisch gewollte Mischkalkulation einen gemeinnützigen Ausgleich schaffen. Als Beispiele seien genannt:

- die Königlich Preußische Ostbahn von Berlin über Königsberg nach Eydtkuhnen an der Preußisch-Russischen Grenze
- die Vennbahn zur Verbindung rheinischer Industriestandorte um Aachen durch die wirtschaftsschwache Eifel bis nach Luxemburg
- die „Kanonenbahn" von Berlin an großen Ballungsräumen vorbei nach Metz im damaligen Reichsland Elsaß-Lothringen.

Eigene Anmerkungen: ....

....

....

Oft waren diese Strecken schon in ihrer Errichtung teuer, weil sie viele Tunnel und Kunstbauten brauchten (Stützmauern in Gebirgsgegenden, Viadukte). Doch sie trugen stark zur Vernetzung mit anderen Strecken bei und waren so für das **Gesamtsystem Eisenbahn** nützlich, unter anderem als Umleitungsmöglichkeit bei Störungen der Magistralen.

975 Mit dem Aufkommen schnellerer Eisenbahnfahrzeuge und dem Beginn der Elektrifizierung verlagerten sich Eisenbahnverkehre allmählich stärker auf elektrifizierte und für höhere Geschwindigkeiten ausgebaute Strecken; die anderen, nicht modernisierten verloren an Bedeutung und wurden teilweise von zwei- auf eingleisig zurückgebaut[52] oder ganz beseitigt. Der immer stärker werdende Wettbewerb mit den Straßenkraftfahrzeugen (Busse, LKW, auch mehr PKW) verstärkte die Tendenz.

976 Aus dieser faktischen Abwertung von Neben**strecken** (wenn auch Haupt**bahnen**) folgte naturgemäß ein Rückgang der Flexibilität des Gesamtnetzes. Konnten vorher bei Störungen auf Hauptstrecken Züge relativ problemarm umgeleitet werden, ging das nun nicht mehr. Für die nicht elektrifizierten Strecken hätte man (mehr) Dampf- oder Dieselloks gebraucht; was nun eingleisig betrieben wurde, hatte nicht mehr genug Durchlaßfähigkeit für umgeleitete Züge usw.

Im Zuge der Privatisierung des deutschen Eisenbahnnetzes ab 1994 wurde dessen Reduzierung auf die Spitze getrieben: nicht allein Strecken

---

52 z. B. die Obere Ruhrtalbahn ab 1984 zwischen Brilon Wald und Warburg (Westf), nachdem dort schon ab 1968 nur noch eingleisiger Zugbetrieb herrschte.
Bis in den II. Weltkrieg verkehrte ein durchgehender Urlauber-D-Zug von Brest über Bebra, Arnsberg, Aachen und Brüssel nach Ostende; bis zur deutschen Teilung verkehrten Schnellzüge aus dem Rheinisch-Westfälischen Industriegebiet über die Obere Ruhrtalbahn und Kassel nach Berlin und Leipzig. Bis 1991 fuhr ein D-Zug-Paar von Amsterdam nach Bad Wildungen und zurück. Heute gibt es dort nur noch Regional- und Güterverkehr, der Fernverkehr ist Vergangenheit.

Eigene Anmerkungen: ....

....

....

(noch liegende, nur zeitweise außer Betrieb genommene, als reaktivierbare Reserve denkbare) wurden endgültig stillgelegt und entwidmet[53], sondern auch in Größenordnungen Weichen ausgebaut: Bahnhöfe zu Haltepunkten gemacht, Bahnhofsteile „abgebunden" und damit Überhol- und Ausweichmöglichkeiten beseitigt, sogar Verbindungskurven zu anderen Strecken abgebaut - und dadurch betrieblich „geschmeidige" Reaktionen bei Unregelmäßigkeiten gezielt unterbunden.

Warum das so war, wer die Entwicklung vorangetrieben hat, ist für **977**
die Bestandsaufnahme irrelevant. Die Tatsachen sprechen für sich.[54]

Ob sich der destruktive Trend einst mildert, gar umkehrt, kann nur **978**
die Zukunft zeigen. *Falls* das geschieht, dürfte der Aufbau des Neuen mehr Zeit kosten, als es zum Zerschlagen des Gewachsenen gebraucht hat - und erheblich mehr Geld.

Schlußwort – Wissenstransfer gelungen?

Das vorliegende Werk verfolgt den Zweck des Wissenstransfers, doch gehören dazu immer zwei: wenn jener, an den das Wissen transferiert werden soll, es nicht annehmen will, war alle Mühe vergebens.

Falls es dem Verfasser gelungen ist, auch nur wenigen Lesern etwas von seinem Wissen zu vermitteln; falls er sie neugierig gemacht und zu eigenen, *vertiefenden, weitergehenden* Nachforschungen angeregt hat, dann hat das Buch bei *diesen* Lesern seinen doppelten Zweck erfüllt.

---

53 Die Entwidmung als Eisenbahn (ohnehin meist verbunden mit dem Verkauf der Liegenschaften) stellt sicher, daß dort nach menschlichem Ermessen nie wieder eine Eisenbahn fahren wird: sei es, weil dort nun Radwege oder Straßen angelegt wurden; sei es, weil sich die Anlieger an die Ruhe gewöhnt haben und jeden Versuch torpedieren, erneut einen Eisenbahnbetrieb aufzunehmen (vgl. „NIMBY-Prinzip").

54 lat.: facta loquuntur.

Eigene Anmerkungen: ....

....

....

Verwendete Literatur

1. Bahro, Hans: Das konkurrierende Verschulden im Eisenbahnfrachtrecht. [Dissertation]. Universität Erlangen, (Druckerei Concordia, Posen), Erlangen, 1928.
2. Becker, Dieter: *Die Haftung der Eisenbahn nach nationalem und internationalem Frachtrecht. Die Rechtsgrundlagen des Eisenbahnfrachtvertrages und die Haftung der Eisenbahn nach deutschen Recht sowie nach dem Internationalen Übereinkommen über den Eisenbahnfrachtverkehr (CIM, gültig ab 1. Januar 1965).* Verkehrswissenschaftliche Forschungen, Schriftenreihe des Institus für Industrie- und Verkehrspolitik der Universität Bonn, herausgegeben von Prof. Dr. Dr. Dr. h. c. Fritz Voigt, Band 19. Duncker & Humboldt, Berlin, 1968.
3. *Dobelli I*: Dobelli, Rolf: *Die Kunst des klaren Denkens. 52 Denkfehler, die sie besser anderen überlassen.* Carl-Hanser-Verlag, München, 2011. ISBN: 978-3-446-42682-5
4. *Dobelli II*: Dobelli, Rolf: *Die Kunst des klugen Handelns. 52 Irrwege, die sie besser anderen überlassen.* Ungekürzte Lizenzausgabe. Carl-Hanser-Verlag, München, 2012.
5. Filthaut, Werner: *Haftpflichtgesetz.* Aus der Reihe Beck'sche Kurz-Kommentare. 7. Aufl., Verlag C. H. Beck, München, 2006. ISBN: 978-3-406-54903-8.
6. Geigel, Reinhart: *Der Haftpflichtprozeß mit Einschluß des materiellen Haftpflichtrechts.* 1. Aufl., C. H. Beck'sche Verlagsbuchhandlung, München und Berlin, 1935.
7. Geigel, Reinhart: *Der Haftpflichtprozeß mit Einschluß des materiellen Haftpflichtrechts.* 4. Aufl., Biederstein Verlag, München und Berlin, 1949.
8. Geigel (22. Aufl. 2008) siehe Schlegelmilch
9. Hartenstein, Olaf; Reuschle, Fabian (Hrsg.): *Handbuch des Fachanwalts Transport- und Speditionsrecht.* Luchterhand (eine Marke von Wolters Kluwer Deutschland GmbH), Köln, 2010. ISBN: 978-3-472-06196-0.
10. Hendlmeier, Wolfgang (Hrsg.) siehe Riegelmann
11. Hesse, Katrin: *Einführung in das (internationale) Logistikrecht.* LIT Verlag Dr. W. Hopf, Berlin, 2018. ISBN: 978-3-643-13963-4.
12. Kaiser, Paul: *Die Gefährdungshaftung der deutschen Reichsbahn. [Dissertation].* Universität Köln. Dissertationsdruckerei Orthen, Köln, 1940.
13. Koch, W.: *Das Deutsche Eisenbahn-Transportrecht. Erste Abtheilung: Das Frachtgeschäft der Eisenbahnen nach dem allgem. Deutschen Handelsgesetzbuche.* Separatabdruck aus Goldschmidt's Zeitschrift für Handelsrecht, Bd. 8 u. Bd. 10. Verlag von Ferdinand Enke, Erlangen, 1866.
14. Koller, Ingo: *Transportrecht. Kommentar zu Spedition, Gütertransport und Lagergeschäft.* 7. Aufl., Verlag C. H. Beck, München, 2010. ISBN: 978-3-406-60041-8.
15. Lommatzsch, Jutta: *Transportrecht.* W. Kohlhammer Verlag, Stuttgart, 2021. ISBN: 978-3-17-022040-9.
16. Mella, Franz: *Die Haftungsbefreiung der Eisenbahn bei der Beförderung nicht sicher verpackter Güter gemäß § 83 (1) (b) der neuen Eisenbahnverkehrsordnung vom 1. Oktober 1928. [Dissertation].* Universität Köln, 1931.
17. Meyer, Dieter: *Juristische Fremdwörter, Fachausdrücke und Abkürzungen.* 13. Aufl., Verlag Franz Vahlen, München, 2012. ISBN: 978-3-8006-4278-6.

18. Müglich, Andreas: *Das neue Transportrecht - TRG . Einführung in das TRG, Kommentar zu den §§ 407 bis 475 h HGB, Texte.* Bundesanzeiger Verlag, Köln, 1998. ISBN: 978-3-88784-828-6.

19. Müller, Jos.: *Probleme der Gefährdungshaftung unter besonderer Berücksichtigung der Haftpflicht des Eisenbahnunternehmers, Kraftfahrzeughalters, Luftfahrzeughalters und Tierhalters. [Dissertation].* Universität Köln. Universitätsverlag von Robert Noska in Borna-Leipzig, 1928.

20. Münchener Kommentar [MüKo] zum Handelsgesetzbuch siehe Schmidt, Karsten et al.

21. Nánássy, Béla von: *Das Internationale Eisenbahnfrachtrecht. Erläuterungen zum Internationalen Übereinkommen über den Eisenbahnfrachtverkehr vom 23. November 1933.* Verkehrswissenschaftliche Lehrmittelgesellschaft Reinhold Rudolph, Leipzig, 1943.

22. Nánássy, Béla von: *Das Internationale Eisenbahnfrachtrecht. nach dem Internationalen Übereinkommen über den Eisenbahnfrachtverkehr vom 25. Oktober 1952, erläutert und kommentiert.* GOF-Verlag Gustav O. Friedel, Wien, 1956.

23. Noll, Peter; Bachmann, Hans Rudolf: Der kleine Machiavelli. Piper Verlag, München, 2013. ISBN: 978-3-492-30399-6.

24. Palandt: *Bürgerliches Gesetzbuch. [Kommentar]* 66. Aufl., Verlag C. H. Beck, München, 2007. ISBN: 3-406-55266-3.

25. Peter, Laurence J.; Hull, Raymond: *Das Peter-Prinzip oder Die Hierarchie der Unfähigen nebst einer Fortsetzung von Laurence J. Peter: Schlimmer geht's immer - Das Peter-Prinzip im Lichte neuerer Forschung.* 2. Aufl. Lizenzausgabe des Verlages Volk und Welt, Berlin, 1989. ISBN 3-353-00584-6.

26. Podzuweit, Albert: *Rechtliche Stellung der Eisenbahn hinsichtlich ihrer frachtvertraglichen Haftung. [Dissertation].* Universität Köln. Dissertations-Druckerei Heinr. & J. Lechte, Emsdetten (Westf.), 1935.

27. Putzke, Holm: *Juristische Arbeiten erfolgreich schreiben.* 5. Aufl., Verlag C. H. Beck, München, 2014. ISBN: 978-3-406-67260-6.

28. Randzio, Ernst Heinrich: Die sogenannte Verwirkung der Ersatzansprüche im Eisenbahnfrachtrecht. [Dissertation]. Universität Greifswald, 1919.

29. Rehfeldt, Bernhard: *Einführung in die Rechtswissenschaft. Grundfragen, Grundegedanken und Zusammenhänge.* Verlag Walter de Gruyter & Co., Berlin, 1962.

30. Riegelmann, Hans: *Von deutscher Sprache und Schrift. Aus dem Nachlaß herausgegeben und bearbeitet von Wolfgang Hendlmeier.* Hanseatische Verlagsanstalt, Bremen, 1993.

31. Rösler, Harald: *Bürokunde und ein Blick ins Archiv.* Paperback-Ausgabe. Re-di-Roma-Verlag (Remscheid), Duisburg, 2019. ISBN: 978-3-6-96103-525-0. [mwN].

32. Rösler, Harald: *Dokumente zur Eisenbahn-Aktenkunde. Alphabetischer Aktenplan der Deutschen Reichsbahn-Gesellschaft und ihrer Nachfolger sowie einschlägige Dienstvorschriften zur Behandlung der Geschäftssachen und der Verschlußsachen, ein Beitrag zur Eisenbahngeschichte.* Sonderausgabe für dienstliche und wissenschaftliche Zwecke (nicht im Buchhandel erhältlich). Duisburg, 2019. [im Umfang geringere Buchhandelsausgabe: Re-di-Roma-Verlag (Remscheid), Duisburg, 2019. ISBN: 978-3-96103-522-9). [mwN].

33. Rütten, Erwin: Die rechtliche Stellung des Empfängers im Eisenbahnfrachtgeschäft. [Dissertation]. Universität Köln. Druck: Joh. Lüttgen, M.Gladbach-Rheindahlen, 1951.
34. Rundnagel [Ernst]: *Die Haftung der Eisenbahn für Verlust, Beschädigung und Lieferfristüberschreitung nach deutschem Eisenbahnrecht.* Dieterich'sche Verlagsbuchhandlung Theodor Weicher, Leipzig, 1906.
35. Rundnagel, Ernst †; Fritsch, K.Sperber, A.: *Die Haftung der Eisenbahn für Verlust, Beschädigung und Lieferfristüberschreitung nach deutschem Eisenbahnrecht.* Dritte und vierte Aufl., umgearbeitet von K. Fritsch und Dr. A. Sperber. Theodor Weicher, Leipzig, 1924.
36. Schlegelmilch, Günter (Hrsg.): *Geigel. Der Haftpflichtprozeß mit Einschluss des materiellen Haftpflichtrechts.* 22. völlig neubearbeitete Aufl., Verlag C. H. Beck, München, 2008. ISBN: 978-3-406-56392-8.
37. Seligsohn, Franz: *Haftpflichtgesetz. [Kommentar].* Vereinigung wissenschaftlicher Verleger, Walter de Gruyter & Co, Berlin und Leipzig, 1920.
38. Seligsohn, Franz: *Internationales Übereinkommen über den Eisenbahnfrachtverkehr vom 23. Oktober 1924 mit den einheitlichen Zusatzbestimmungen des Internationalen Eisenbahn-Transportkomitees. [Kommentar]* Dr. Walther Rothschild, Berin-Grundewald, 1930.
39. Schmidt, Karsten et al. (Hrsg.): *Münchener Kommentar zum Handelsgesetzbuch, Band 7: Transportrecht [§§ 407-619].* 3. Aufl. Verlag C. H. Beck / Verlag Franz Vahlen, München, 2014. [Kurzbezeichnung: MüKo]. ISBN: 978-3-406-61027-1.
40. Schwab, Josef: *Das internationale Uebereinkommen über den Eisenbahn-Frachtverkehr. Im Vergleich mit dem deutschen Frachtrecht erläutert.* Verlag von Duncker & Humbolt, Leipzig, 1891.
41. Spera, Kurt; Svoboda, Harald: *Die Haftung des Beförderers im internationalen Güterverkehr.* LexisNexis Verlag Orac GmbH & Co. KG, Wien, 2006. ISBN: 978-3-7007-2899-3.
42. Spera, Kurt: *Internationales Eisenbahnfrachtrecht. Die einheitlichen Rechtsvorschriften für den Vertrag über die internationale Eisenbahnbeförderung von Gütern. [Kommentar].* (Loseblattsammlung zur CIM 1980). Gustav O. Friedl Nchfg. H. Walter., Wien, 1986 ff.
43. Wick, Josef: *Das internationale Eisenbahnfrachtrecht nach der CIM. Giltig ab 1. Jänner 1975. Für die Praxis kommentiert.* GOF-Verlag Gustav O. Friedl Nchfg. H. Walter., Wien, 1974.
44. Winter, Heinz: *Haftpflichtgrundsätze der Schiene und Straße im deutschen und schweizerischen Recht. Eine rechtsvergleichende Arbeit. [Dissertation].* Universität Köln. Buchdruckerei Orthen, Köln, 1939.
45. Zinkl, Daniela: *Französisch als internationale Kommunikationssprache in den Bereichen Bahn, Post und Olympische Spiele [Diplomarbeit].* Universität Wien., Wien, 2012.

Index

Vom Autor des vorliegenden Buches sind außerdem erschienen:

Bürokunde und ein Blick ins Archiv
gebunden, 272 Seiten, Preis 34,90 Euro, ISBN 978-3-86870-856-1
Paperback-Ausgabe, 272 Seiten, Preis 11,95 Euro, ISBN 978-3-96103-525-0

Dokumente zur Eisenbahn-Aktenkunde. Alphabetischer Aktenplan der Deutschen Reichsbahn-Gesellschaft und ihrer Nachfolger sowie einschlägige Dienstvorschriften zur Behandlung der Geschäftssachen und der Verschlußsachen.
Ein Beitrag zur Eisenbahngeschichte.
Paperback-Ausgabe, 975 Seiten, Preis 34,95 Euro. ISBN 978-3-96103-522-9

www.buerokunde.de